「復刻版　まえがき」

本書は、一九五〇年に刊行された財団法人史学会編『日本史概観』（山川出版社、昭和二十五年二月二十日発行）の復刻版である。新制高等学校の社会科に「世界史」が加えられたことに対応して、前年、財団法人史学会編『世界史概観』（山川出版社、昭和二十四年四月十五日発行）が刊行されたが、それと対をなす形で、高校生のために編まれた日本史概説が本書である。世界史とは異なり、当時の日本では、既に多くの日本史概説書が公刊されていたが、戦後の歴史学界の変動のために多様な史観が競い起こる状態にあった。そのような中で、史学会は、高校生の学習のために責任をもって薦められるような『日本史概観』の出版が必要であると考え、編集を企画した。本書の執筆を委嘱したのは、安藤良雄、井上光貞、大久保利謙、笠原一男、関晃、豊田武、尾藤正英、安田元久の八氏である。この『日本史概観』は、『世界史概観』と同様、その後の高等学校日本史教科書に大きな影響を与え、わが国の教育史における重要な資料となった。そのため、本書も、当時の表現のまま、復刻版として再刊行することにした。

公益財団法人史学会理事長　高山博

注　記

今時点で、当時の表現のまま復刻版として再刊行するに際し、検討する考えもありましたが、本企画の意義を踏まえ、当時の表現などをそのまま復刻することにし、拡大しましたことを記しておきます。

山川出版社

日本史概観

史學會編

山川出版社

序

史學會は昨年高等學校教科目の新たな要請に應じて「世界史概觀」を刊行し、幸に大方の好評を博したが、この度その姉妹篇として日本史概觀を刊行することになつた。日本史にはすでに多くの概說書が公刊されているので、世界史の場合のように據るべき書物の無いという憂いはないかに見える。けれども仔細に考えれば、終戰による歷史學界の大きな變動のために、各種の史觀や史體が競い起つて、まさに群雄割據的な相貌を呈する日本史概說の氾濫の中では、そのどれを取つたらよいか取捨に迷わしめられるという點で、やはり事態は同樣であると云える。この見地から史學會は、世界史概觀と並べて高等學校生徒諸君の學習用書として責任を以て薦め得る日本史概觀を刊行することが必要にして適切であると認め、本書の編修を企畫したのである。

本書編修の方法としては、現在學界の第一線に活躍する中堅新進の練達有爲の諸氏にそれぞれ專門分野の執筆を乞い、史實の正確と史觀の淸新との實を擧げるに遺漏のないことを期した。そして多數の分擔による不統一と獨善とを避けるためには、數回にわたつて執筆者諸氏の讀合せを行い、相互の脈絡と全體の統一とに努めた。史學會の意を體し本書の執筆に多大の勞を惜しまれなかつた人々は、安藤良雄、井上光貞、大久保利謙、笠原一男、關晃、豐田武、尾藤正英、安田元久（五十音順）の八氏である。

史學會は戰中戰後久しく沈滯を續けたが、昨年以來會の運營の方式を改め、活潑な活動を再開して今日に及んでいる。本書が新しい高等學校の敎育に應分の寄與を果すと共に、史學會に對する大方諸賢の支持を仰ぐようすがともなれば望外の幸である。

史學會の役員を代表して、一言本書發刊の由來を述べる次第である。

昭和二十五年一月

理事　坂本太郎

同　寶月圭吾

目次

目次

第一章　原始時代と國土統一

概　観

人類が世界の各地で國家を作るに至るまでには、非常に長い期間を費している。動物と區別される人間が地球上に現れたのは、今から數十萬年も前のことと考えられているが、そののち幾回かの氷河期を過ぎ、洪積世の中期に最後の氷河が退いた頃、現在の人類の祖先が現れた。彼らはやがて、體質の異る幾つかの人種に分れ、さらに言語・風習を異にする數多くの民族を形づくつた。初めは大てい狩獵・漁撈民で、粗末な打製石器を用いる舊石器文化が長く續いたが、冲積世に入る頃から、磨製石器が現れ土器が作られて、新石器文化の時代となり、植物を栽培し家畜を飼い、文字を使い始めるなど、生活が次第に進み、場所によつては、相當發達した農耕や牧畜の生活が、かなり早くから始められている。

このような原始時代には、人々は血緣によつて結ばれた小さな集團をなして生活していたが、時とともに技術が進み生產が增すと、集團の內部に貧富の差が生じ、財を貯え權力を握つて、他の人々を支配する階級が現れるようになる。この支配者たちが互いに爭い、强者が他を倂せて、廣い地域に亙る支配を作り上げたときに、人類の歷史に初めて「國家」が出現するのである。その最も早いものは、今から約五千年ほど前のことであつて、エジプトのナイル河流域、北アラビヤのメソポタミヤ地方、インドのインダス河流域、及びシナの黃河流域などに、高度の古代文明國が與つている。これらの地方は、早くから農業が行われた土地であり、すでに石器時代が終つて、靑銅器を使うことが知られていた。

一般に、支配者が出來ると、その富と力によつて、支配階級の間に文化が急速に發達し、そういう進んだ社會の刺戟を受けて、他の民族の社會も進歩する。ところが日本列島では、初めて渡來したのはすでに新石器文化を持つた住民であつたが、海外の文化に直接にふれる機會が少いため、生活は少しずつ進歩していたけれども、石器時代が數千年の間續いて、西暦紀元前一世紀の頃に及んだ。その頃はすでに、西方では古代文化の華を咲かせたギリシアが衰えて、ローマ帝國の盛時に入ろうとし、隣りのシナでは漢が大帝國を建設し、朝鮮半島に進出して植民地を置いていた。われわれの祖先は、この頃から農耕生活に入り、金屬器の使用を知り、その結果社會が急速に進みはじめ、各地に豪族が現れて、やがてその中の一つであつた皇室の祖先を中心とする大和朝廷によつて、一應全國が統一されたのである。

この變動は遲くも四世紀に入る頃までには行われたと思われるが、大和朝廷が形成され、それが各地方を從えていつた經過について、その年代や活躍した人物などを知ることは全く不可能である。しかしこの一應の統一が、かなり短期間に行われたらしいことは想像出來る。それは海外文化の影響による變動であつたため、それを受け入れうるほど社會の發達していた地方だけが、急激に力を伸ばして他の地方を威服させたからであつて、恐らくそれほど激しい對立や鬪爭はなかつたと思われる。その結果大和朝廷に包含された全國の諸地方は、場所によつて社會の發達の程度が遲速さまざまで、朝廷としては、さしあたり從來の豪族に夫々の地の支配をまかせるよりほかなかつた。從つて皇室を先頭に立てた朝廷の豪族たちが、朝鮮半島との交渉によつて文化を高め勢力を加えてゆき、全國の住民をすべて直接に支配するようになるまでには、さらに數世紀を要したのであつて、七世紀半ばの大化改新によつて、はじめて古代國家が完成するのである。

第一節　原始社會

1　石器時代

日本民族の形成　日本列島に人間が住むようになつたのは、今から數千年前と思われるが、それ以上正確なことは分らない。當時列島の氣候は今よりずつと暖かく、陸地は原始林におおわれて、鹿や猿や猪が群をなしていた。また海岸線が今より約二十米も高かつたので、現在の低地は海面下にあり、そこには貝類が多く繁殖し、魚類も豐富だつた。その頃にシベリア・滿洲・朝鮮・マレー・南洋諸島などから、いろいろの人種が海を越えてつぎつぎに渡來したと思われる。人類學の研究によると、現在の日本人の體質からみて、日本民族は決して單一の人種ではなく、複雑な混血民族であつて、海外のどこかで形成された後に渡來したものと考えるわけにはゆかない。このようにして列島に住みついた人々は、その後非常に長い年月の間に互いに混血して、今の日本人のもとになる一つの民族ができていつた。氣溫はやがて下つてきたが、この人々は森林のへりや海岸に住み、狩をしたり魚をとつて、原始的な生活を送つていた。文化はまだ未開で金屬を使うことを知らず、石器や土器がおもな道具であつたが、これは最初から新石器文化であつて、舊石器文化の住民がいたという確かな形跡はまだ發見されていない。

日本の石器時代は、そののち數千年の間續き、今から約二千年前、すなわち遲くも紀元前一世紀の頃までは、このような狀態だつたのである。したがつて、文字も無く言い傳えもないこの時代のことは、現存する遺跡や、土中から發掘される遺物によつて、大體のことが知られるにすぎない。

このように遺跡や遺物によつて遠い過去の生活と文化を研究する學問を考古學という。

竪穴

遺跡と遺物　石器時代の遺跡は廣く日本全土に分布しているが、そのおもなものは、住居址と貝塚と墓地である。墓地からは當時の人骨が多數集まつて掘り出される。貝塚とは人々が捨てた貝の殼がつもつてできたもので、その下から住居址が出てくることが多い。住居址は洞穴や敷石住居もあるが、多くは竪穴である。竪穴は地面を平らに掘り下げたもので、普通、周圍に排水溝が掘られ、爐の址と數個の柱穴とがある。竪穴の形は圓形や方形であるが、面積は大てい二〇——三〇平方米くらいで、その上に柱を立て、屋根を地面までふき下していたと思われる。このような住居址は、一ヵ所に多い時には何十という群をなして發見される。

遺跡からは種々の遺物が見出される。石器は打製のものが多く、石鏃・石斧・石匙・石棒などがあるほか、骨角製の釣針や銛、石・貝・玉製の耳飾や首飾や腕輪などの装身具がある。遺物の中で特色のあるのは土器で、壺や皿や鉢が多く、土偶と呼ぶ土器の人形もある。これらは粘土を練り、手で形を作つて焼いたもので、表面に縄目の文様のあるものが多いので、縄文式土器と呼ばれている。縄文式土器は、形も多様であり文様や飾りも複雑であるが、燒く時の熱があまり高くないため、色が黒味を帶び、質がもろい。こういう土器によつて代表されているという意味で、この時代の文化を縄文式文化と呼んでいる。

原始生活　人々の使つていた道具はこれらの遺物のほかにも、木器をはじめ、腐りやすいために今まで殘つていないものが、少なくなかつたであろう。未開の狀態は世界のどこの民族も大體似ているので、この時代の日本人の生活も、遺跡や遺物を手掛りとして、ある程度まで想像することができる。

竪穴は五・六人から十人くらいが住むに適した廣さであるから、親子きようだいのようなごく近い血緣のものが、そのくらいの人數ごとに、一つの家に暮していたと考えられる。家を作るには、石斧で木を切つて柱とし、木の枝や草で屋根をふいたであろう。身には、植物で作つた粗末な着物やけものの毛皮を着たと思われる。

日常のおもな仕事は食物を手に入れることで、狩獵と漁撈が行われたが、農業を營んだ様子は殆んどない。木の實を集めたり、わずかの野菜類を家の附近に作ることはあつても、それは女や子供の仕事で、主要な食物は、やはり鳥やけもの、魚や貝などであつた。獲物の皮をはぎ肉を離すには石匙が用いられ、料理や保存には土器が用いられた。おもに男子が弓矢や道具を持つて山や海に出かけ、女子は家事や育児にあたつたと思われ、家の中の生活はむしろ婦人が中心だつたらしい。

狩獵や漁撈は大勢の協力が必要であり、日常生活の安全のためにも便宜が多いので、多くの家が集團をなして暮していた。住居址が常にかたまつて發見されるのは、このことを示している。この集團の中の人々は、互いに血緣關係をもち、非常に強く結ばれて、全體として一つの共同生活をしており、食料が豐かで生活に便利な土地を求めて、集團のまま移動することもあつた。

繩文式文化とその社會　このような原始的な生活のなかでも、人間が生活を便利に樂しくし、美しいものや正しいもの、すぐれたものを求める心は、今も昔も變りがない。自然を利用して生活を向上させようとする努力から種々の文化が生まれる。文化の發達する第一の基礎は道具の進歩であるが、この時代の最も進んだ道具といえば、粗末な石器にすぎなかつたから、それを使つて作つたり手に入れることのできるものは限られており、生活にゆとりがあつたとは言えない。したがつて、精神的な方面も極めて幼稚で、知識の程度は非常に低かつた。しかし後の世に發達をとげた種々の文化の源は、すでにこの時代からわずかながら芽ばえてきている。

例えば形や飾りや文様に工夫をこらした土器や、耳飾などの装身具は、素朴な藝術品であり、石器や土器の道具類や住居なども、一そう野蠻だつた時代からみれば、進んだ文化の産物とみなすことができるであろう。また人々は原始的な宗教をもつていて、草木をはじめ種々の自然物を崇拜し、或は靈魂が存在すると信じていたらしく、いろいろの呪術が行われたと思われる。死者を屈葬し、時には死體に石を抱かせているのは、魂が抜けでて人間に害をしないようにというまじないだつたようである。土偶もまた、一種のおまもりだつたと考えられている。

生活の進歩は、個人の努力によつて行われるだけではない。孤立した人間の力は弱くとも、多數の人が協力するときには大きな力を發揮することができる。人間が社會生活を營むことは、道具の使用とともに、他の動物と異る最も重要な點である。社會生活は文化を高め、文化が高まればまた社會が發達する。石器時代の人々も集團をなして社會生活を營んでいたことは、前にみた通りである。

この集團の中の人々は共同生活をしていたと思われるが、どういう組織をもつていたか、詳しいことは分らない。老若の差や男女の別によつて、ある程度の分業があつたであろうし、能力や經驗は人によつておのずから相違があるから、狩獵や漁撈、または祭などに、中心となつて指圖する人物があつたであろう。しかしそれが世襲されたり、特別の身分のものがいた様子はうかがうことができない。物を生産する技術が發達していないため、物質的に大して餘裕がなく、人々の間に貧富の差が殆んどなかつたらしいことは、副葬品や住居址から出る遺物が、どれも同様のものであることから想像される。

2 農耕社會

彌生式文化　日本列島に住民が渡來して以來、數千年のあいだ繩文式文化が續いたが、おそくも紀元前一世紀の頃になると、急にこれまでとちがつた特色ある文化が現れるようになる。ことにはつきりとその變化を示す遺物は土器で、この新しい土器は繩文式土器よりも薄手で丈夫になり、赤褐色で形がととのい、飾りや文様はないか、あつてもごく簡素である。これは、轆轤(ろくろ)を用い高熱で焼き、一時に數多く作られたものであることを物語つている。この土器を彌生式(やよいしき)土器という。

彌生式土器とともに出土する他の遺物も、種類が増し製法が進歩している。すなわち、石器は多く磨製となり、木製品も念の入つたものがいろいろ現れ、麻の布や籠などのあつたことも知られる。そして間もなく金屬器がはじめて使われるようになり、それにともなつて、他の製品も一段と手のこんだものとなるのである。

この新しい文化を彌生式文化というが、繩文式文化が次第に進歩してこの狀態に達したのではなく、海外から新しく渡つて來たものと考えられている。しかしそういう文化をもつた異民族が移住してきたのか、文化だけが受け入れられたのかは、必ずしも明らかでない。またこの文化は特に北九州地方と、大和（やまと）（奈良縣）を中心とする近畿地方とに早くから發達したが、双方ともに同じくらいに古く、一方から他方に傳わつたのか、別々に海外から傳えられたのかも確かには分らない。

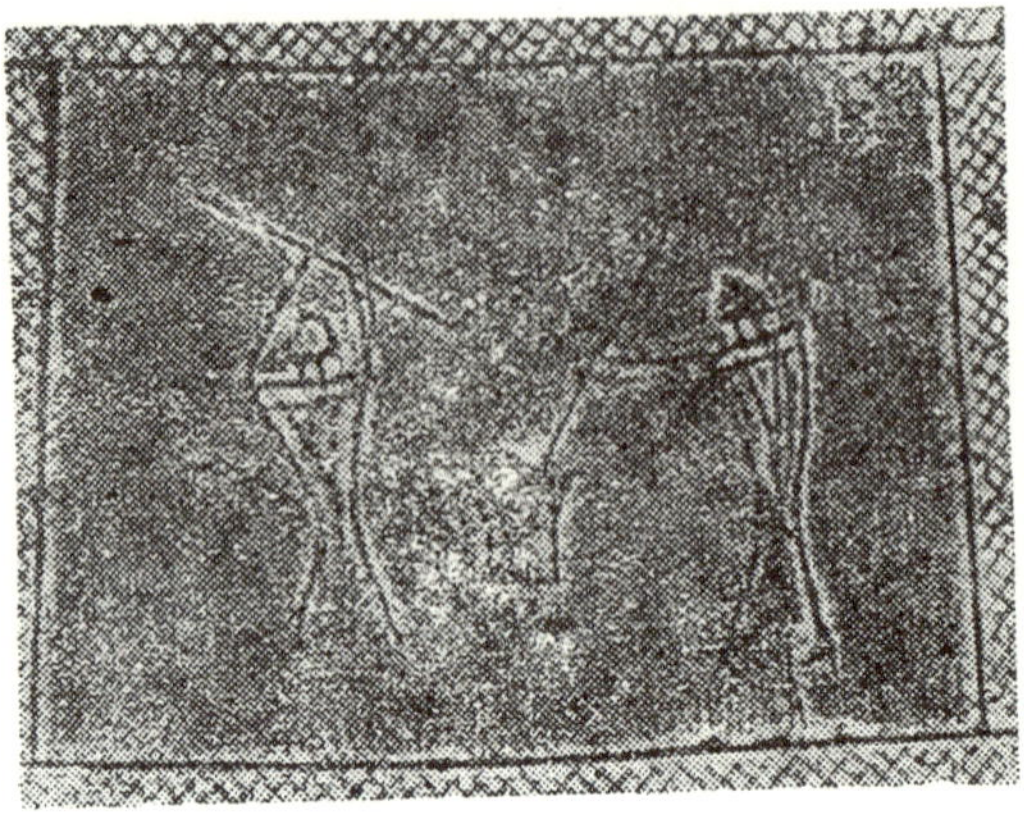

銅鐸

水田耕作　彌生式文化の時代に入ると、遺物の數や種類が增すだけでなく、土器や金屬器にえがかれた繪畫なども殘つていて、生活の有樣は以前より詳しく知ることができる。貝塚はなくなり、舟に乘つて網で魚をとるようになつたらしく、狩獵も行われていた。しかし人々の生活の上に重大な變化が起つた。水田耕作が始まつたのである。それは、この時代になると、籾(もみ)や米や、籾のあとのついた土器などが發見され、鍬(くわ)・鋤(すき)・杵(きね)などの木製の農具や水田の遺跡が殘つていることから知られる。石庖丁(ほうちょう)と呼ばれる石器も、手に握つて使う一種の鎌だつたらしい。このころは直接に田に種をまき、秋に穗首から刈り取つて貯え、臼で搗き、土器で蒸して食用にした。恐らく耕作もはじめは女子の仕事だつたであろうが、農業は收穫が確實で保存も容易であり、生活が安定し危險も少いから、やがて人々の一年の生計は、おもに農業によつてたてられるようになつた。

この時代の住居址はやはり竪穴が普通で、大きさや形は前の時代とあまり變らないが、住居の群は時に數百という集團をなしており、その位置も臺地から低地へと移つている。これは農業を營みはじめたため、人々が耕地の附近に定住して村を作るようになつたことを物語るものである。農業の開始は道具や日常生活を一變させただけでなく、社會生活をも變化させることになつた。すなわちここに新しく農村生活がはじまるのである。

村落の變化　新しい農村は、初めのうちは以前のように共同生活を行つていたであろう。村人全部が共同で耕作し、收穫も村中で分けられ、または共同の倉庫に貯えられたと思われる。ところが農村生活においても、耕作のほか灌漑や治水など、村全體の協力を要する大きな仕事があるので、經驗や能力に富む長老の指導者がおのずから必要になる。また一方では、人々が太陽・水・風・穀物というような、農業に關係の深い自然の事物を神として祭るようになり、その祭をつかさどり神の意志を傳える役目をもつ司祭者が、村人の生活を強く左右するようになる。この司祭者は婦人がなることが多かつたようであるが、指導者と司祭者が同一の人の場合もあつた。こういう特別の地位はやがて世襲されるようになる。それは、農業によつて生活に餘裕ができてくると、個人の私有物が生じ、財産が男子の血統に從つて相續され、それに伴つて特別の地位も同じように受けつがれるに至るのであると考えられている。こういう地位をえた者の力は次第に強くなり、村人との貧富の差が大きくなつて、村の首長という身分が定まつてくる。その結果、今まで對等の人々の集まりであつた村が、きまつた首長に支配される一つの社會となるのである。

しかし農村は孤立したものでなく、用水その他で隣りあう村々と深い利害關係をもつものであるから、村の首長は互に連合したり爭つたりし、そのうちにいくつかの村を從え一地域を支配下におくやや大きな豪族が生れる。この時代には土器の甕(かめ)や石の棺に死者を葬るようになるが、その中に立派な副葬品がことに多く收められているものがあり、また床の高い建物の繪があるが、それらはこのような豪族たちのものであつたと考えられる。

農業が始まつてのち間もなく傳來した金屬器が、おもに豪族たちによつて受け入れられ、大部分の農民ははるか後まで木製の農具を使つていたことから考えると、このような農村の變化は、かな

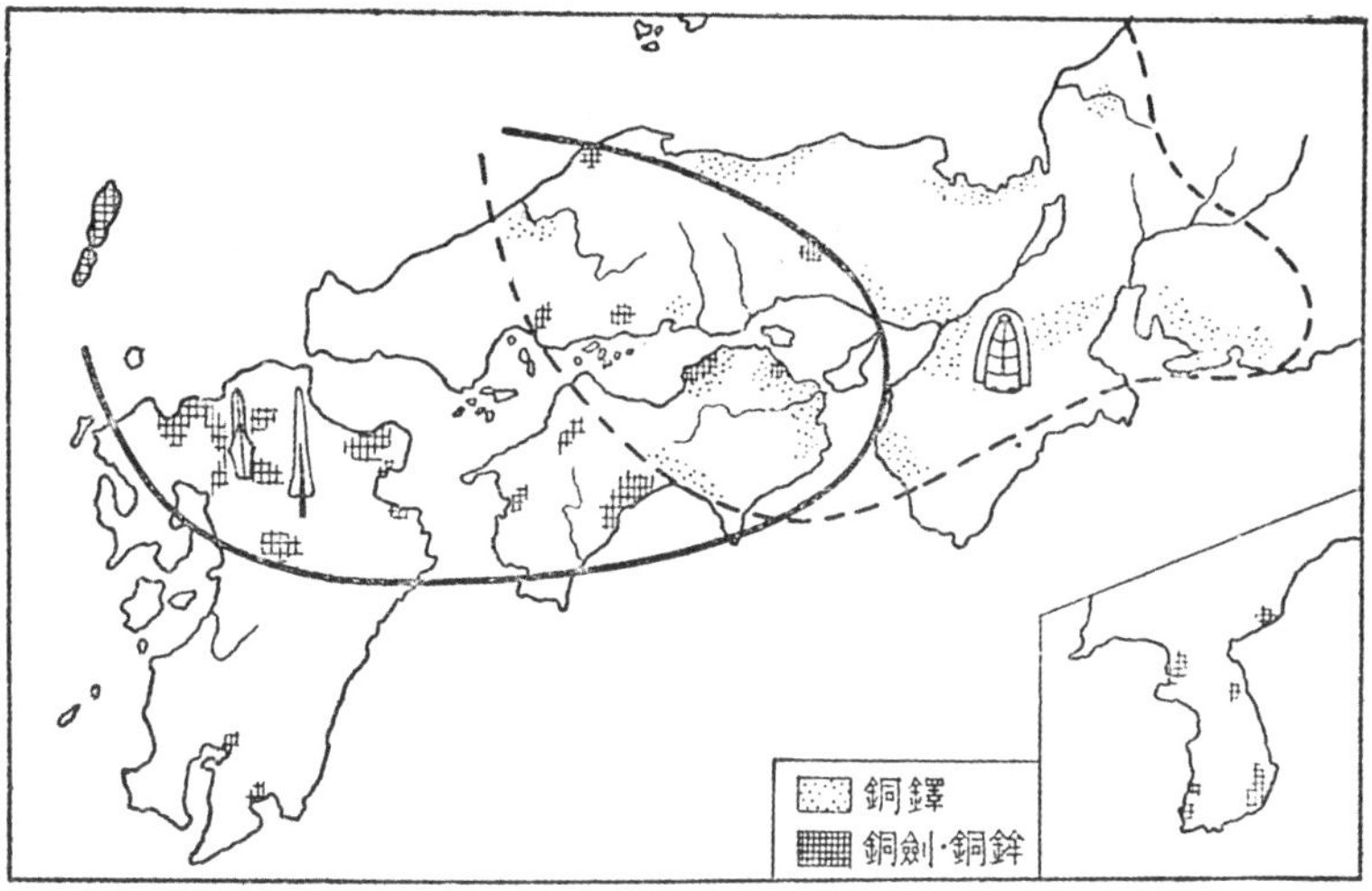

銅鐸・銅劍・銅鉾分布圖

り短かい期間に起つたことのようである。

3　小國家の成立

金屬器の傳來　彌生式文化において、農業についで重要なことは、金屬器の傳來である。人類の文化は、石器時代・青銅器時代・鐵器時代の順序で進むものといわれているが、シナでは周の代にすでに青銅器が用いられ、紀元前三世紀に秦が天下を統一し、つづいて漢の代となつた頃には鐵器が廣く普及していた。日本には前漢の末頃（一世紀の初め）、初めて青銅器が傳わつたが、續いて鐵器が傳えられたので、青銅器は充分に發達をとげるに至らなかつた。この時期は一方ではまだ石器も使われていたので、金石併用期とも呼ばれる。

青銅器の代表的な遺物には、銅鐸と銅鉾・銅劍があるが、銅鐸は近畿を中心に、銅鉾と銅劍は北九州を中心に、はつきり分れて分布しているので、同じ彌生式文化が東西に分れていたことが知られる。これらの遺物のうち、日本で作られたものは、とうてい實用にならないほど大型なものとなつていて、恐らく豪族たちの權威の標識にされたものであろうと言われている。豪族たちは海外から進んだ文化を攝取して、ますますその地位を強化していつたのである

小國家分立の狀態　青銅器につゞく鐵器の傳來は、豪族の成長をさらに促進した。強者は弱者を從えて次第に勢力をひろげ、やがて小さなクニ（國）を作り上げ、政治的權力と宗教的權威とをあわせ持つ君主となつた。このような小國家は、おそくも一世紀の初め頃には、全國に數多く現れている。ことに近畿地方と北九州地方とはこの傾向が強かつた。

これらの小國家の中には、漢が武帝の時（紀元前一〇八年）に朝鮮半島に置いた植民地の樂浪郡に毎年使者を遣わすものもあつた。そして當時（前漢の末）倭國は百餘國に分れていた、ということが漢書の地理志に書かれている。倭とは、その頃シナ人が日本を指して呼んだ名稱である。また紀元五十七年に後漢の都の洛陽に使者を送つた倭の奴國は、博多灣附近の國と考えられるが、三世紀のはじめには、他の二十數國とともに、女王卑彌呼が治める邪馬臺國という國に從えられていることが、やはりシナの史書に記されている。これによつて、三世紀の初め頃には進んだ地方では、

小國家が次第に大きく統合されてゆく情勢だつたことが知られるであろう。

邪馬臺國のことは、三國志の魏志倭人傳にみえている。この記事は充分に信用できるものではなく、解釋の困難なところがあつて、邪馬臺國の位置が九州であるのか近畿であるのかはつきりしないが、三世紀前半の日本の狀態をかなり詳しく述べている貴重な文獻である。

第二節　大和朝廷

1　國土の統一

極東の情勢　中國では後漢が亡びると（二二〇年）、約半世紀の間、魏・呉・蜀の三國が争つた後、晉が天下を統一したが、後漢の滅亡によつて、國外に對する力が衰えると周圍の諸民族は一せいに活動を開始した。樂浪の文化に刺戟されて、社會の進歩を促されていた極東の諸地方もその例にもれなかつた。

紀元前一世紀の中頃に北滿から南下して、鴨緑江の流域に國を建てていた高句麗は、魏に攻められて一たん亡びかけたが、その後次第に强大になつた。また古くから南朝鮮にいた韓民族は、三世紀の半頃には馬韓・辰韓・弁韓に分れ、それぞれ多數の小國から成つていたが、高句麗が樂浪郡を

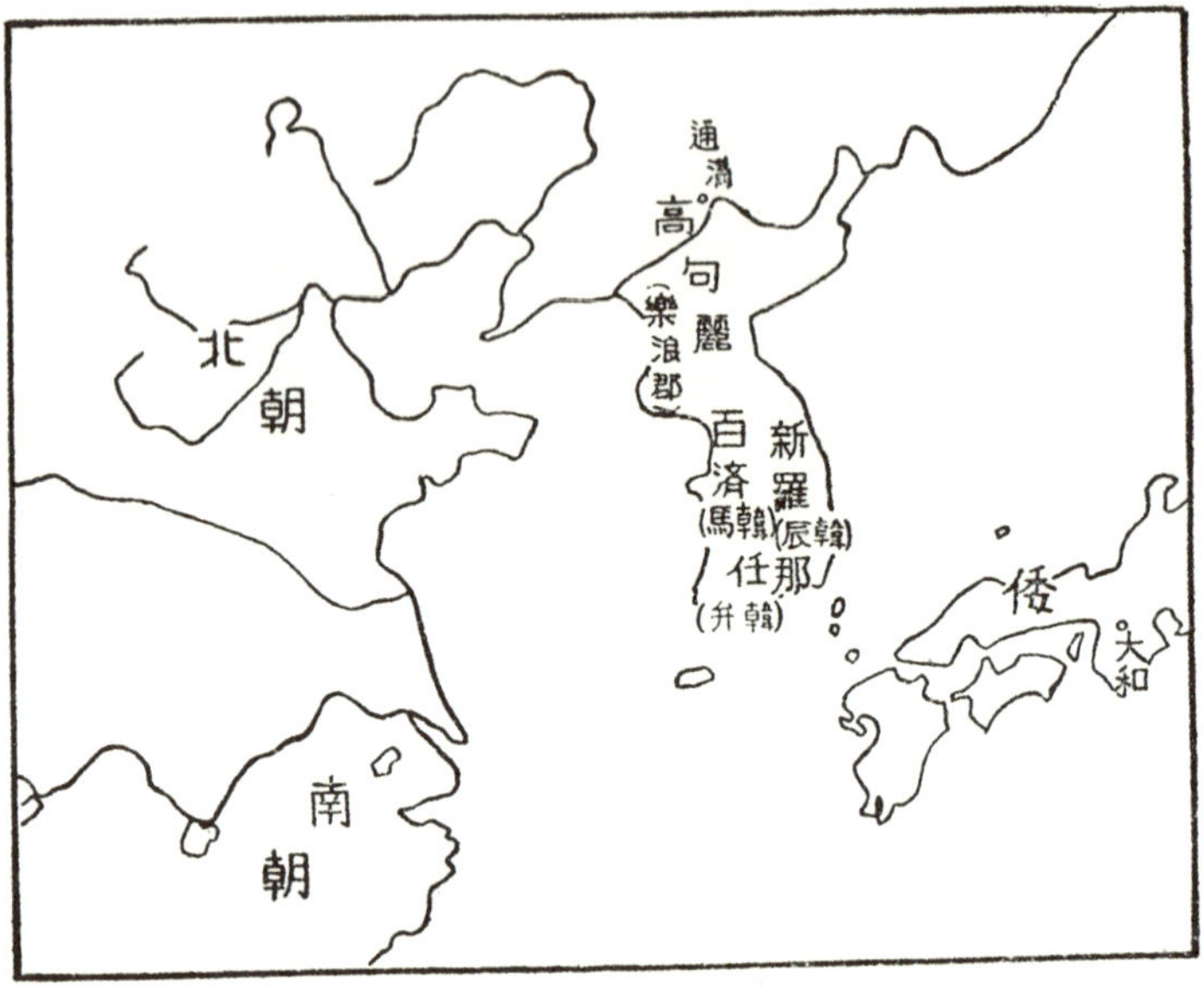

四・五世紀極東地圖

亡ぼすと（三一三年）、間もなく馬韓はその中の一國であつた百濟によつて統一され、辰韓もやがて同樣に新羅によつて統一された。その結果、四世紀の中頃には朝鮮半島ではシナ人の勢力が失われ、高句麗・百濟・新羅の三國が對立し、弁韓の諸國は日本の勢力下に入つて任那と呼ばれるようになるのである。

ところで、邪馬臺國が魏に使を送つたのちは、四世紀を終えるまで、倭に關する記事がシナの史書に全くあらわれない。一たいこの約一世紀半の間に日本では如何なる變化が起つていたのであろうか。

大和朝廷の成立　小國家が次第に統

合されてゆく傾向は、ことに大和地方に著しかった。この地方は彌生式文化の一方の中心地で、最も早く社會の進んだところであるが、鐵器文化もまた他の地方に先んじて發達した。したがって、強大な豪族が早くから分立し、その中で特に有力であった一豪族が附近の豪族をつぎつぎに從えていった。現在の皇室の祖先の起りは、大體このようなものだったと考えられる。

皇室を中心とする勢力は、すぐれた武器と文化の力とによって、後に畿内と呼ばれるようになった地域（奈良縣・大阪府・京都府の南部）をまもなく統合した。その結果、畿内の豪族たちが世襲の天皇をいただいて連合した強力な政權が形成された。これが大和朝廷である。大和朝廷の成立について、いろいろ神話や物語があるが、それはすべて遙か後世に書かれたもので、そのまま信じることはできない。この頃にもまだ文字はなかったし、確かな言い傳えもないから、これ以上詳しい事情は殆んど分らないのである。

國土の統合　朝廷はつづいて畿外に向って勢力をひろげ、地方の國々や小さい豪族を順次併合していった。畿外では、かなり強固な國を形成していたところもあったが、まだ社會の變化がずっと後れているところも少なくなかった。朝廷の統一事業は急速に進行したらしく、やがて西は北九州から東は中部地方に至る國土の統一がほぼ完成した。それは恐らく、おそくも四世紀の初めころまでには行われたことであろう。

地方の豪族は朝廷に歸服した後も從來の地位を認められて、もと通り人民を支配し、その代り朝廷に貢物を納め、軍事や勞役などに必要な人間を差し出すことになつた。またこれまで支配していた地域は、國とか縣（あがた）とか呼ばれ、豪族たちは國造（くにのみやつこ）、縣主（あがたぬし）などとなつた。國や縣の内部では、さらに小さい豪族が、やはり同じような關係で、貢物を納めて國造や縣主に從つていたであろう。農民はまたその下で、村ごとに以前の共同生活とあまり變らない仕方で生活していたと思われる。

當時南九州や東國の住民は、熊襲（くまそ）・蝦夷（えぞ）などと呼ばれて、異民族のように考えられていたが、朝廷はさらにこれらの地方をも征服し、やがて東北地方を除いて殆んど全國の地を支配するようになつた。日本武尊（やまとたけるのみこと）などの熊襲征伐や蝦夷征伐の物語は、このころの大和勢力のいきいきとした發展の姿が傳說化されたものであろう。武（ぶ）という名の倭王が、五世紀の後半（四七八年）にシナの宋（そう）に使を送つて、「昔よりわが祖先はみずから武具を身につけて、東は毛人五十五國を征し、西は衆夷六十六國を從えた……」と述べているのも、この征服事業を指したものである。

このようにして、大和朝廷の國土支配は確立された。

氏姓制度　全國が朝廷に統一されると、諸豪族は皇室を中心とする新しい政治的關係の中に入り、この支配者たちの組織は次第に整えられていつた。

各々の豪族の一族を氏（ウジ）といい、氏の長が一族を率いたが、中央の諸氏は朝廷を構成し、地方の氏は國造・縣主などとなつた。朝廷の諸氏の職務は次第に専門に分れ、中臣氏は祭祀を、大伴氏は軍事を司るというように、子孫代々世襲されるようになつた。また氏は、臣・連・君・直・首・造・史などという固有の稱號を持ち、氏の名につづけて、蘇我臣・物部連などと呼ばれたが、これを姓（カバネ）という。姓は政治的な家柄をあらわすもので、中でも臣と連の諸氏が勢力を持ち、それぞれの最有力者が大臣か大連になつて、朝廷の政治の中心に立つた。

氏は各々私有の人民を持つており、それには普通の農民もあり、また特殊の技術を有するものもあつたが、これを集團に編成して、部（べ）と呼ぶことが多かつた。皇室所有の部は非常に數が多く、有力な氏も多くの部を持つていた。

このように私有民を持つ豪族が、世襲の職務にあずかつたり貢物を奉つたりして、朝廷に従つた狀態を氏姓制度といい、七世紀の中頃の大化改新まで續いたのである。

2 朝鮮半島との交渉

半島への進出　朝廷は九州を従えると、さらに朝鮮半島に進出する。當時半島では、高句麗が強大でしきりに南下の機をうかがい、任那の諸國は絶えず百濟と新羅の侵略におびやかされていた。朝廷は早くから任那を勢力下に入れ、ここに官府を置いて根據地としていたが、四世紀の後半から三國の爭いに加わり、高句麗としばしば戰火を交えた。その事情は高句麗の舊都である通溝に現存する好太王の碑の文によつて、大體を知ることができる。この頃一時は百濟や新羅を支配下に置いたこともあつたようであり、それが傳說化されたのが、神功皇后の物語であろう。五世紀に入ると高句麗の勢力はますます加わり、朝廷は百濟を援けてこれに對抗した。

このようにして半島に伸ばした勢力を、外交によつてさらに確實にするために、朝廷は五世紀を通じて、しばしば使をシナに遣わした。シナでは、晉が天下を統一して間もなく、北方民族に追われて揚子江流域に移つてから、南北朝に分れていたが、朝廷は晉・宋などの南朝諸國に、半島で得た地位を認めさせようとしたのである。さきにあげた倭王武の上表文もその一つであるが、武は南朝の史書に名前の見えている五人の倭王の最後の王であつて、雄略天皇に當ると考えられている。

文物の輸入と歸化人　彌生式文化も金屬器の使用も、大陸から傳えられたものであつたが、朝廷が半島に進出し、さらにシナの南朝とも直接に交通するようになると、種々の物資や技術・學問などがこれらの國々から流入し、文化を飛躍的に向上させた。ことに皇室の富力は著しく增大し、朝廷の地位をますます强固にする結果となつた。中でも百濟は、はじめは高句麗の壓迫を被り、のちには新羅の侵略を受け、常に朝廷に賴つていたので、日本との關係は最も親密で、新しい文化の大部分は百濟から傳えられ、南朝の文物も百濟を經由して來たものが少なくない。

またこれらの國から歸化した人や、捕虜として連れて來られた人々がかなり多かつた。その中には、かつての樂浪郡にいたシナ人の子孫もあり、シナの古い文化もまたこの時に傳えられている。これらの人々は池溝・堤防などの大工事や開墾などに使役されたものもあり、また種々の技能や知識を身につけていたので、畿内に居住地を與えられて朝廷に仕えたものも多かつた。中でも漢氏や秦氏は優遇されて、かなり重要な地位をうるに至つた。

産業技術の發達　大陸の新技術は各種の産業を發達させた。この時代の主要な生産は農業であるが、農業においては、進んだ農具が輸入され、畜耕を敎えられて、收穫を增すとともに、池溝を掘り、堤防を築く大工事によつて、未開の原野に耕地が擴張された。衣服の材料については養蠶が普及し、機織の技術も進歩し、一部には綾・錦などの高級な絹織物も作られている。またすぐれた木工技術によつて立派な建物や船舶が作られたほか、鍛工・陶工・鞍工・畫工などの渡來により、種々の工藝や武具が發達した。

これらの仕事は、はじめおもに歸化人の手で行われたが、專門の技術者はその職業ごとに、錦織部とか陶部というような部にまとめられ、代々その仕事を世襲し、伴造に率いられて朝廷に仕えた。このような部は數多く作られ、朝廷の要求に應じて生産に從事し、皇室や諸氏の生活を向上させたのである。

こうして大陸文化は豪族たちの生活程度を著しく高めたが、一般の農民は以前の狀態と殆ど變らなかつた。したがつて兩者の隔たりはますます大きく、ことに畿內の豪族は貴族と呼ぶにふさわしいほどになり、また畿外に對する朝廷の力はいよいよ强大になつた。

3 古墳文化

信仰と神話・傳承　この頃の信仰としては、原始的な自然物崇拜や靈魂崇拜が依然として行われる一方、農業神の崇拜が優勢になり、村落では、春には豐作を祈願し、秋には收穫を感謝する祭りが行われた。神々は次第に人間の姿をもつものとして考えられるようになり、神の常に住む場所にはやしろが建てられた。また靈力や神のはたらきに對應してゆくために、太占の法とか、巫術あるいはみそぎ・はらいのような樣々な呪術も行われていた。

神々が人格化すると、豪族たちは自已の地位を尊くするために、神々を自分の祖先に結びつけていろいろの神話や傳承を作るようになつた。氏ごとに作られたこれらの神話・傳承は、大和朝廷が諸豪族を統合すると、互いに結合されて皇室の神話・傳承を中心とする一つの大きな體系を形づくるが、それのやがて筆錄されたものが、のちに八世紀の初めに編纂された古事記や日本書紀の材料

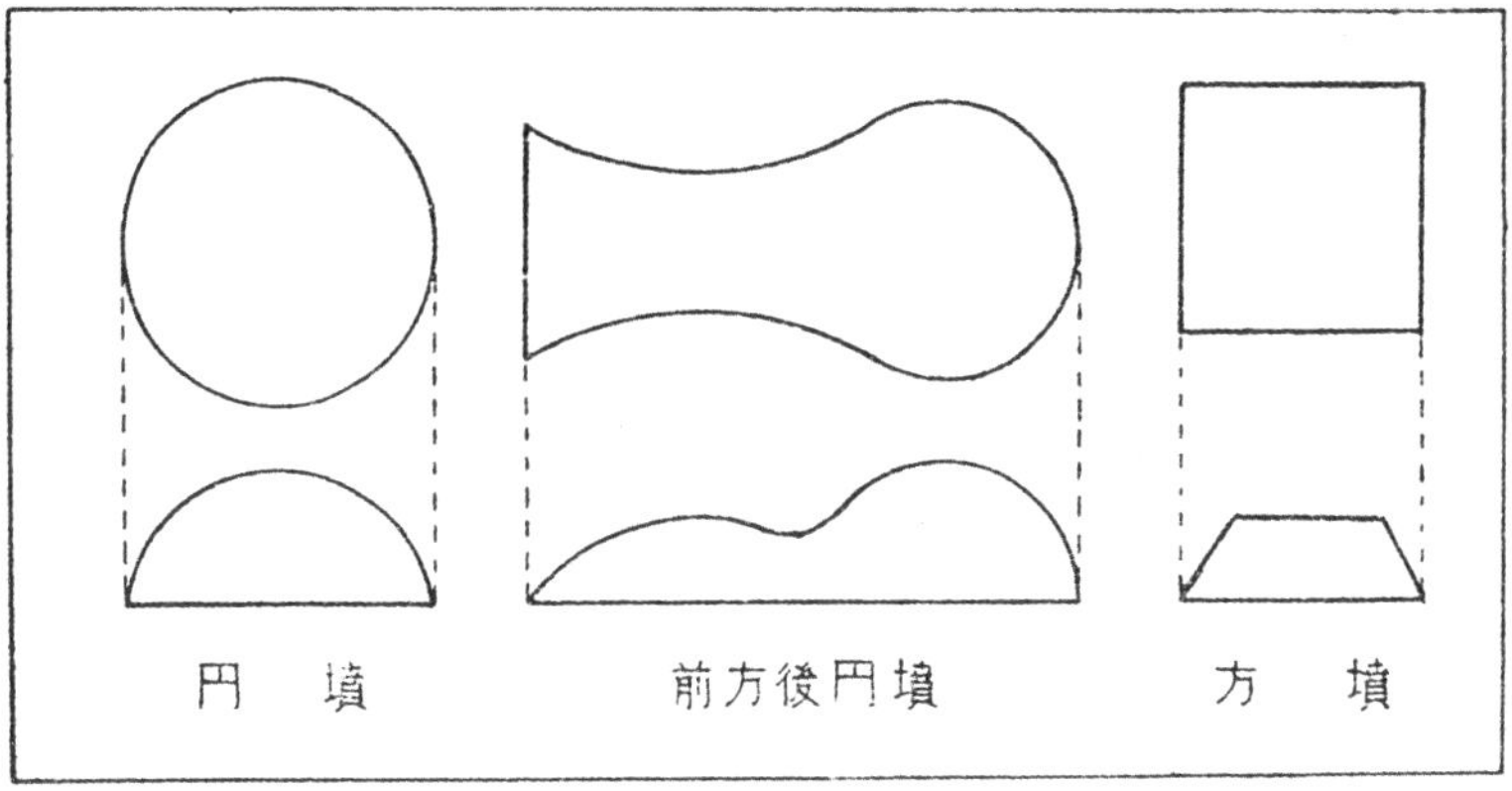

古墳圖形

となるのである。この神話・傳承は氏の由來や生活上の指針が述べられていて、その氏の人々の心を強く支配したが、またその中に含まれている歌謡や物語には、素朴ではあるが文學作品と稱するに足るものを見ることができる。

古墳　大和朝廷が全國を統一し、大陸文化を受入れて發展する時期は、古墳が數多く作られ、考古學上の古墳時代とほぼ一致する。古墳は豪族の墓で、地上に封土（ほうど）を盛り、その形には方形・圓形・前方後圓形などがある。前方後圓墳は日本獨特のもので、五世紀頃のものがとくに大きく、當時の豪族の權力がいかに強大であつたかを物語つている。

古墳の內部には棺と種々の副葬品が納められ、外部の周圍には、圓筒形あるいは男女の人物をはじめ、家屋・動物・器具その他の形をした素燒の土器が立てられている。この土器を埴輪（はにわ）という。また內部の壁や棺には、いろいろの繪が畫かれているものもある。

副葬品には鐵製の刀劍・甲冑（よろいかぶと）・鍬、あるいは裝飾品の玉や鏡などがあり、勾玉（まがたま）のように日本獨特のものもあるが、多くは大陸の影響を受けたものである。その中には金や金銅でこまかい細工をした美しい冠や耳飾や馬具、またはガラスの器のように、遠く西アジアからローマ文化の流れを汲むものも掘り出されている。

これらの出土品から當時の住居・服裝・風俗・裝飾品・日常用具などを想像するならば、豪族たちが新しい鐵器文化を受け入れて、當時としてはいかに高度な生活を送つていたかを知ることができるであろう。古墳はこのように、その出土品によつて豪族たちの貴族的な生活のさまを物語ると同時に、そのピラミッドにも匹敵する壯大な封土によつて、莫大な農民の勞働力を强制的に使役するような支配の仕方が行われていたことを示すものである。朝廷のそのような支配は大たい畿內に限られていたが、地方の國造なども、大小の差こそあれ、同樣な支配を行つていたと思われる。

世界の動き

日本が歴史時代に入つたのは、世界史の上から見るならば極めて新しい時代のことである。われわれの祖先が石器を用い、素朴な土器を作つて原始的な生活を營んでいた時代に、地中海の沿岸、インドの高原、黄河の流域には、既に華やかな文明が榮えていた。

一體人類の祖先が初めて地球上に現れたのは今から五〇萬年ほど前といわれているが、人類が農耕牧畜に從事し、村落生活を營むに至つたのは一萬年位前、そうして大河の流域に最初の文明が發生し、金屬器が使用されるようになつたのは六千年ほど前のことであつた。これよりエジプトにはピラミッドに象徴される壯大な文明の華が咲き、メソポタミアにもまた華麗な文化が築かれた。そして文明の光は地中海に及び、紀元前六・五世紀にはギリシアの古典文明が豐かな實りを結んだのである。インドにシャカが出て佛教を創め、中國に孔子が現れていわゆる儒家の教を說いたのも、同じ前六世紀のころであつた。

前四世紀後半アレクサンダーの建設した大帝國は、ギリシア本土から南はエジプト、東はインドに及び、ここにギリシア文化と東方の文化との融合が行われ、いわゆるヘレニズム文化ができ上つた。一たん西北部をアレクサンダーに征服されたインドでは、その死後帝國が混亂したのに乘じてマウルヤ王朝による統一が行われ、前三世紀に出たアショカ王は厚く佛教を信じ、ここに壯麗な佛教文化が榮えた。アショカ王の遺產は、バクトリアに興つたクシァナ朝のカニシカ王(前二世紀中ごろ)に承け繼がれた。

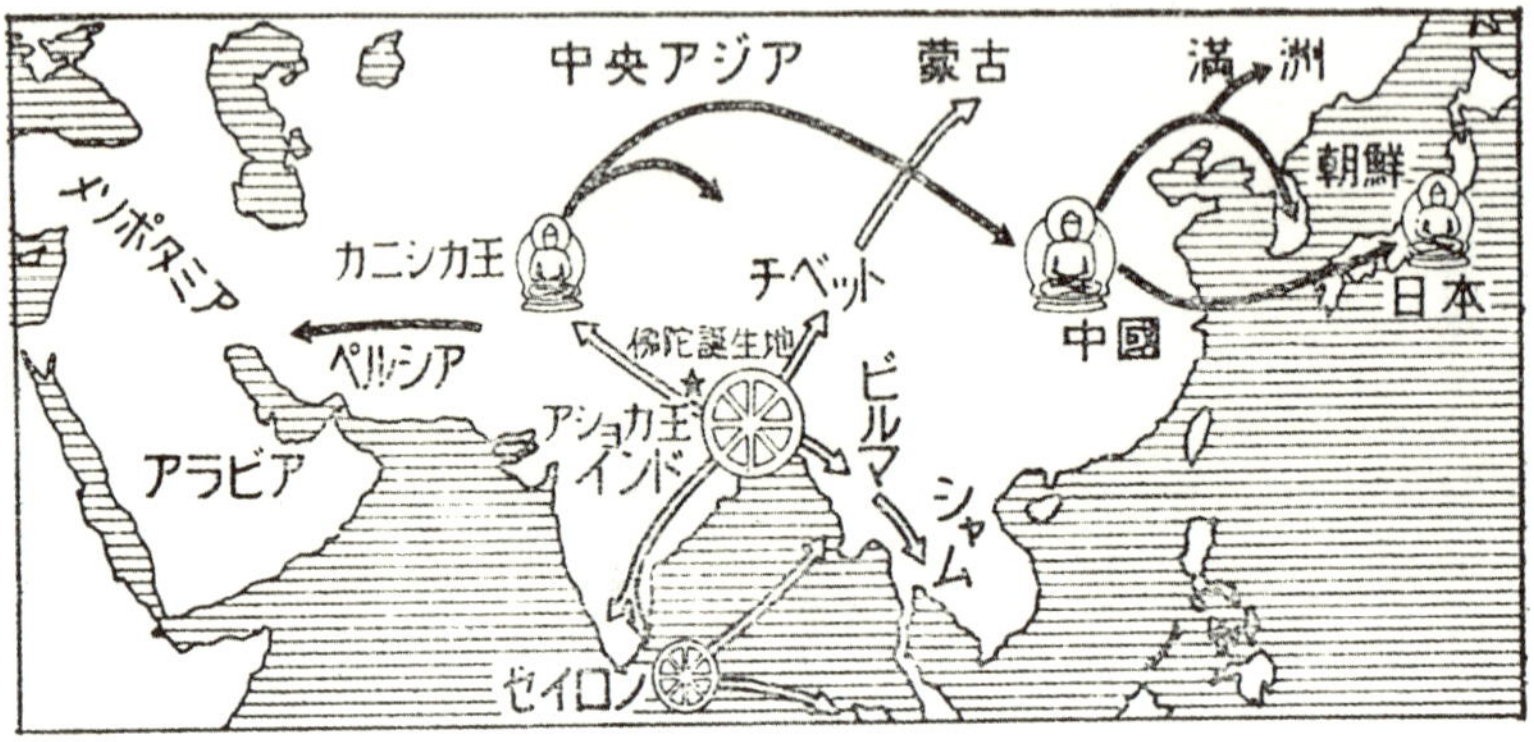

この王のもとで榮えたガンダーラ美術は、アレクサンダーの遠征に伴つて東漸したギリシア文化の影響を强く受けたものであり、その樣式は佛教と共に東方に傳播していつたのである。

この間に中國では秦の統一を經て、前三世紀末の漢の建國となり、紀元一世紀にはいわゆる後漢が興つていた。佛教はこの時代に中國に入つたといわれている。このころ日本は漸く金屬器を用いはじめたころであり、小國が分立し、わずかに北九州の「委奴國王」が後漢に遣使したことが傳えられているに過ぎない。しかも西の方ヨーロッパでは、ローマ帝國が地中海の覇權をにぎり、大帝國を築き上げた時期であつた。ところで中國の佛教が極盛に達したのは四・五・六世紀、南北朝の時代である。そして六世紀中ごろに至り、はじめて佛教は朝鮮を經て日本に傳えられた。七世紀頃に建立された法隆寺は世界最古の木造建築と云われ、そこにはギリシア美術の影響が認められると論ぜられている。その樣式こそ、われわれの祖先が原始の眠りをつづけていた時代、長い年月をかけ、大きな世界史の波に乗つて、遥々と日本に渡つてきた古代文明の光の一つであつた。

第二章

古代國家の成立と發展

概観

四世紀のころほぼ日本國土を統一した大和國家は、五世紀に入つて飛躍的に充實、向上し、服屬小國家を徐々に抑壓して行つたのであるが、七世紀の後半に、大和國家の君主である皇室を中心とし、全國の土地を國有とし、唐の律令制度にまねた律令國家體制をつくりあげた。これが大化改新であつて、すべての農民は國家から口分田を班給される一方、租・庸・調などの負擔をおうこととなつた。そして律令制の施行によつて、國家財政は豐かとなり、軍備も整頓せられたから、支配者たる貴族官人層はその繁榮の時代を迎えたのであり、奈良の都にはかれらの憧憬のまとであつた唐の文化が盛んに移植せられ、いわゆる天平の文化が開花したのである。その後、都は京都に移されたが、遷都後ほぼ一世紀にわたり、律令國家の支配體制はなお强固なるものがあつた。また文化相においても唐の影響は依然としていちじるしいものがあつた。ところが、社會の體制はその盛時においてすでに矛盾をはらんでおり、それはやがて表面化するにいたつた。すなわち、天平の盛期、開墾した田地の永代私有が許されたが、それによつて一時阻止されていた土地兼倂の勢を一層あおりたてることとなつた。かくして貴族や寺院の私有地たる莊園(しょうえん)は增加し、更に平安遷都後間もないころから莊園は租稅免除の特權を獲得するようになつたのである。また、地方の豪族も同樣に土地を集積したのであるが、かれらはその土地所有上の諸種の權利を確保するために、これを貴族や寺院に寄進してその莊園とし、みずからは莊園の管理者、すなわち莊官となつた。そして貴族、寺院には、これら寄進にもとずく莊園が增加するにいたつたのであつた。一方當時の政界を見るに、律令國家の盛時より次第にその勢力を伸ばしはじめた藤原氏が、他の諸氏を政界から追い、天皇の外戚として攝政・關白となつたのは九世紀後半のことである。やがて十世紀の半ごろにいたれば、藤原氏の氏長者は常に攝關となるようになり、政權は全く藤原氏の獨占するところとなつた。これが攝關政治であつて、ここで藤原氏は榮華の極盛に達し、そのみやびな生活のうちから藤原文化が生まれたのである。このころには律令的土地制度は全く崩壞し、莊園が藤原氏繁榮の基礎であつたが、また、貴族は京にあつて遊宴をこととし、地方の政治をほとんど省みなかつた。ところがこのような狀況は、莊園の管理者たる地方豪族の武裝化を促した。かれらは武裝することによつて自己の莊園をまもるばかりでなく、國家警察權のほとんど行われなくなつた地方で、實力をもつてその莊園を擴大し、また、農民に對する支配力を高めようとしたのである。こうして一族・郎等の固い團結による武士團が各地に成長しはじめ、それは政令の行われない關東においてことにいちじるしかつたが、武士層は、中央の皇族・貴族の子孫にして地方に土着した豪族を主人と仰いだから、かかる者が武士の棟梁として次第に重きをなして來るようになつた。中でも淸和天皇の子孫という源氏、桓武天皇の子孫と稱する平氏は最も有力なものであつた。十一世紀も末になると、榮華を誇つた藤原氏のかわりに、政治は上皇に移り、すなわち院政が行われることとなつたが、院政のもとで、武士の棟梁たる平氏は次第に貴族社會に進出し、やがて政權を獲得するにいたつた。しかし公家化した平氏の政權はながくは續かなかつた。間もなく關東を地盤とする源氏が起つて平氏を倒し、ここに莊官たる武士を御家人（ごけにん）とし、關東に固い地盤を持つ鎌倉幕府が成立するにいたるのである。

第一節　大化改新

一　大和朝廷の發展と動揺

大和朝廷の發展　大和國家の政府である大和朝廷は、その統一期には、大和を中心とする畿内を直接支配しただけで、他の小國家に對してはその君主を通じて間接に統治していただけであつた。しかるに朝鮮諸國への進出によつて勞働力を獲得し、また朝鮮およびシナ南朝との文化的接觸によつてその技術を攝取したために、五世紀以後大和國家は經濟的・文化的に急速に規模を向上した。たとえば五世紀はじめ大和朝廷は畿內に大規模な灌漑・水利・未墾地の開拓などの事業をおこしたと傳えられている。かの仁德陵といわれる堺市の大古墳など、當時朝廷が多くの勞働力を使役したことを物語るから、このような傳承もあながちに否定することはできないのである。こうした大和國家の經濟的基礎の飛躍的な充實は、大和國家の支配力を一層助長したものとおもわれる。また諸外國ことに百濟および南朝からこのころわが國に歸化するものが少くなかつた。これら歸化人の身分は多樣であつたが、前にもふれたように、そのうち、大陸文明にふれ、特殊の技能をもつ人々は朝廷私有の品部(しなべ)の組織に編入され、なかんずくこれら品部を統率する伴造として代々その職掌をもつて仕えた。鍛部、錦織部などはこれで、かれらの納める諸種の工藝品は、宮廷の生活文化をいちじるしく向上させたのである。さらに歸化人のうち、智能にすぐれた家の者は帳簿の整理、外交文書の作成などのため、代々史（ふひと）として重用された。史の活動は行政・財政の合理化の上にも大きな役割を果したことであろう。

このように大和國家の基礎が強固になつたため、服屬した小國家の力を徐々に壓することとなつた。その君主が大和朝廷の地方官である國造・縣主などに任ぜられたのもこの經過のうちの出來事であつたと考えられる。また、皇室はその權力の増大にともなつて、これまでは勢力の及ばなかつた小國家のうちに、直轄地たる屯倉（みやけ）を設置していつた。屯倉は地方における經濟的價値の大きな場所に置かれたのであつて、それは朝廷の財政をゆたかにするとともに、小國の君主の力をますますそぐにいたつたが、屯倉は文獻上その名の知られるものだけでも優に百を越え、北は常陸から南は日向にまで及ぶのである。そうした事によつても、大和朝廷の勢力の發展を察することが出來る。

豪族の專權　朝廷の勢力向上は中央豪族の權勢をたかめた。大和國家がいまだ微弱であつたところは、朝廷諸豪族の經濟的基礎には限界があつたが、朝廷のいきおいが全國的に雄飛するにいたつて、豪族の政治的支配力は大となつた。またその私有地（田莊）、私有民（部曲（ぶきよく））も擴大されてきたのである。またこれにともない、大豪族相互の政權爭奪の爭いもはげしくなつた。傳承は宋書の倭王武に擬せられる五世紀後半の雄略天皇のころ平群（へぐり）氏とならんで大伴氏の勢力の極めて强かつたことを物語るが、やがて物部氏は六世紀の前半、大伴氏の朝鮮に對する外交の失敗を機會に實權を握り、ついで歸化人の勢力と深く結んだ蘇我氏は、六世紀の末葉物部氏を討つて遂にその實權をおさめた。しかも中央豪族の擡頭は、皇室の支配力に影響した。皇室の權威はすでに確立していたため、みずから君主になろうとする者はなかつたようであるが、自分の奉ずる皇子を皇位につけようとして爭い、皇室の屯倉を蠶食していつた。そのため大和朝廷の地方小國家に對する制壓は上述のごとく著しく進みつつあつたにもかかわらず、皇室の權力は反つて衰えてくるという現象を呈したのである。

任那の滅亡　豪族專權による國內政治の動搖は、しだいに複雜微妙となりつつある日本の對外關係に不利な影響を與えた。朝鮮では、五世紀に入つて高句麗の勢力が急激に南下し、日本は任那をまもり百濟を援けてその勢力に對抗していた。またこの間、わが國は朝鮮との交渉を有利にするため南朝との國交を續けた。しかるに六世紀に入るや、それまでに徐々に國力を充實しつつあつた新羅が急速に發展して來た。かくて國際情勢は變化したが、この微妙な政局に處するわが朝廷は、豪族の政權爭奪の激化した時であつて、中には賂を受けて外國と結ぶ者もあり、國家として統一した軍事・外交の方針をとることが出來なかつた。大伴金村がその責を問われて彈劾され、物部氏に政権をゆずつたのもこの時のことである。かくて五六二年、日本は遂に任那を放棄したのであつた。

儒教・佛教の傳來　この時代は支配階級がシナなどの大陸精神文化を受け入れはじめた時代であつた。百濟が學者王仁（わに）をおくつたと傳えられ、これが儒教の傳來のはじめといわれるが、その事實の有無は別として、職掌上文筆に關係の深い歸化人の史の人々を通じ、朝廷の人々が漢字・漢文に親しみ多くなつたことは疑いをいれない。六世紀に入れば、儒學・暦術・醫術などの書籍や學者が百濟から貢進され、シナの思想・學問の攝取は一段の飛躍を示した。

呪術的かつ儀禮的な宗教しか知らなかつたわれわれの祖先が、インドにおこりシナで發達した悟りの宗教としての佛教に接觸したのも六世紀代のことであつた。六世紀のなかごろには百濟の聖明王は佛像・經論を欽明天皇に献じたのであつた。この新來の佛教に對していちはやく歸依したのは、歸化人やこれを勢力下に置いた蘇我氏の人々であつた。かれらは現世の利益のために佛像を禮拜し、寺院を建て、また中には僧となるものもあらわれた。佛教はもともと悟りの宗教であるが、われわれの祖先がはじめこうした形で佛教をうけ入れたのは、佛教がその發生以來長い經過のうちに呪術宗教的な要素を多分に消化してきたからであるが、また當時の人々が個人の悟りというような精神的に高い段階に達してはいなかつたからである。佛教のもつ救濟的因子が廣くうけいれられるのはずつと後のことである。

2　聖徳太子の新政

聖徳太子の新政　六・七世紀の交、推古天皇の時に聖徳太子が攝政となつた。太子は前代以來の方針として、はじめ任那の回復、新羅の征討をはかつたが、ことの順調にはかどらないのをみて、國內の改革に力を集中した。その中で最も顯著なのは冠位の制定と憲法の發布とである。前者は世襲的な姓の制度にかえて、勳功の大小に應じ、かつ一代限り、十二階の冠位を與えるものであつた。十七條憲法は、これまでの不文の法たるノリに對し、成文をもつてされた現存最古の法令である。もつとも國家の原理とその統治の原則を定める近代の憲法とはことなり、官吏に對する道德的、宗敎的な訓誡にすぎないが、ここで太子は皇室の權威を絕對化し、官吏が禮をたつとび、和を重んずべきことを强調した。冠位と憲法とは太子の時世に對する認識とそれに對處する理想をうかがわしめるものであつて、榮譽と官爵の世襲を矯め、豪族の和をうたつたのは、ともに豪族專權に時世の弊のもとずくところを察知したからであろう。しかし太子の背後には蘇我氏があり、また理想家肌なその人柄のために、これらの施策はあまりにも理想に失した。したがつて、太子の在世中一應の安定をしたかにみえた政界は、太子の死後再びもとにかえつた。

隋との交渉　北シナに侵入した五胡諸民族の中から、鮮卑族の拓跋（たくばつ）氏が北魏を建てたのは五世紀初頭のことであつて、南北兩朝が對立しつつ略々二世紀を經過したが、五八一年、北周の四輔官の一人であつた楊堅が禪（ゆずり）を受けて位につき隋と稱し、やがて五八九年南朝の陳を滅して全國を統一した。聖德太子は半島諸國に對する優越的地位を獲得しようとして、隋と國交を開き、遣隋使を派遣すること數度に及んだ。またシナ文化を直接輸入するために多くの留學生・留學僧を遣隋使に從わせた。これは文化上、政治上きわめて大きな影響を我が國に與えた。

飛鳥文化　佛教は太子攝政のはじめ、佛教興隆の詔によつて國教としての地位を獲得した。かくして當時都の置かれた飛鳥盆地を中心に、文化史上飛鳥文化と呼ばれる佛教文化が開花した。飛鳥文化を代表する寺院建築としては、大和の斑鳩（いかるが）の法隆寺をあげることが出來るであろう。法隆寺はその後燒失しほどなく再建されたともいわれるが、それにしても今日世界最古の木造建築として當時のおもかげをとどめている。また佛像としては法隆寺金堂の釋迦三尊・百濟觀音、中宮寺の如意輪觀音などが現存するが、いまだ技術が圓熟せ

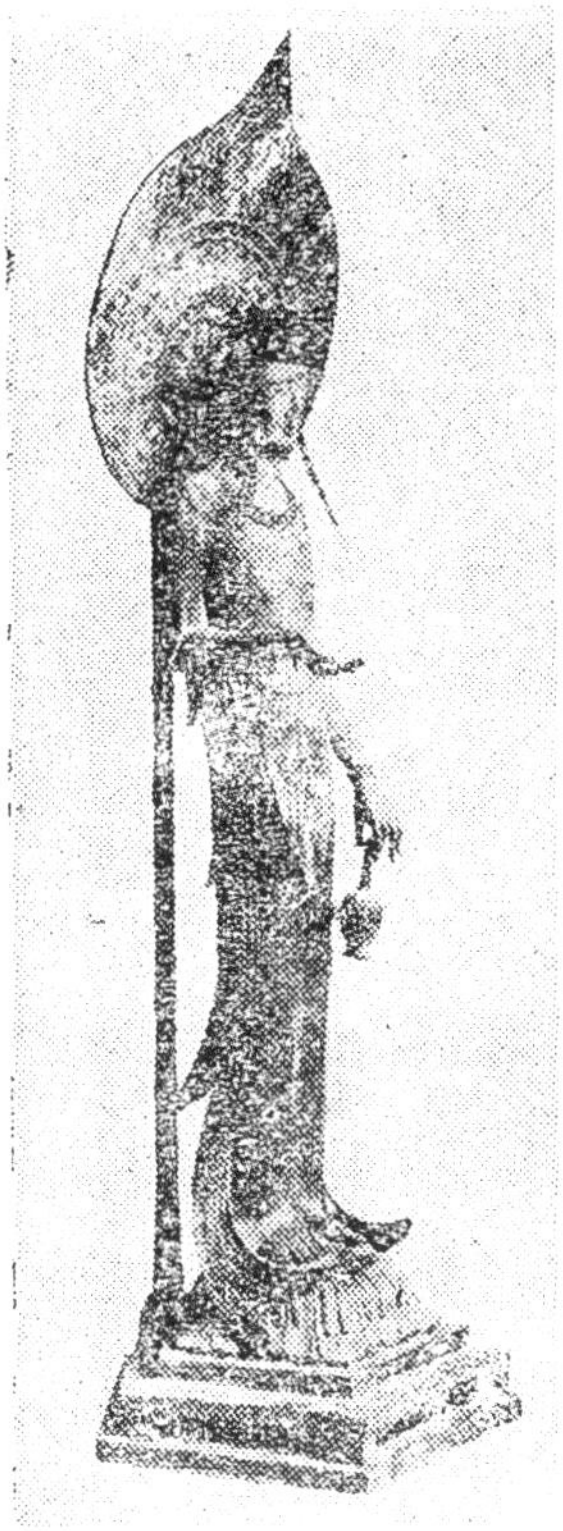

百濟觀音像

ず、それだけ古拙の美しさがあふれている。また太子の著作として法華經以下三經の注釋がある。この三經義疏は現存最古の著述であるばかりでなく、大陸の學者の著述を參考しながらも、それにとらわれないすぐれた解釋をおこなつている。

建築といい、彫刻といい、佛教文化という觀點から離れ、技術としてみる時にもわが國技術の長足の進步をうかがうことが出來るであろう。他方繪畫の方面では畫師がおかれ、音樂においては伎樂が輸入された。

3 大化改新

蘇我氏の滅亡　聖德太子が世を去つた後は蘇我氏の勢力いよいよ伸び、皇族や朝廷の豪族らの中に、蘇我氏に對する反感が强まつた。このころ、さきに隋に派遣された留學生は時をおつて歸朝したが、かれらは彼の地にあつて、隋の滅亡、唐の立國（六一八年）を經驗し、また隋・唐帝國における律令制整備の經過を見聞した人々であつた。この人々の歸朝は時世を不滿とし、改革を欲した人々に大きな夢と力とを與えずにおかなかつた。やがて中大兄皇子・中臣鎌足らは、これらの留學生とともに改革の實行團體を結成し、六四五年（皇極天皇四年）蘇我入鹿を暗殺した。そして孝德天皇をたて、皇子は皇太子となり、新政府を組織し、更に年號をたてゝ大化元年とした。

改新の政治　蘇我氏が亡び、その私地・私民は皇室に歸したため、天皇をいただく中央集權國家の樹立はようやく可能となつた。そこで新政府は留學生らの知識を驅使して、こゝに唐の律令制にならう律令國家の創造という一大事業を行うこととなつた。これが大化改新である。改新政府の意圖はおよそ次のごとく要約されるであろう。第一は皇族及び豪族の私有する土地・人民をあげて皇室におさめること、第二は全國の土地人民に對し唐の均田法を模範とする班田收授法を施行すること、第三は田地を班給された農民に對し全國一律に稅を課して國家財政を確立すること、第四は中央集權的官僚組織を確立することなどである。

こうした企畫は一連の体系として唐制を模範とするものであり、改新政府當事者が當初から腦中にえがくところであつたと思われる。かつ、かれらは異常な努力のもとに、これをつぎつぎと具體化し、實行にうつしていつたのである。しかしその內容の細部は時をおうて修正を受けた。いわんやその實現には迂路曲折があつた。そこでその詳細は、制度が完備し、その實行もほぼ完了した大寶律令について述べる際にゆずることとする。

壬申の亂　改新の事業はその緒についたが、蘇我氏滅亡後五、六年すると、漸く大事をなしとげた後にともなう滿足感が宮廷をおおうにいたつた。宮城の造營、新羅征伐の議などが起つてきたのもこのころである。當時新羅は唐と深く結び、兩國は軍をおこして百濟を滅した。そこで百濟の遣臣等は援軍を日本に求め、皇太子は齊明天皇を奉じて筑紫に下つた。唐はまた兵を百濟の地に送り、日本軍は唐兵と白村江に戰つて敗北した。その後唐は內亂に乘じて高句麗を滅した。これより朝鮮は新羅の統一時代に入るのであるが、この軍事の失敗はまたもや國內改革の氣運をたかめることとなつた。すなわち中大兄皇子は卽位して天智天皇となり、近江令を發布し、官制の整備その他大いに政治を振興した。しかし天智天皇の施策には部曲の復活のごとき、著しく舊制と妥協した點があつた。これは改新そのものの方針からみれば、一步後退を示したといえるのである。

天智天皇崩じ、大友皇子（弘文天皇）と、皇太弟大海人皇子（天武天皇）との間に壬申の亂が起つた。亂は大海人皇子の勝利に歸し、皇子は卽位の後、再び部曲を廢し八色の姓を布き更に飛鳥淨見原令を發布した。かくてこのころより、大化改新當初の意圖はいよいよ實現の機を迎えたというべきであろう。

4 律令の制定

律令の制定　天武天皇より一代をへて文武天皇の七〇一年（大寶元年）、大寶律令が完成した。大寶律令はこれまでの法律編纂の後をつぐものであり、かつその後七一八年（養老二年）、改編されて養老律令となつた。今日ほぼその全貌を知ることの出來るのは養老律令であり、大寶律令は斷片的にうかがいうるのみである。兩者は實質的にはほとんど變りがないと考えられ、したがって大寶律令は律令政治の根本を定めたものといいうるのである。よって大寶律令の完成は、大化改新の事業の完成の時とみることが出來るであろう。そこでしばらく律令の内容及びその運用をやや詳しく述べて、律令國家の規模をうかがつて見たい。

行政組織　令の定めるところによれば、中央政府は太政・神祇の二官に分れ、神祇官は宮中の祭祀と諸國の神社のことを掌り、太政官は一般の政務にあずかつた。太政官の組織は、上は太政大臣・左右の大臣があつて國務を統べ、大納言がこれをたすけ、そのもとに中務・式部・治部などの八省があつて政務を分擔した。またこれらの八省にはそれぞれいくつかの役所が屬し、權限の大小によつて職（しき）・寮・司と呼ばれた。そのほか中央には官吏を監察する彈正臺（だんじょうだい）、宮城をまもり、京中を巡檢する衞府（えふ）などが置かれた。地方は國・郡・里（鄕）に細分し、それ〴〵に國司・郡司・里長（鄕長）を置いた。里は五十戶よりなるのを原則とする。またこうした一般の地方行政區劃のほかに、政治上特に必要のある地方には特別の制度が設けられた。都の京職、攝津の攝津職、九州の大宰府などがこれである。

これらの官衙は人的には長官（かみ）・次官（すけ）・判官（じょう）・主典（さかん）の四等官のほか、更に下級の官人によつて構成され、上下を通じて官人の數は極めて尨大なものに上つた。大化改新以前の中央・地方の諸豪族は大なり小なりにこれらの官職についたのであつた。そして官人は官爵・位階・功勞などに應じて封戸・田地・祿などを一種の俸給として與えられた。封戸とは一定數の戸の租の半分と庸・調とを封主に給する制度である。かくて土地人民を沒收された豪族たちは、官人となることによつて經濟的特權をえたわけである。なお神社・寺院も同樣に田地・封戸を與えられた。

司法制度　律は刑罰にかんする規定であるが、令と比べてはるかに唐のものに類似している。刑罰の基準としては儒教的道德において特に重んぜられた君臣・父子・長上などの身分的秩序を重視し、これにそむく者は重罪とされた。罪を犯した者にはその罪の輕重によつて笞・杖・徒・流・死の五等の刑罰が課せられた。なお司法と行政の區別がなく、行政機關は裁判所の役割をうけもつものとされた。

土地制度　班田收授法は律令の土地制度の根本であるばかりでなく、律令國家の基礎をなすものであつた。それは、班田の年に人が六歲以上に達していれば、國家から一定の面積の田地を口分田として授けられ、死ねばその田を國家にかえす制度をいう。土地の班給は六年ごとに全國一齊に行われるものとした。律令では良民の下に、官戸・家人・公奴婢・私奴婢などの賤をおいているが、口分田の面積は、良民・官戸・官奴婢の男は二段、女はその三分の二、家人・私奴婢は良民男女の各々三分の一と定められてある。

大寶二年御野國味蜂郡春部里戸籍

班田法の施行によつて從來の土地關係が著しく變化したとは思われない。田は戸主を通じ、戸内の人員の授田額の總計が授けられるから、多くの家族員と奴婢を持つ家はそれだけ多くの田地が與えられるわけであり、また授田額を越えないかぎり、これまで持つていた田地をとりあげる必要もないからである。また六年一班といつても、授けられるものからいえば六歳以後終身その用益にゆだねられるのである。しかし口分田は絶對に賣買を許されず、農民の田地は常に國家の監督をうけた。この意味において土地は國有であつた。すなわち農民の土地に對する權利は一變したといわねばならない。ここに班田收授法の精神があり、それが保たれるかぎり律令國家の基礎は強固であつた。

農民は口分田を耕作して主食を得、畠に桑や漆、麥やひえ、野菜なども作つて生活したが、後に述べるごとく諸種の税が課せられたから、その生活は容易ではなかつた。いきおい賃租といつて、國家の土地や他人の土地を期限つきで借りて耕作するものが極めて多かつた。

課税制度　國家は公民に口分田を班給するとともに、租・庸・調また雜役・雜徭及び兵役などを課した。租は土地の收穫の一部を納めるもので、田地一段につき稻一束五把とされた。調は人毎に課せられ、絹・絲・麻布などの布帛類、鹽魚・海藻などの海產物、鍋・鋤・笠などの工產物などの種類が設けられた。歳役は不課口を除くすべての男子に人ごとに課する勞役であつて普通の男子は年に十日ずつ。食料自辨で官のために勞役に從うものであつた。たゞし歳役は布二丈六尺をもつてかえられこれを庸という。雜徭とは、國司が最長六十日農民に課する勞役である。また國中の正丁の三分の一は兵士と定められ、國ごとに一個以上づつ置かれた軍團で訓練を受け、警備にあたるものとされた。兵士はまた一年は防人（さきもり）として九州の防備にあたり、三年は衞士として宮城を護らねばならないのである。

租税は輕いけれども兵役をふくめてその勞役の重いことが知られる。これを果すことは農民にとつては極めて苦痛であり、しかも官位あるものは勞役を免除され、富める者は代りの人を兵士に出すことが出來たために、貧しい者ほど苦しむこととなつた。調・庸を京に輸する歸途に病のため行き倒れる者、東國から防人に召されて故郷の土を踏みえなかつた者が數知れなかつたといわれる。またかの萬葉歌人山上憶良の「貧窮問答歌」には、飢と貧に泣く農民にしかも租税や勞役を課そうとする里長の姿がえがかれている。

徵集された税や勞役の用途を見るに、租は大部分地方財政のために用いられ、雜徭も國司監督のもとに地方の用途に供された。また庸・調は中央政府の費用にあてられた。かくて租税制度の整備は國家財政を確立し、また兵制の施行は對內對外兩面にわたる國家の軍事的基礎を固めた。かくて律令制度の實施にともない、國家隆昌の機運を迎えたのである。

第二節　律令國家の成熟

1　國力の充實

奈良遷都　國家財政の確立にともない、大陸都城の制にもとずく都の經營がおこなわれ、大津京（天智天皇）、藤原京（持統天皇）が營まれたが、元明天皇の時七一〇年（和銅三年）、藤原京を捨てて奈良に都を定め、ここに大規模な平城京を經營することとなつた。平城京は唐の長安の都城にならい、長方形の地域を東西に走るいくつもの大路によつて縱橫に區劃し、中央正北部に大內裏を置いた。大内裏の内には皇居と諸官廳が建てられ、市街にならぶ一般家屋の中には、屋根を瓦で葺き、朱塗の柱に白い壁の貴族の邸宅や莊嚴な大寺院が建てられた。

邊境の開拓　改新後蝦夷の征服が一段と進み、阿倍比羅夫は秋田・能代の地方から津輕・渡島にまで進んだと傳えられる。奈良時代以後この開拓は一層組織的となり、天平ごろに城柵は出羽より秋田に進められ、また出羽柵と陸奥の多賀城とを結ぶ直通路が開かれるにいたつた。占領地では城柵を設けて警備を嚴にしたが、蝦夷を懷柔し同化する政策もとられた。西南方面では、奈良時代のはじめごろ、かの隼人が平定されて歴史上からその姿を沒した。また推古天皇のころから今日の奄美群島・沖繩列島など南海の住民が歸服しはじめたが、奈良時代のはじめまでに、多褹・掖久・奄美・信覺・球美などの諸島が朝貢するにいたつている。

産業の發達　國勢の向上はまた産業の發達をうながした。農業においては米穀以外に麥その他の作物の種類が増し、鐵製農具の普及のごとき技術の進歩があり、また政府は水利・灌漑の事業、池溝・堤防の修築に大いに力をつくした。また、養蠶業が普及し、調として絹織物を出す地方もしだいに多くなつた。

天然資源の開發も非常に進み、武藏の銅、陸奥の金など各地の鑛産物が續々と發見され貢上された。かくて金銀銅鐵の發掘が盛となり、大陸から優秀な工藝技術の傳來した結果、宮廷及び寺院に直屬する工房においては彫刻・織物・染物・刺繡・鑄金・漆工など奢侈的な工藝品の製造が長足の進歩をみた。農村では依然農業の片手間として粗末な日用雜貨品や調庸物を作製する自家工業の域を脱しなかつたが、これら餘力をもつて手工業品を製造するものに對しては國衙は交易と稱してこれを買上げた。

交換經濟　このように產業の發達は見るべきものがあつたが、しかしそれを促したのは主として財政的意圖のためであり、他方農村は稅の重壓のため餘力がなかつたのであるから、交換經濟はさしたる展開を示していない。京においてさえ東西市が立てられ商業取引にあてられているものの、ここでは貴族や寺院の財貨と附近農民の米や野菜が交換された程度であつた。また七〇八年（和銅元年）、唐にならつてわが國最初の鑄造貨幣たる和同開珎が發行され、以後貨幣鑄造は延喜にいたるまでひきつづき行われているが、それは京畿地方に流通したにすぎず、政府の使用獎勵もその效をあげなかつた。一般には自給自足の段階にあつたのであつて、稻・布などの物品が貨幣としてのはたらきをしていたのである。

政府は集權政治の威令を諸國に及ぼすために、交通施設の整備につとめた。すなわち、京を中心に東海・東山・北陸・山陽・山陰・南海・西海七道が走り、これらの官道には原則として約四里每に驛家を置く驛制が定められた。驛制もまた唐にならつたものであるが、それは中央と地方との行

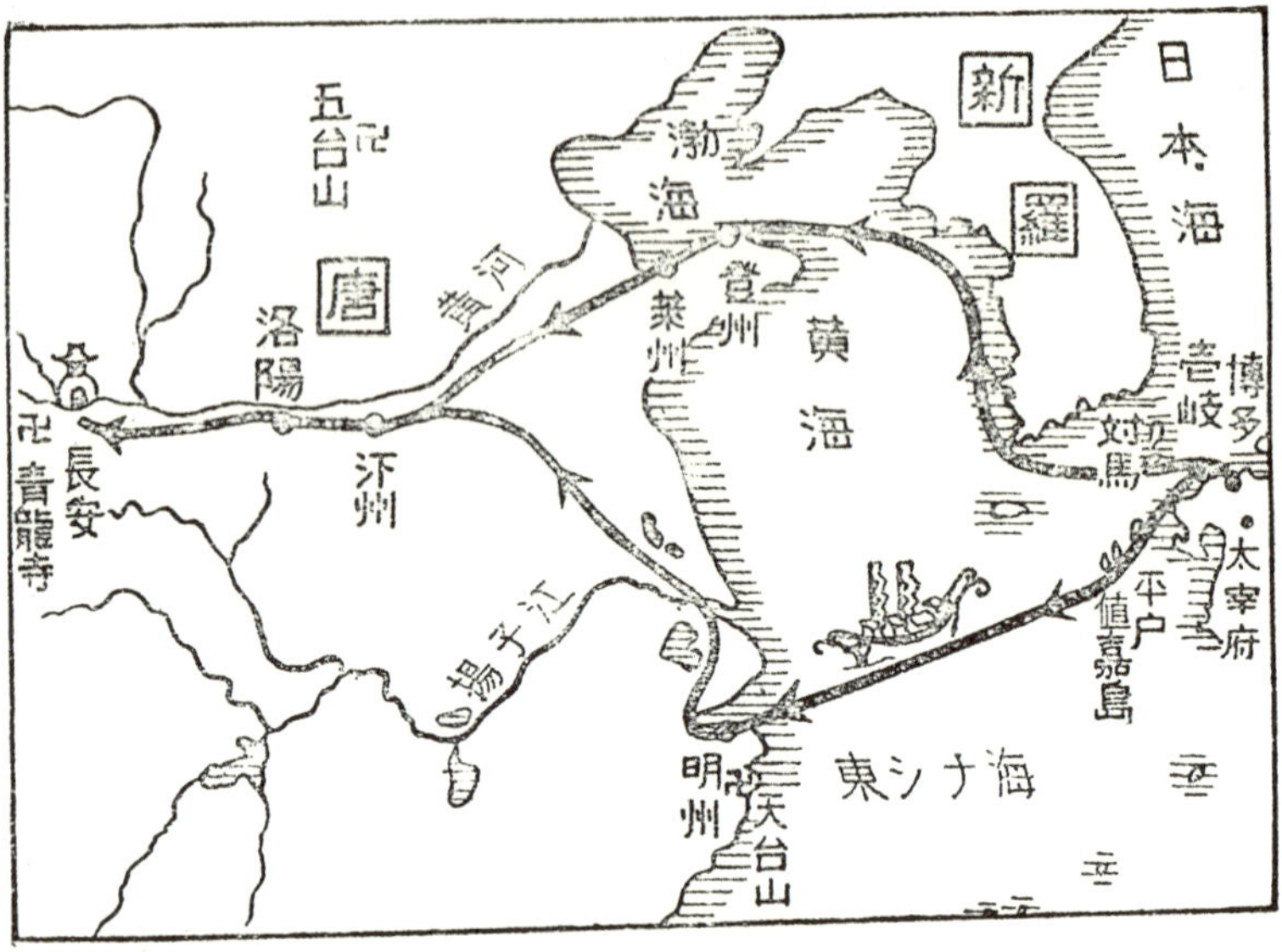

遣唐使往復經路圖

政上の連絡をはかるためのもので、官用をもつて上下する官吏、急報をもたらす官使の利用にゆだねられ、一般の農民は利用できなかつた。従つて律令制の衰えるとともに驛制も衰微してしまうのである。

2　海外との交通

遣唐使　律令國家はひとり國内の力が向上したにとどまらず、その視野は廣く海外に向けられていた。律令の貴族はなお若々しい繁榮の時代に生き、先進國の文化に對する攝取の欲求も盛であつたのである。

當時シナは唐の盛期であつて、内には制度を完備し、外にはサラセン・インドと境を接する空前の大版圖を實現していた。そして天山南北路は全く唐の支配に歸したために、サラセンやインドとは陸上交通も發達し、陸路・海路をへて、唐都長安には各地よりの使節・商人が集り、四方の文化が流入して渾然たる國際社會を現出していた。

日本が唐に國家的使節を派遣したのは大化改新の少し前からであるが、以後二百餘年の間、遣唐使の派遣は十數回に及んだ。その航路は北路と南路があつたが、新羅との公的交渉が絶えて以來半島西岸を經る北路をさけ、一路揚子江岸に渡る南路がとられた。未だ造船や航海の技術の進んでいなかつた時代であるから、難破したものも少なくなかつたが、かれらはそれをものともせず勇敢に海を渡つて行つた。遣唐使には多くの留學生・學問僧が從つたが、その數も多く、文化の向上に果した役割もはなはだ大きかつた。中でも吉備眞備(まきび)・玄昉(ぼう)などは著名である。

新羅と渤海　朝鮮を統一した新羅は半島に勢力を及ぼそうとする唐と衝突したが、やがて國交を回復し、しきりにその制度・文物を移入したから、その文化は未曾有の盛觀を呈した。しかしわが國は新羅に對しては警戒的で、ことさらに防備を固めたこともあり、又征討の軍を興そうとしたこともあつた。八世紀のはじめ滿洲に建國した渤海は唐・新羅に對するためもあつてしばしばわが國に使を遣わした。渤海の使節は日本海を横斷して北陸・山陰の海岸に着くことが多かつたが、それは國の亡びるまで續き、滿洲地方の產物であるてんの皮や藥用の人參などをもたらし、わが國から織物を持ち歸つた。

3 天平の文化

學問と思想　律令國家の繁榮にもとずく國力の充實と、唐文化攝取の意欲とは、宮廷を中心としてけんらんたる天平の文化を生み出した。

唐制にならう政治組織の運營者である律令の官人貴族はその生活においても唐を模範としたから、學問・教養の基礎としてシナの思想・學問を廣汎に受け入れたのは自然の勢である。かくて上流貴族の間には教養として詩文が貴ばれ、吉備眞備・淡海三船(おおみのみふね)など多くの學者・文人が現れ、わが國最初の漢詩集たる懷風藻が撰ばれた。

また唐制にならい官吏養成機關としての學校が設けられたのは天智天皇の時であつたが、その後次第に制度が整つた。それは都におかれ五位以上の子弟と東西史部の子孫を教える大學と、國毎にあり主として郡司の子弟を教える國學とよりなつていた。その教育内容は儒教の教典を教える明經道を中心とするが、文章道(文學)、明法道(法律)などの學科も設けられた。

國史と萬葉集　國家隆盛の機運は他方において、國家の歴史をふりかえつて見んとする要求を呼びおこした。そして天武天皇の時に、大化前代においてほぼ整理された朝廷の古傳承などにもとづく大規模な史書の編修が企てられ、奈良時代に入つて古事記・日本書紀が完成した。日本書紀に示された修史の事業はその後もひきつがれ、延喜のころまで續き、續日本紀・日本後紀・續日本後紀・日本文德天皇實錄・日本三代實錄などのいわゆる六國史をなしている。なお日本書紀は第一代の天皇とする神武天皇が今からおよそ二六〇〇餘年前の辛酉の年に即位されたとしている。これは一二六〇年ごとの辛酉の年に一大變革があるという讖緯思想にもとずき、たまたま辛酉の年にあたる推古天皇九年から逆算して一二六〇年前の辛酉を神武天皇即位の年と定めたものである。

漢詩が行われても傳統的な文藝は衰えなかつた。ことに和歌の發達・普及はめざましく、短歌・長歌・旋頭歌など、併せて約四千五百首をおさめる萬葉集は天平文化のうちたてた一つの記念塔であつた。作者の範圍も上は天皇・皇族より下は東國の農民に及んでいるが、いずれも後世の技巧的な歌とことなり、素朴な感情と力強い調べに滿ちている。中でも柿本人麿・山上憶良・山辺赤人・大伴家持などは單に當時として秀でていたのみでなく、いずれも國文學史上の傑出した詩人としてうたわれる人々である。

佛教　天平文化はまた佛敎文化でもある。國敎化した佛敎はこの時代に入つて更にその繁榮を保護されたから、寺院の造營に、法會の規模に、又敎學の發達に、いちじるしい發展を遂げたのであつた。なかでも天武天皇以來、金光明經・仁王經などの護國の經典が盛に書寫され轉讀され、佛法の呪力によつて國家を鎭護し、天下を安泰ならしめんとする鎭護國家の思想がいちじるしかつた。聖武天皇の時、全國の國々に置かれた國分寺・國分尼寺もこの思想にもとずくものであり、更にその中心として奈良に東大寺が造營された。

佛敎の繁榮にともない各方面に傑出した僧が現れたが、なかでも行基は著名であつて、民間に布敎し、橋をかけたり、堤防を築くなど、民衆の救濟に力を盡した。また唐僧鑑眞が渡航の間しばしば難破したにもかかわらず日本布敎の志を變えず、來朝後朝野の歸依を一身にあつめたことも當代佛敎界の大きな出來事であつた。

藝術　佛敎藝術はこの時代に入つて唐文化の影響をうけ、更に一段の飛躍を遂げた。文化史上白鳳藝術といわれるのは大化改新後奈良遷都にいたるまでをいうが、建築として藥師寺の東塔、佛像として同金堂の藥師などがあり、飛鳥藝術に比べてその材料・技法も進み、表現は圓滿流暢となつている。また奈良時代の天平藝術は更に一層の圓熟を加え、建築に唐招提寺金堂・東大寺法華堂(三月堂)、彫刻として法華堂の不空羂索(けんじゃく)觀音、繪畫には藥師寺の吉祥天畫像などがある。昭和二十四年、惜しくもその大半を燒失した法隆寺金堂の壁畫は唐を介してギリシャ・インドの藝術とのつながりを持ち、單にこの時代の文化を代表するばかりでなく、東洋藝術の粹とうたわれたものであつた。

奈良の正倉院には聖武天皇の御物を中心とする服飾・樂器・家具その他三千餘點がおさめられているが、ここにもサラセン・東ローマ・インドなど各方面の文化を綜合し、高い水準に達した唐の工藝の技術が示されている。またこの中にはこうした技術を攝取した日本人の手になつたものも少なくないであろう。

第三節　律令制の衰退と攝關政治

1　律令體制の動搖と再建

土地制度の動搖　律令國家の基礎は班田制にあり、班田制の施行の上に國家の繁榮がもたらされた。けれども班田制は國家隆盛の時代に既にその動搖を示しはじめたのであつた。大化改新によつて豪族が私有地を收公され、それに代えるに位階・官職・功勞等に應じてそれぞれ田地や封戸を與えられ、寺院・神社は收公のことさえなかつたので、貴族・寺院はこうした諸種の田地を持つた上に、法律上公有とされている山林・原野を占有し土地の集積を行いがちであつた。加うるに人口の增加は班給すべき口分田の不足を告げたので、政府はこれに對處せんとして七二二年（養老六年）國費を以て開墾の事業を進めるとともに、翌年三世一身の法を定め、新に池溝を造り開墾したものにはその土地を子孫三代にわたり、舊來の池溝を利用して開墾したものには一代限りの所有を許した。これ既に土地國有の原則を破るものであるが、政府は更に七四三年(天平一五年)、開墾した土地は永久に私財とすることを許す墾田永代私有の法令を發したのである。もつともこの法令はその後一度撤回されたが、再度舊に復した。この法令の發布は様々の方面に大きな波紋を投じたといわねばならぬ。資力にめぐまれた貴族・寺院、また地方の豪族は山野を占有し、多數の奴婢や浮浪人などを使つてさかんに開墾を行い、また貧しい農民から土地を買得するなど、種々の方法によつて土地を集積していつた。また班田法はもともと多くの家族と奴婢を擁する戸主の存在を許し、したがつて稅の重壓のために富戸はますます富み、貧戸はいよいよ貧しくなる傾向にあり、貧しい農民は土地を捨て家を捨てて浮浪人となるに至つたが、墾田の私有が許されてからはいよいよそれに拍車をかけられたのである。このような動きがやがて莊園制の全面的な展開、ひいては名田(みょうでん)の發生にいたるのであり、その經過は後に述べるが、これらの源は國家繁榮の時代に存したのであつた。

政情の不安 大化改新、壬申の亂を經て皇室の勢力はきわめて强く、皇族また政治の樞機にあずかつた。しかるに改新の中心人物たる中臣鎌足の子藤原不比等は律令の撰進、奈良遷都などによつて朝廷に重きをなし、その娘の光明子は聖武天皇の皇后となり、四人の男子もそれぞれ將來を囑望されて藤原氏の勢力は大いに進出した。ところがまもなく四子みな流行病によつて前後して死んだために、橘諸兄が勢いを得、續いて新歸朝の吉備眞備・僧玄昉が勢力を振うようになつた。そこで藤原廣嗣はこれを斥けんとして九州に叛したが却つて失敗に終つた。ついで藤原仲麻呂は諸兄の子奈良麻呂を追い、淳仁天皇を奉じて權を專らにしたが、僧道鏡は孝謙上皇に近ずいて仲麻呂を追つた。上皇が再度即位して稱德天皇となると、彼はやがて太政大臣となり、更に法王となり、みずから天皇の位を奪わんとする野心をさえ示すにいたつた。以上の經過を見ても、華やかな國家繁榮の裏面に貴族の政權爭奪による政情の不安を讀みとることができようが、遂に道鏡の進出という變態現象を見たことは、一面佛教崇拜の過度に陷つた時代の反映であつて、政治は漸く行きずまつたかのような感を與えたのである。

律令體制の再建　稱德天皇崩御の後、光仁天皇が即位し、藤原氏と協力して道鏡を斥け、また財政の緊縮などに力をつくした。ついで桓武天皇が即位すると、寺院の勢力の强い奈良を捨て、七九四年（延曆一三年）都を京都に遷した。この新都を平安京という。かくて光仁天皇より數代のあいだはしばらく律令體制再建の政治が行われた。

すなわち桓武天皇の時、地方政治においては國司交替の制をととのえ、土地制度においては班田制を勵行し、また兵制においては軍團制を廢して健兒制を布いた。健兒制とは軍團の兵に代えるに郡司の子弟などを採用するもので、部分的にはこれまでも行われていたが、この時特殊の地域を除きほぼ全國に及ぼされたのである。また政治の不振に乘じて勢いを挽回した蝦夷に對して數度の征討が行われ、從來多賀城にあつた鎭所を北方の膽澤城に移すことができた。また政府の大規模な組織はその維持に莫大な費用を要するため、財政上の目的から不要の官衙はへらして行く趨勢にあり、またこれに反して實用に適した令外の官が新たに設置されて來たのであるが、嵯峨天皇の時置かれた藏人所・檢非違使廳はその主なものであつた。このようにして太政官の組織は有名無實と化してゆくのである。更に律令制定の後、律令の條文を改補する格、施行細則たる式が作られたが、嵯峨天皇の時以後、弘仁格式以下度々格式の編纂が行われている。

これらはこの時代における政治の一端を示したものであるが、その間にも崩れはじめた土地制度の破綻、國家財政の窮乏、地方政治の紊亂は日々に進展しつつあつたのであり、以上の施策もそれにやむを得ず對處したような傾向のあることは見逃せない。けれども他面には律令制度の缺陷を現狀にあわせて矯め、形式を捨てて實をとりながら政治の振興をはかる精神もまたうかがえるのであつた。かくて平安遷都後約一世紀の間は律令國家はなおその威容を保ちつづけたと見られるのである。

2　莊園の發生

初期の莊園　貴族・寺院の土地兼併は徐々に著しくなつた。かれらは所有地の内外に事務所・

倉庫を置きこれを荘（庄）と號したが、荘の名はやがて田地と周圍の土地を含めての全體をさすようになつた。この初期の荘園は奴婢の無償勞働によるもの、浮浪人を土着させて行うもの、附近の班田農民の賃租によるものなどがあつた。荘園の管理のために貴族・寺院は荘司を派遣し、また地方の有力者にその管理を委託するなどの方法をとつた。いずれにせよその經營は貴族・寺院の計畫と力とによつて行われ、自家經營的な性格が著しい。しかもそれは律令制によつて不輸とされた田地、また不課とされた耕作者を除いては、すべて律令に定められた税が課せられるのを原則とした。

不輸・不入の權利　地方に廣大な荘園を開いた貴族・寺院は種々特殊の理由を政府に申して不輸の特權を得ようとはかつた。不輸とは自己の荘園にかかる律令制の負擔の免除されることをいう。かくしてまず發生したのが官省符荘である。それは領主の不輸の申請に對し、太政官及び民部省から一定境域に限つて不輸とすべき官省符を發せられた荘園である。この官省符荘が最初にみられるのは九世紀のなかごろであるが、以後不輸の荘園はその數を增し、またその手續も次第に簡單となつた。

しかし不輸の荘園が增加することは、國家財政のもとである公地・公民の減少を來した。それ故國司はしばしば檢田使をつかわして不輸權の不法擴大を監視し、荘園の檢査を嚴しくした。これに對して領主が自分の荘園に檢田使の入るのを拒否する權利を不入權と呼ぶ。しかもこの不入權は漸次その意味を擴張し、後には政府の警察權の干渉を一切拒否し得る權利にまで發展するのである。

地方豪族の莊園寄進　土地の集積は地方の豪族においても行われた。ここに地方豪族というのは、中央貴族の地方に土着したもの、郡司のごとき古くからの土着の名家、更に班田農民から上昇したものなどである。かれらも中央貴族とほぼ同様の手段によつて莊園を擴げていつたのである。すなわちそれらの莊園は廣く山野を圍いこんで奴婢や浮浪人を使つて田を擴げ、あるいは農民の土地を買い取つたり、寄進を受けたりして集積したのであつた。この場合賣却・寄進者たる農民にそのまま土地を耕作させることもあつた。これを請作（うけさく）という。このような形態は先に見たような貴族・寺院の莊園にも見られるが、これは當時田堵（たと）作人と呼ばれた。地方豪族は土地の所有を確保し、更に莊園に不輸の特權を得ようとして、競つて貴族・寺院に莊園を寄進した。その寄進には種々の方式があり、領主權を留保しその土地からの收入の一部を權門勢家に寄進してこれを本所（ほんじょ）と仰ぐこともあれば、名義上の領主權を寄進してこれを領家（りょうけ）とし、みずからは下司その他の莊官となるものもあつた。以上のような經過は十世紀頃から次第に著しくなつて來ると見られ、これを貴族の所領形態からみれば、初期の莊園のような方式のものは次第になくなり、この種の莊園が一般化する趨勢にあつたのである。

3　攝關體制の成立

攝關の設置　平安遷都後、藤原氏ことに北家（藤原不比等の四子のうち、房前の家）には多くの人材があらわれた。そして藥子の亂（八一〇年）、伴健岑（とものこわみね）の事件（八四二年）應天門の變（八六六年）などによつて、伴（大伴）氏、橘氏、紀氏などの奈良時代以來の有力貴族を政界から追い、また北家以外の藤原氏の勢力をくじいて來た。他方では皇室との姻戚關係を深め、やがて天皇の外戚としての地位を利用して、八六六年（貞觀八年）藤原良房は清和天皇の攝政となり、更にその養子基經は光孝天皇の關白となつた。攝政は天皇幼少の時、關白は天皇成人の後に政を視るものをいうのである。もつとも基經が死んでから後は、宇多天皇は關白を置かずに菅原道眞を拔擢し、また醍醐天皇・村上天皇の時も攝關は置かれなかつた。しかし十世紀のなかごろ冷泉天皇の時藤原實賴が關白となつてから後は、攝關はほとんど常置の官となり、また源高明を政界から追つて源氏の勢力をくじき、ここに政治の實權は全く藤原氏に歸したのである。

攝關政治　藤原氏は他族排斥に成功した結果、同氏以外の政界進出の門は塞がれ、顯要の地位はほとんどその一族を以て獨占された。また攝關をはじめ藤原氏一族はその權勢高いが故に地方豪族の寄進する莊園も非常に多く、その私領は全國にひろがつたのである。かくて十一世紀の前半、

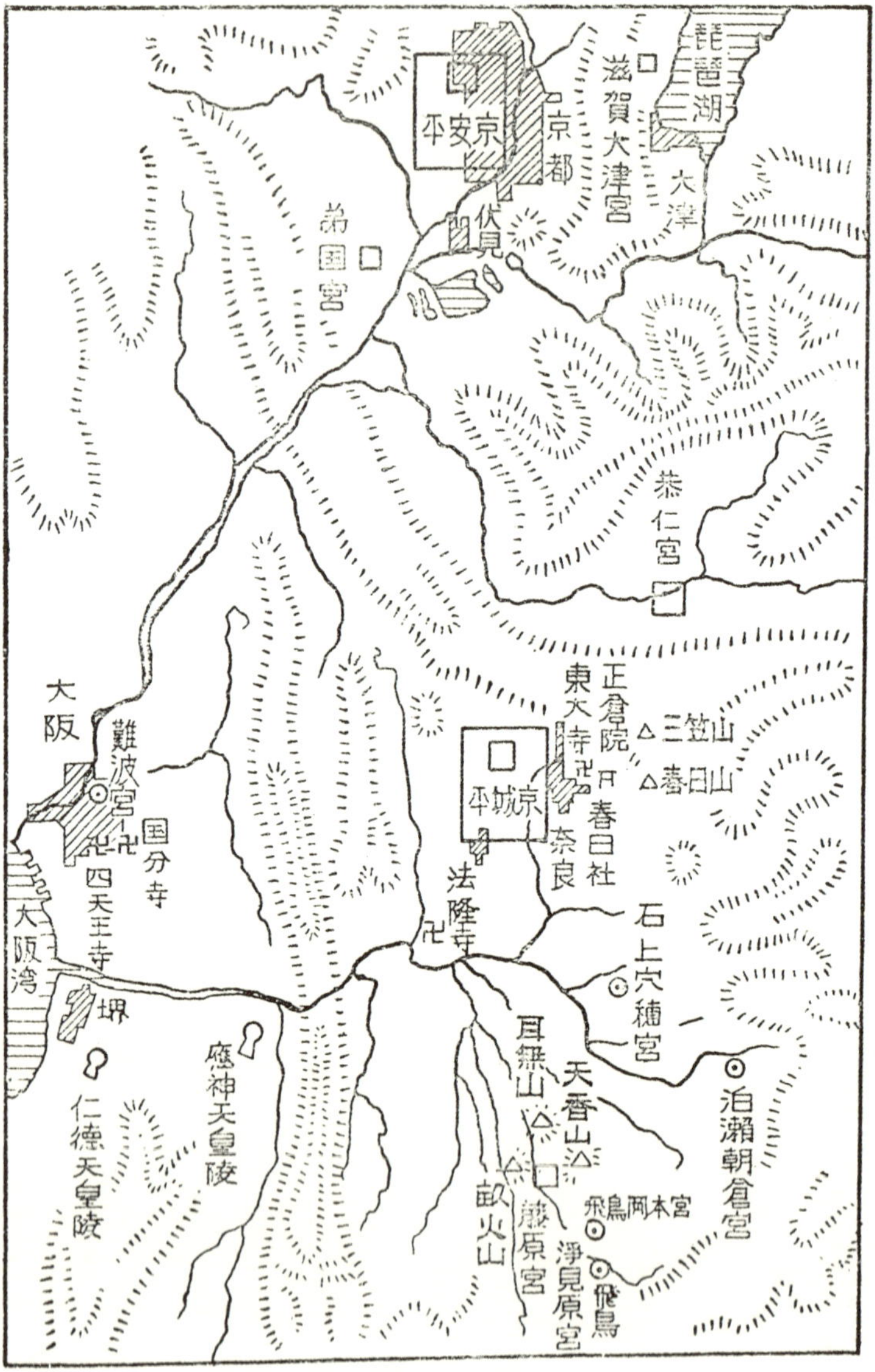

琵琶湖
滋賀大津宮
大津
平安京
京都
伏見
弟国宮
恭仁宮
大阪
難波宮
国分寺
四天王寺
大阪湾
堺
仁徳天皇陵
應神天皇陵
平城京
東大寺
正倉院
三笠山
春日山
春日社
奈良
法隆寺
石上穴穂宮
耳無山
天香山
畝火山
藤原宮
浄見原宮
飛鳥岡本宮
飛鳥
泊瀬朝倉宮

皇居所在地圖

實賴の弟師輔の家に孫の道長その子賴通のあらわれるや、藤原氏一門は榮華全盛の時代を迎えたのである。藤原氏の榮華は、貴族階級の繁榮ということにおいては律令國家の盛時とことなることはない。しかし天皇が單なる權威的存在となり、また他族がことごとく沒落したということや、その繁榮の基礎が全く異る地盤の上に置かれていたということに注意しなければならない。この時代は律令制度があらゆる方向で破綻し、繁榮の基礎は全く異る地盤の上に置かれていたのである。政治の形式という點から見れば太政官の組織は有名無實で、攝關家の家政を行う政所(まんどころ)が政治の中心であり、官符・宣旨に代つて攝關家から下される御教書(みぎようしよ)や政所から出る下文(くだしぶみ)が強い效力を持つた。また土地制度においては莊園が全國にひろがり公地は著しく減少するとともに、その公地もまた後にみるごとく莊園化したのであつた。したがつて租庸調の制度もほとんど行われなくなつた。更に地方政治については國司の制は實質的にははなはだ趣きを變えて來た。國司は多くの場合任地に赴かず、政廳たる國衙は留守所と呼ばれ、地方豪族たちが在廳官人として地方政治にあたり、國司は中央貴族の俸祿を得るためだけのものとなつていつた。このように國司の制が實質上貴族の收入源泉となれば、地方行政はおろか地方の治安が亂れるのは必然であつて、この勢力のなかから力強く武士が擡頭してくるのである。また官職が一つの財源となつたために賣官・賣爵・成功(じようごう)などがあらわれた。朝廷で諸種の費用にあてるため物を献じ、工事を請負うものなどに官爵を授けるのである。

かくて行政機關の機能は次第に衰えてきたのであるが、京都にあつた貴族たちは名は官職を帯びるも事實は遊宴や戀愛に日々を過していたのであつて、莊園の收入や、官を得ようとして贈られる貢物や、國々に課する重税によつてその榮華をきわめていたのである。

第四節　貴族文化の開花

1　平安初期の文化

平安遷都後一世紀の間は、既に後代への推移をはらみつつも律令國家體制の維持された時代であつたが、文化相においてもほぼこのことは妥當し、唐文化との接觸攝取の面が濃厚であり、かつ時を經ただけにその消化に見るべきものがあつた。

學問と思想　前代に設けられた大學・國學の制においてはこの時代に更に財政の强化、制度の改革が行われた。學科内容において明經・明法の二道は專門家にゆだねられ、文章道が重きをなしていつたのは、文學的教養のいよいよ重んぜられてきた時代の反映である。また國學の普及にも見るべきものがあつた。更に大學の別曹として藤原氏の勸學院、和氣氏の弘文院その他が創立され、中央の貴族はそれぞれ同族子弟の教育の便をはかつた。貴族の教養としての漢詩文はいよいよ重んじられ、詩人として嵯峨天皇・小野篁・菅原道眞などがあり、また凌雲集・文華秀麗集・經國集などの詩集が勅撰せられた。

天台宗と眞言宗　桓武天皇は奈良佛敎の腐敗墮落を除こうとし、平安遷都を斷行して舊都をはなれると共に、一方では最澄・空海のごとき佛敎界に異を唱え新風を樹立しようとした人物をあつく保護した。二人はともに遣唐使に從つて入唐したが、歸朝後最澄は比叡山の延暦寺を中心に天台宗をおこし、空海は京都の東寺、紀伊の高野山金剛峯寺などに據つて眞言宗を鼓吹した。天台宗は法華經の思想を中心とする多分に哲理的な宗敎であり、眞言宗は密敎を學問的に組織化したものである。密敎は佛法の呪力によつて國家を鎭護し、個人の招福除災をなす加持・祈禱の要素を含んでいるため空海の包容的な才腕と相俟つて比較的早くその勢力を伸長した。その後天台宗に圓仁・圓珍が出、相次いで入唐したが、これより天台宗に密敎的要素と淨土敎的要素とがとり入れられた。天台宗で密敎化したものを台密といい、眞言宗の東寺の密敎、すなわち東密と區別するが、台密の擡頭によつて天台宗は徐々にその勢力を伸ばすにいたつた。

藝術　密敎の流行は當時の佛敎文化に一つの特色を與えた。天平の佛敎文化が調和と平明を重んずるとすれば、ここではむしろ神祕的ともいうべき深遠味が漂つており、また密敎は儀規といつて佛像や曼荼羅の形相に細かい規則を設けるが、當代の藝術にはこうした嚴格な形式が重んじられている。觀心寺の如意輪觀音や神護寺の藥師如來は、この期の佛像を代表する遺品ということができよう。

寺院の建築は山林の修行をたっとぶ意味から多く奥山に建てられた。これも平地に七堂伽藍を配置するこれまでの寺院とはことなるところであって、地勢に應じた自由な配置がとられる一方、堂内を外陣・内陣にわけ、内陣を特にうす暗くして一種神祕的な空氣をかもしだしている。遺品としては室生(むろう)寺の金堂や五重塔がある。

2 文化の日本化

貴族生活の變化　政治史の上では遷都以來約一世紀の後に律令國家體制から攝關體制へ移行しはじめるが、この推移は文化の上にもはっきりと認められるのであって、文化精神はこれを機に著しく變容して行くのを見ることができる。このような變化をもたらした原因はもとより多樣であるが、その一つは文化擔當者としての貴族の生活の變化であろう。すなわち律令制に依存し國家の繁榮が貴族の繁榮であった時代は過ぎて、貴族は莊園制という私的經濟に依存するにいたったが、それが貴族の精神生活に與えた影響はけだし大なるものがあったとおもわれる。中央の政令は地方に及ばず、莊園の實權は徐々に莊官たる武士に移りつゝあった時代であるから、かつては萬里の波濤を乗りこえて海外に文化を求めた外向的な心情が徐々に内省的になってきたのである。また攝關政治の確立にともなって藤原氏の宗家以外の人々は沒落して來たのであるが、當代文化の創造者はおおむねこの人々であって、こゝにも大きな精神的變化が認められる。

遣唐使の廢止　また遣唐使の廢止ということも大きな因子であった。平安初期の外交は前代に引きつずき唐及び新羅・渤海との間に行われた。しかるに唐は八世紀中葉、玄宗の末年に節度使安祿山らの叛によって國内が混亂に陷った後、邊境における節度使の獨立、均田制の崩壞が著しくなり、さしもの唐帝國も徐々に衰微の一路を辿った。かくて十世紀のはじめ唐は河南省の節度使朱全忠のために滅され、その後半世紀のあいだ五つの王朝が中原に入れ代り、また別に獨立小國がめまぐるしく興亡した。この時趙匡胤(ちょうきょういん)が立って全國を統一したのが宋である。また唐の瓦解の際に周邊諸民族の活動が活潑になったが、滿洲では十世紀の中頃契丹人耶律阿保機は渤海を滅し遼を建國した。更に新羅も王位繼承の爭と地方的叛亂のために衰え、やがて甄萱(せんけん)は半島を統一して高麗(こうらい)と號した。こうした東アジアの變動は當然わが國の外交に影響を及ぼさざるを得ない。唐滅亡後も宋の商人は引き續き來航し、攝關政治の時代にも大宰府を中心に商取引が行われているが、シナとの正式の國交はこれより先九世紀の後半、遣唐使の中止によって廢絶されてしまったのである。

遣唐使の廢止は、國家繁榮の時代を過ぎて内省的になりつゝあった貴族たちに、これまで攝取された外來文化の咀嚼と反省の機を與えた。かくて外向的・模倣的な文化は、いちじるしく日本的な様相を展開しはじめた。それは文學・宗教・藝術など各方面についてそれぞれの特色のもとにあらわれたのであつた。

國字の發明　當代の文化の新しい動きを見る場合、國字の發明されたことはその意義頗る大である。これまで人々は文章も歌もそれを書きあらわすには漢字によるほかはなかつたが、やがて漢字の字形を簡單にすることが行われるようになつた。たとえば「以」という漢字は全體を草書にくずして「い」をつくり、「呂」はその一部をぬき出して「ロ」をつくるというようにして、平假名、片假名があらわれたのである。これは別に誰の發明ということではなく實際の必要から徐々にきまつてきたと考えられるが、それは九世紀に入つてであるといわれる。就中平假名ははじめは女子の用いるものとされていたのであるが、やがて和歌に、物語に、小説に、隨筆に、さかんにこれを用いはじめた。假名の普及によつて人々は中國文化の制約をはなれることができるようになり、それは國文學の興隆・普及の上に大きな刺戟となつたのである。

國文學の興隆　この時代にも漢詩・漢文が廣く行われたが、國風文化擡頭の機運に乘じて國文學が興隆した。中でも和歌は社交の才能として貴ばれ、醍醐天皇のとき古今集が撰ばれたのをはじめ、幾多の勅撰集が編まれた。しかしこの時代の和歌はどちらかといえば技巧に走り、萬葉集などと比べると迫力に乏しい。當代を代表とするのは何といつても物語である。はじめ伊勢物語のような歌物語や、かぐや姫の傳説を素材とした竹取物語があらわれ、ついで貴族の日常生活をこまごまとえがいた宇津保物語がつくられたが、これら歌物語や、筋の面白さを求める趣向や、貴族生活の描寫などさまざまの要素の上に、藤原道長のころ、物語文學の最高峯ともいうべき紫式部の源氏物語があらわれた。また物語のほかに紀貫之の土佐日記、清少納言の枕草子のような日記や隨筆もつくられたが、ことに枕草子は感傷を離れた鋭い觀察において秀でたものである。紫式部といい、清少納言といい、いずれも宮廷に仕えた女性で、このほかにも女性の文學における活動は著しいものがあつた。

攝關政治の時代を過ぎ院政の時代に入ると、二三新しい傾向がつけ加わる。敍述の便宜上ここに述べておけば、一つは榮華物語や大鏡のような歴史文學があらわれてきたことゝ、更にもう一つはこれまでのように貴族の世界だけではなく、東國の武士の戰鬪や農民の生活などをとり入れた文學があらわれて來たことで、中でも今昔物語は著名である。また民間で行われていた今様（いまよう）のような謠物が宮中にも行われるようになつてきた。

3　淨土教と藝術

淨土教の勃興　圓仁のとき天台宗に移植された淨土教的要素は、台密化した天台宗が貴族の間に廣く行きわたるにつれて次第に强まつてきた。これは一つには貴族の生活の變化にもよるものがある。すなわち攝關家のもとに富が蓄積され、いきおい貴族のあいだに沒落者が多くあらわれてきたが、そういう人々の間に、この世を厭い、極樂淨土に往生しようという欲求がたかまつてきたのである。そして十世紀の後半、空也が市井の巷に念佛をすゝめ、延暦寺の惠心僧都源信が往生要集を著して貴族の間に淨土教を鼓吹したため、淨土教の流布は更に著しくなつた。なお院政時代に入ると、末法思想が廣く行われるにいたつた。末法思想とは釋迦入滅後二千年の後、末法の世が來て、天災地變・戰亂・疾病などが著しくなるという思想であるが、さなきだに武士の勃興・僧兵の横行などによつて世紀末的悲哀を感じていた人々は末法到來の聲におびえ、末法の世には念佛者しか救われぬという教義を信じて　いよいよ淨土教はその勢いをたかめていつたのである。

淨土教の藝術　淨土教の發達は佛教藝術の上に著しい影響を與えた。佛教はますます貴族の生活と密接となり、邸宅を捨てて寺とするもの、邸宅の傍に堂舍を建てるものなどが多くなつたが、かかる堂舍として阿彌陀堂の建築が多くあらわれるようになつた。阿彌陀堂は堂の中心に阿彌陀像を安置し、内部は極楽浄土の莊嚴さを思わせるようにしたものである。藤原道長の法成寺の御堂はこうした建築として壯麗を極めたといわれるが、燒けて今は見ることができない。しかし頼通がその別業を寺院とした宇治の平等院の鳳凰堂は今日その遺構を殘している。鳳凰堂の阿彌陀像は定朝の作として當代佛像の代表作であるが、この種の阿彌陀像は數多く作られた。また阿彌陀淨土をかたどる淨土變としては高野山の二十五菩薩來迎圖があり、聖衆を引きつれた阿彌陀如來が雲に乘つて往生者を迎えにくる美しくも莊嚴な有樣がえがかれている。

鳳凰堂阿彌陀像

藝術の日本化　藝術史上この時代の持つ意味は、外國文化の影響からの脱化という點において更に著しいものがある。藝術は唐文化の影響を脱し、日本人の生活や趣味に適した美術・工藝を生み出すにいたつたのである。そしてそれは貴族が生活の舞臺とした京都とその周邊の自然にふさわしく纖細優美であつて、廣く世界文化をうけ入れた天平文化とはその點でも異つている。

まず建築の方面では貴族の住宅が唐風より和風に移り、庭園の美しさをとり入れた寢殿造を完成したことをあげよう。また貴族の衣裳も唐風から脫化し、男子は正式には衣冠・束帶、平常には直衣・狩衣を用い、女子には十二單衣という優美な服裝が行われた。ともに四季折々の意匠をこらし、その色彩には深い注意がはらわれた。また貴族の奢侈生活は工藝界に活氣を與えたが、この方面でも唐の漆工の手法をはなれ、わが國獨自の發達を示した蒔繪がうまれた。更に繪畫の方面では、異國の風物を描いた唐繪にはないやさしさ、四季の推移に鋭敏な感覺を示した大和繪が發達した。大和繪は屛風や障子に描かれ、後には繪卷物として美しい發展を遂げた。中でも源氏物語繪卷は著名である。書風にも和樣があらわれ、小野道風・藤原佐理・藤原行成等の名筆が出た。

第五節　古代國家の崩壞

1　莊園の發達と地方の變貌

莊園の普及　不輸不入の特權を獲得した莊園は專ら中央貴族や寺院などの財源となっていたが、彼等はその經濟的な地盤を擴大することにつとめたので莊園は年を追ってますます增加した。とくに地方豪族の寄進によつて成立する莊園は九世紀末頃から非常ないきおいで增加し、寺院・貴族がみずからの力で開發集積した初期の莊園とともにほとんど全國に普及した。十世紀中頃の伊賀國では、その土地の三分の二は莊園であつたといわれるほどである。このために律令的土地制度の基礎となる公領は減少し、律令制は土地制度の上からも崩壊の途をたどるのである。この傾向に對して歴代の朝廷は莊園の新立を禁じたり、由緒の明らかでない莊園を収公したりして、莊園の整理につとめた。その中でも後三條天皇によつて行われた一〇六九年（延久元年）の莊園の整理は最も大規模なものであつたが、この政策は多くの矛盾を含み容易に進まず、莊園の增加の勢いは如何ともすることができなかつた。十二世紀初めにおける紀伊國のごときは七郡中の六郡までが每郡十中の九は莊領となつていたほどである。これによつても莊園增加の傾向がほぼ推察できよう。

莊園の組織　莊園領主の多くは京都の寺院や貴族であつたので、みずから莊園の管理をすることができず、現地において直接に莊園を管理し、年貢課役を徴收するための莊官を置く必要があつた。莊官は當時一般に莊司・預所（あずかりどころ）・下司（げし）・公文（くもん）などと呼ばれるものがあり、それぞれ莊務を分擔していた。莊官には中央から現地に派遣されるものと現地の有力土豪をこれに任命するものがあつて、先にものべたように地方の開發地主がその土地を中央貴族などに寄進して莊園とする場合には、多くかれら自身が莊官となり、中央貴族を名義上の領主としたのである。元來私的な經營である莊園はその組織も種々の相違があつたが、大體においてさきにのべたような莊官の管理下に直接耕作にしたがう農民があつた。それらの農民を莊民と呼ぶが、その中には班田農民が土地を離れて浮浪人となり莊園に流入したものもあり、また莊園の附近に住む班田農民が次第に莊園の中にとり入れられ、隷屬的性質を强めていつたものもあつた。

名主と武士　時代が降るにつれて農業の技術が進歩し生產力が增大すると、農民の間にも富力を增して多くの土地をもつものが生れてきた。これらのものが莊園の請作をなし得るような田堵であるが、かれらは次第に多くの下人・所從をしたがえて耕作に當らせるようになつた。その所有地を名田といい、名田の所有者たる田堵のうち特に大きなものを大名田堵などと呼んだ。十世紀頃には各地の莊園内にこのような名田をもつ地主が成長してきたが、生產力の發達の著しい畿內地方ではその傾向が特に早く生じたのである。そしてこれらの地主層を名主(みょうしゅ)と呼ぶようになつてきた。このころになると新立の莊園は大體においてこれらの名田が數個集つて一つの莊園を形成する場合が多く、班田農民の中からも大きな名田を所有する地主的名主が數多く生れたことがわかるのである。このように莊園・公領をとわず農民の間から名主と呼ばれる地主層が成長し、その中には莊官となるものもあり、やがて地方の實權は全く彼等名主層を中心とする現地有力者の手にうつつた。名主たちはその所有地を侵害されるのを防ぎ、地方の秩序を守るために互に連合するとともに、その子弟や所從などを武裝させ、武藝を習わせ、終には武藝を専門とする常置の武力を持つようにまでなつた。これが武士の起りである。そして强力な武力を持つものは附近の他の武士を從え、各地に大小さまざまな武士團が生れてきた。

國衙領の變質　莊園が急激に增加するということは國司の支配下の土地すなわち國衙領の減少であるが、この趨勢は國司制度の側にもこれを推進させる原因があつた。國司は先にものべたように次第にその職掌よりも收入が重視されるようになり、收入のみを目的として國司に任ぜられ、みずからは京都にいて目代(もくだい)と稱する腹心のものを任地に遣すのが通常となつた。このような國司を遙任(ようにん)の國司という。さらに十一世紀頃になると知行國といつて一國の國司任命權を一定の貴族に與え、その國の收益の大部分を直接その人に收めさせるような制度もできて、國全體が一つの莊園のような狀態を呈することも起つた。實際に任地に赴いた國司の中には任期が滿ちてもその地を去らず、地方の豪族と姻戚關係を結んで土着する者も多く、またいろいろの口實を設けて租稅を中央に送らぬものもあつた。この時代に「受領(ずりよう)（國司）は倒るるところに土をつかめ」との諺があつたように、地方官は私利を貪ることに專念し、そのために地方の人々の苦しさは一通りではなかつた。十世紀末に尾張國の郡司以下が尾張守藤原元命(もとなが)の惡政三十一ヶ條を朝廷に訴えた事件は有名であるが、これには國司の暴政が如實に述べられている。このように地方の政治は紊亂し、公領は事實上減少して財政は衰え、また社會秩序は失われ農民の生活は不安となつたが、中央の威令はとどかず、これを取締るための軍事力警察力もなかつた。

2　武士の勃興と院政

武士の棟梁　各地に成長した大小の武士は互に他領を侵して自己の領地を擴大せんとし、常に闘争を繰返したが、次第に統合されて更に大きな組織にまとめあげられ、上級の武士に從屬するようになつた。この上級の武士がいわゆる武士の棟梁である。かれらの多くは中央に志を得ずに地方官となり、そのまま土着した貴族やその子孫が次第に附近の土豪を服従させて勢力を培つたものであつた。地方に居ついた豪族は地方武士を郎等・家人としてみずからの武力を蓄え、地方警察の任にあたつたが、中央政府もまたかれらの武力を頼つて治安の權を委ね、中には檢非違使などに任ぜられ、また宮廷の警衛にあたる瀧口の武士となるものも多かつた。これらの武士の棟梁の中、桓武天皇の後といわれる平氏、淸和天皇から出たという源氏が特に名高い。

承平・天慶の亂　中央で藤原氏が榮華を極め貴族文化の隆盛を誇つているとき、地方では土着の豪族が着々とその勢威を築いていた。特に東國はその地理的事情から、尙武の氣風が高く、また關東の廣野をひかえて早くから强大な武士團が數多く生れ、武士の本據として知られていた。かれらの中にはその勢威が一郡一國に及ぶものも少なくない。これらの豪族の間には常に政治的な離合が行われ、戰闘が絶えなかつたが、はじめは一地方の出來事として中央政府の關心もひかなかつた。しかし平将門の亂が起るに及びようやく中央の問題となり、地方豪族の動きが歴史の表面に出るようになつたのである。平将門は桓武天皇五代の孫、下總國を本據としていたが、九三五年(承平五年)一族のあいだに内訌が起つたとき、常陸國に攻め入り常陸大掾平國香を討ち、常陸の國府を占領してから次第に勢力を加え、更に下野・上野の國府をも陷れ、その勢は關東一帶に及んだ。朝廷では大いに驚き藤原忠文を征東将軍に任じたが、その東下に先立ち將門は國香の子貞盛・藤原秀鄕のために滅された。丁度同じ頃瀬戸内海沿岸の土豪が海賊として活躍していたが、前伊豫掾藤原純友はこれらの豪賊を糾合し、伊豫國日振(ひぶり)島を根據地として勢威を振い、伊豫の國府を襲い官物私財を掠奪した。九三九年(天慶二年)この報が中央に至ると、朝廷では將門・純友が共謀しての謀反と信ずるものも多く、狼狽一方ならず、そのために翌年正月の賀に音樂を止めたといわれるほどである。純友に對し朝廷では小野好古(よしふる)・源經基を追捕使(ついぶし)とし、約一年の後これを博多に破ることができた。この東西に起つた事件を平定しえたのは地方に根據をもつ豪族の力によるものであつて、この事實はこれらの武力をかりなければ、朝威も全く有名無實であつたことを端的に示すものであろう。

源氏の興起　承平天慶の亂の後、源經基の勢力がさかんになつたが、その子滿仲は特に政治的才能に富み、たくみに攝關家と結んで中央政界に進出する機會をつくつた。源氏は滿仲の子賴光以來攝津を本據として攝津源氏と稱したものと、賴光の弟河内守賴信から起つた河内源氏とに分れたが、一〇二八年（長元元年）上總・下總に勢力をふるつていた平忠常の叛亂を賴信が戰わずして平定して以來、特に河内源氏の武名が高くなつた。賴信の子賴義は相模守として東國に下り、一〇五一年（永承六年）奥羽の安倍氏の叛亂たる前九年役が起ると、その子義家とともに東國の武士を率いて奥州に轉戰し、これを平定した。その後一〇八五年（應德二年）に再び奥州に爭亂が起り、陸奥守義家は奥州の藤原淸衡とともに非常な苦戰の後にこれを鎭めた。これを後三年役という。この戰で義家は朝廷よりの恩賞がないために私財をなげうつて部下に與えたという話は有名であるが、その他にも源氏の武將の部下を遇すること厚く、從つてこれに屬する部下が身命を捨てて主人に忠節を盡したことを物語る說話は、この兩役に關することを取扱つたものが多い。義家の時代に源氏の武名は最高に達し、東國の武士との關係は特に緊密となり、源氏と主從關係を結ぶものが增加した。當時諸國の百姓が義家に自分の田畠を寄進したり、また義家が恣に諸國に莊園をたてたりすることを禁ずる宣旨が出されたことからも知られるように、諸國の武士・百姓は競つてその所領を有力な武將に寄進して、その保護を得ようとした。從つて武士の棟梁はその武力ばかりでなく富力をも非常な勢いで增していつた。義家の孫爲義に對し、下總國における九條家領莊園の莊司二名が臣從を誓つたが、このことは莊園の莊官・名主が、從來の中央貴族との關係とは別に、實力ある武將との新しい關係を結ぶ傾向を物語るものであろう。

院政　十一世紀後半になると攝關政治の弊害もようやく顯著となつたが、後三條天皇が卽位すると、新に記錄莊園劵契所を設けて莊園を整理し、藤原氏の權力を抑えることにつとめ、藤原氏の權勢も次第に下り坂となつたが、充分に成功を見ぬうちに病氣のため讓位した。次いで白河天皇は在位十四年の間外戚の權勢を顧慮することなく政治をとり、その讓位後も上皇として院中に政治を續けた。これを院政という。これにより政治の實權は攝關家より上皇の院廳に移り、攝關政治を廢さんとする目的は達せられたのである。上皇から出る院宣は詔勅・宣旨に準ぜられ、院には別當以下の院司が置かれた。院の側近には從來攝關政治の下で志を得なかつた貴族や新興の武士が集り、これを支持し、また北面の武士などを設けて平氏その他の武士をこれにあて、院の勢力を保持した。院政が始ると弛緩した中央政治も一時緊張したが、天皇と院との對立が生じ、かえつて政局を複雜にした觀がある。なおこの時代には社會の秩序が亂れたので、元來廣大な莊園を有した寺院は、莊園の保持と自衞の必要から惡僧といわれる武裝した僧侶の集團をもつたが、その武力を以て寺院相互に爭い、特に延曆寺の山法師や興福寺の奈良法師は日吉の神輿や春日の神木を奉じて、しばしば京都に亂入して朝廷に嗷訴し、種々の要求をした。白河法皇もその處置には大いに惱んだのであるが、新興の武士の力でかろうじて鎭めていた。

3　武士の政權獲得

平氏の勃興　初め桓武平氏は東國地方に勢力をひろげたが、忠常の亂に及んでほとんどその地盤を失うに至つた。その後しばらく源氏は藤原氏と結んで大いに勢力を伸したが、義家以後やや振わなくなり、伊賀・伊勢の地方を根據とした平氏が再び擡頭してきた。平貞盛から出た伊勢平氏は正盛の代になつて白河法皇より院の武力として登用され、院の强化のために利用されるようになりその勢力は京畿地方に顯れるに至つた。正盛の子忠盛は特に白河法皇の信任厚く、昇殿を許され刑部卿となつた。また忠盛は西國の海賊を支配下に入れて瀨戶内海一帶の海上權を掌握し、更に海外との私貿易によつて財政的基礎をかためることにつとめたので、平氏の實力は急激に增大したのである。

保元・平治の亂　武家勢力の增大にともなつて公家勢力が次第に動搖してきたが、院政が續くに從つてその弊害も大きくなり、公家の間でも家々の勢力爭いが漸く表面化するようになつた。そして鳥羽法皇と崇德上皇との間に後白河天皇の卽位に關しての爭いが起ると、それぞれに附屬する廷臣も互に對抗する氣運を生み、更に藤原氏においても關白忠通とその弟賴長の對立がはげしくなつた。このいきおいは一一五六年（保元元年）鳥羽法皇の崩御を機として遂に爆發し、崇德上皇を中心として、賴長・源爲義、その子鎭西八郎爲朝などが兵を擧げたが、忠通も平清盛・爲義の子源

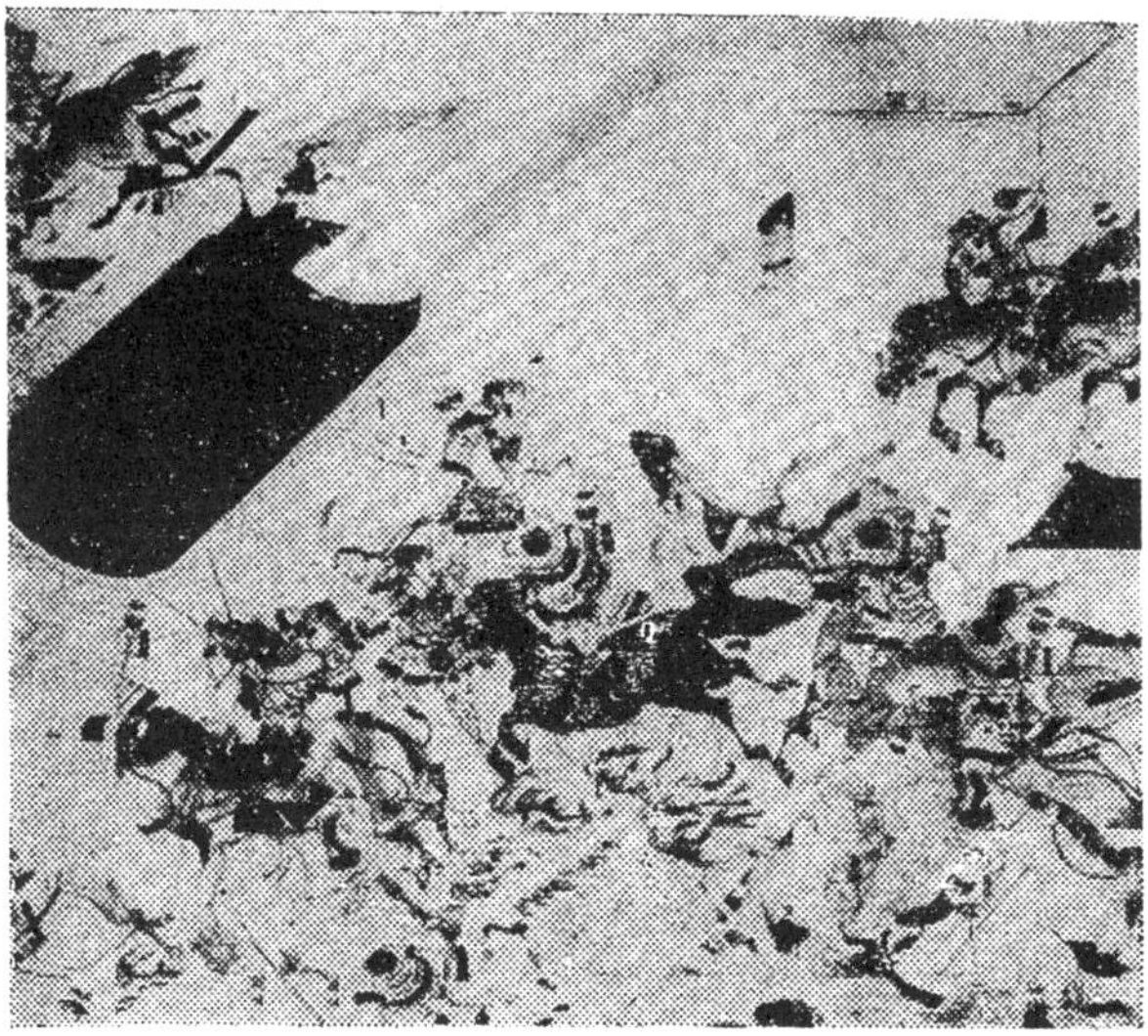

平治物語繪卷

義朝を味方に引き入れ、上皇を白河殿に襲つてこれを陷れ、上皇側の敗北となつた。その結果崇德上皇は讃岐に流され、賴長は流れ矢に當つて死に、爲義は捕えられて斬られ、爲朝は伊豆に流された。これを保元の亂という。この戰いは京都を舞臺に僅か一日で結末のついた戰闘にすぎなかつたが、武士が中央政界の中心に進出して一族互に相爭い、その武力を中央政界に如實に示した最初の出來事として重大な意義を持つのである。保元の亂の後、源義朝と平清盛は並んで中央政界に進出する機會を得たが、特に清盛は藤原通憲と結んでその權勢は次第に義朝をしのぐようになつた。これに對し義朝は源氏の再興を企圖し、通憲に對し不滿をもつた藤原信賴と共に清盛・通憲を除こうとして、一一五九年

（平治元年）兵を擧げたが失敗に歸し、義朝・信頼はともに殺され、義朝の一族の多くは罰された。これを平治の亂という。この結果源氏の勢力は一掃され、もはや平清盛に並ぶだけの武力を有するものはなく、ここに平氏の全盛を來すとともに、この亂を契機として武家が實際上の政權を掌握するに至つたのである。

平氏の政權　平治の亂の後、淸盛は中央政界に不動の地位を確立し、西國における所領を地盤にそのすぐれた政治的才能を發揮して、ここに平氏一門の全盛期を現出したのである、淸盛は平治の亂の戰功で從三位に敍せられたが、その後從一位太政大臣となり、一族の中には公卿に列するもの十數人、その知行國は三十餘ケ國に及んだ。また平家物語によれば、平氏のもつ莊園五百餘ケ所、その田畠の數は計り知れないとまでいわれている。平氏はたくみに地方の武士を統制してその家人とし、諸國の莊園における實權を掌握する組織を作りあげた。これは平氏の所領を維持する上の私的なものではあるが、このような組織を通じて平氏の經濟的地盤は確立發展したのである。また淸盛は日宋貿易上の要地たる大宰府に腹心のものを置いて、積極的に貿易の利益を確保することにつとめ、更に瀬戸内海の航路を修覆し、淸盛の別莊のある福原でも貿易を行い、宋の商人も來航するようになつた。兵庫の築港は淸盛のこの方面への關心を如實に示すものといえよう。このようにして平氏は全盛を誇つたが、一面では公家勢力との妥協も必要でありそのために結婚政策をとつた。

清盛の女徳子は高倉天皇の中宮となり、また女子のほとんどは公卿に嫁したのである。このようにして皇室の外戚となり平氏の勢威はますますさかんとなつたが、元來後白河法皇をはじめとする公家との妥協によつて中央政界に進出したのであつて、その政治も藤原氏の先例にならつて全く公家的なものであつたので、次第に地方における地盤を失い、新興の武士勢力から遊離した中央貴族的な存在にすぎなくなり、その榮華も極めて短時日のあいだに衰えはじめた。

世界の動き

大和朝廷が日本の統一を完成したころ、ヨーロッパではゲルマン人の大移動が行われていた。ローマ帝國は衰頽の極に達し、やがて五世紀の末西ローマ帝國は滅亡する（雄略天皇の治世）。これより西歐はゲルマン人の舞臺となり、諸處にゲルマン人の國家が建設されたのである。日本に聖德太子の攝政が行われたころ、東歐には東ローマ帝國（ビザンチン帝國）が榮え、アラビアにはマホメットが出てイスラム教を創めていた。イスラム教徒が紀元として用いるヘジラの年（六二二）は聖德太子のなくなつた翌年に當つている。

同じころ中國では唐朝が建設された（六一八）。唐朝が隋滅亡後の混亂を收拾し、天下を一統したのは、丁度推古天皇のなくなつた年に當り、蘇我氏の專權が絶頂に達しつつある時期であつた。そして大化改新（六四五）の行われた頃、唐では太宗の治世二十年に及び、いわゆる貞観（ジョウカン）の治は着々その實を擧げて、唐帝國の威令は四方に及んだのである。

平城京に天平の文化が開花した頃、唐は玄宗の治政、開元・天寶の世であつた。それより十年、安祿山の叛は唐朝を搖つた（七五五）。玄宗は西遷し、長安は胡騎に蹂躙された。時あたかも日本では橘奈良麻呂の變に天下は騒いでいたのである（七五七）。

さてヨーロッパにおいて、フランク王チャールズが帝位に即いた八〇〇年は、日本では桓武天皇の治世に當り、フランク國が三分してドイツ、フランス、イタリアの三國となり、さらにイギリス、ロシア等が建國の基礎を固めたのは、藤原良房の攝政時代に當つていた。

一方中國では宋が興つて唐末五代の戰亂を收め、天下を一統した。時に日本では藤原氏の攝關時代、王朝文化の絢爛たる華は正に蕾をほころばせつつあつた。しかし宋は武力整わず、北よりは遼に、西よりは西夏に、絶えず邊境を脅かされていた。ところで遼の明主、聖宗の治世は道長から頼通の初年にわたり、宋の仁宗は頼通と同時代、神宗の初年に行われた王安石の改革は教通の攝政時代と年を等しくしている。院政の始められた十一世紀末、宋の朝政は新舊兩黨の爭に動搖を續けていた。

さてこの時代、ヨーロッパには封建社會が發達していた。ローマ法王の權力は極めて强く、村上天皇の末年頃、ドイツ王オットーは法王の加冠によつて神聖ローマ帝國の皇帝となつた（九六二）。

こうした大きな法王權力の下に、十一世紀末にはイスラム教徒に奪われた聖地を奪回すべく十字軍が起される。第一回十字軍は白河院政の初めに當つていた。これより凡そ二百年、十字軍は前後七回にわたつて起されるのである。

第三章

中世封建體制の成長

概観

源平兩氏の爭覇戰を經て、源頼朝による鎌倉幕府の設立から戰國時代末期にいたる間は、後の江戸時代と共に日本における封建時代といわれ、ヨーロッパ中世の封建時代と似通つた社會構造をもつ時代である。

政治的には始めて武士の支配政權たる鎌倉幕府ができたが、古代的公家勢力はそれによつて直ちにうち倒されたのではなく、なお長い間勢力を持ちつづけた。いわゆる公武の兩政權が京都と鎌倉に對立相剋を續けたのである。しかしその對立も武家政權の確立とともに變化し、承久の變が鎌倉幕府を倒そうとする公家勢力を中心として起された亂であるにもかかわらず、公家側の敗北は武家政權をより强化する結果をまねいた。武家は相ついで公家・社寺の莊園に地頭を置き、その勢力を伸長させていつた。さらに南北朝の爭亂は公家側の決定的敗北に終り、政治上の權力は室町幕府を中心とする武士ににぎられることとなつた。やがて室町幕府もその下にある守護その他の有力武士の成長によつて動搖し、應仁・文明の亂後は政治の實權は各地の武士の手に移り、下剋上の戰國時代を現出することになつた。

他方莊園制も外部からは守護・地頭などの武士による侵略をうけ、内部的には莊園制自體が含む諸々の矛盾と、商業の發展その他の事情に刺戟され、急速に崩壞への道をたどつていつた。莊園の崩壞とからみあつて鄕村制的村落が生まれてきた。村々の農民はそれぞれ自治的な結合をもち、自分等の生活をまもるために廣い地域の農民が團結して支配者と戰つた農民一揆が各地に頻發した。

武士はそのような農民を押え、郷村制的村落を地盤とし、一國あるいは數國を領國として完全な支配下に收めていつた。

また商業資本の發展も時を追つて著しくなり、村々には市場が增加し、都市に店舗がならび、交通も頻繁となり、交通の要地には問屋などが相ついで數を增していつた。

文化はこの時代のはじめ公家の傳統的文化によつて代表されていたが、武家勢力の增大につれて武家の間からも公家文化の影響をうけながら武家獨自の文化が生み出されるようになつた。東山文化は武家文化の頂點ともいえるのである。各地に有力武家が居城を構えるようになると、京都文化の地方普及が活潑に行われた。特に應仁の亂による京都の燒土化、公家・僧侶の經濟的窮乏は、かれらをして地方武家を賴つての都落ちを餘儀なくせしめた。これによつて地方文化の發展は一層拍車をかけられたのである。文化の內容からいつても、貴族的なもののほか、能・狂言・連歌・御伽草子等が武家・庶民層のあいだから生まれ、それらの階級の强い支持のもとに成長していつた。

なおこの時代の特徵として、十二世紀の頃から十三世初頭にかけて、新しい佛教が相次いで起つてきたことは注意すべきことである。それらのすべては、古い佛教とはことなり、簡單な念佛あるいは信仰だけによつて身分の上下をとわず、すべての人々が救われることを說いたので、急激にこの時代にひろく受け人れられた。そして佛教思想はこの時代の文化全般に强い影響を與えたのである。

第一節　初期の封建制度

1　鎌倉幕府の創立

源氏の興起　平氏が全盛を極めるころ、ようやく平氏と舊勢力たる公家・寺社との對立は激しくなり、清盛は反平氏派の彈壓に乗り出し、京都市中に多くの密偵を放つてその政治にも暗黒な様相が強まつた。はじめ清盛を信任した後白河法皇も次第に彼の横暴を憎むようになり、院の側近の中にはひそかに清盛を除こうとする密謀も進められた。しかしこのことは事前に露顯して、その首謀者藤原成親・僧俊寛などは配流された。これを機會に清盛の法皇に對する態度も強硬となり、ついには法皇を鳥羽殿に幽閉するにいたつた。このような情勢の下で一一八〇年（治承四年）源頼政は法皇の第二皇子以仁王を奉じて兵を擧げ、王の令旨を諸國の源氏に傳達し一擧に平氏を滅そうとしたが、僅かに園城寺・興福寺の衆徒がこれに應じたのみで、まだ兵が集らぬ中に平氏のためにうち破られ、以仁王・頼政は戰死した。しかし王の令旨をうけた諸國の源氏は一齊に蜂起し、中にも平治の亂後伊豆に流されていた源頼朝や、爲義の孫で木曾にいた源義仲、爲義の子源行家などは有力なものであつた。この源氏の蜂起は、平氏をはじめ京都の貴族たちに非常な動搖を與えた。

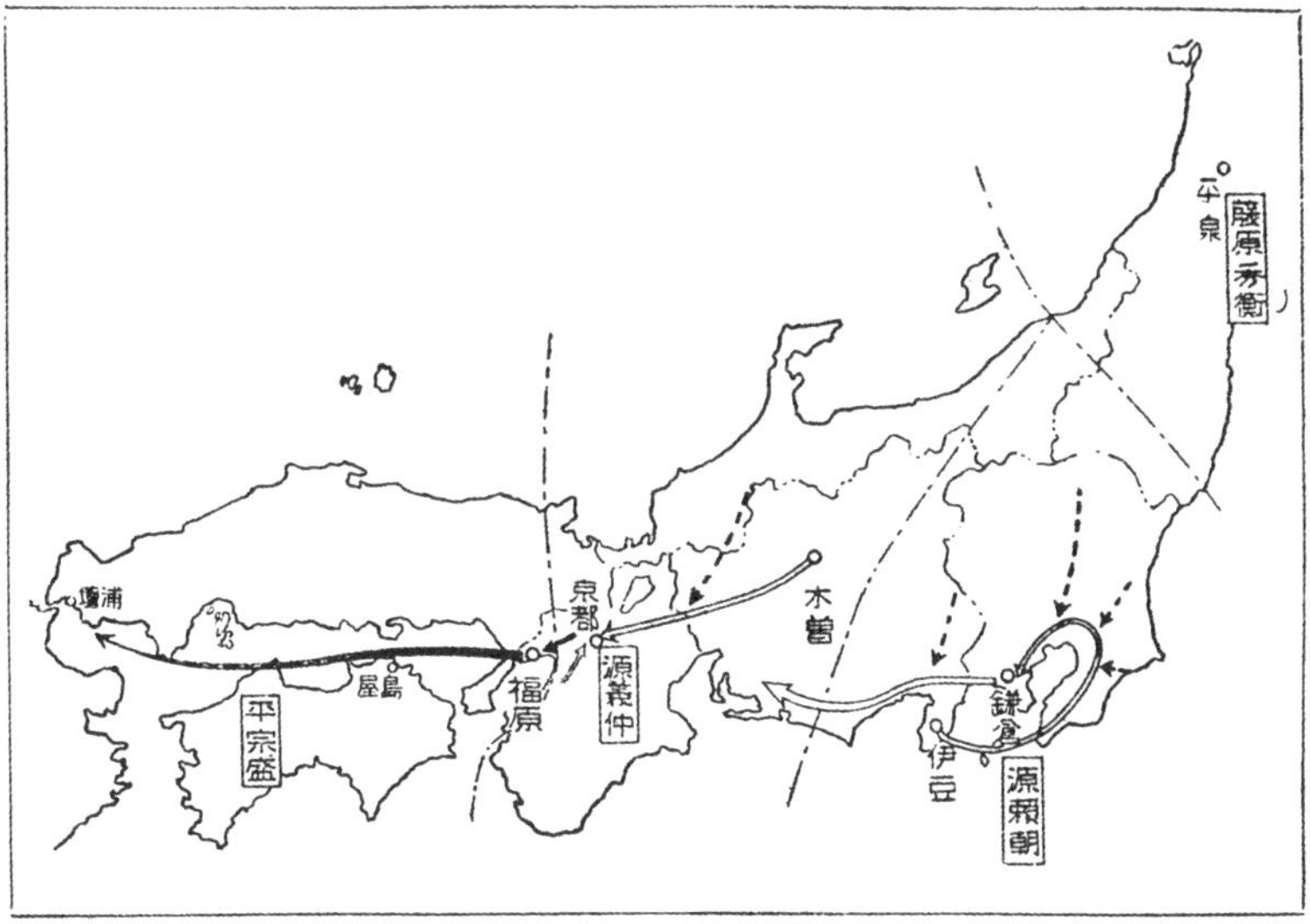

1183年頃の情勢

源頼朝　伊豆にいた頼朝はこの年の八月、この地の豪族北條時政とともに伊豆・相模の兵を集め、平氏に屬する大庭景親と石橋山に戰つたが敗北し、一旦安房に逃れた。しかし上總・下總・武藏などの在地武士の中に頼朝に應ずるものも漸く增加し、十月には鎌倉に入り、ここを根據地として次第に勢力を强めた。この報に接した淸盛は頼朝追討の宣旨を得、孫維盛を大將として追討軍を發したが、頼朝は進んで駿河に入り、源平兩軍は富士川に對陣した。たまたま甲斐の武田信義が源氏に加わつたので、平氏の軍はほとんど戰わずして退却し、その無力を暴露した。頼朝はその後鎌倉に留り、專ら東國の經營につとめ敢えて西上しなかつた。その間、京都では淸盛が歿し（一一八一年）、宗盛が家を嗣いだがその勢威は全く失われた。そして信濃に兵を擧げて以來北國を平定し近江に入つた義仲と、大和から北上した行家とが京都に迫るや、宗盛は六波羅の邸を焼き、安德天皇を奉じて京都をのがれ、西國に走つた。義仲・行家は相ついで京都に入り、平氏の中央政界における地位は失われた。時に一一八三年（壽永二年）七月である。平氏を追い落した義仲の軍は京都において亂暴をきわめたので、上皇は義仲追討の宣旨を頼朝に與え、頼朝はその弟範頼・義經をして西上せしめた。範頼・義經は翌年正月義仲を近江の粟津に破つて京都に入り、さらに再び勢力をもりかえして京都を恢復せんとした平氏の軍を攝津一の谷に襲つてこれを海に追い、京都の治安を恢復した。

鎌倉幕府　鎌倉に根據を据えた頼朝は　下野・上野・常陸をはじめ東國一帶の武士をその支配下に收めて、東國の實質上の支配權を獲得していつた。はじめその家人らを統御し、軍事警察の事務を扱う機關として侍所（さむらいどころ）を置き、その長官たる別當に和田義盛を任じたが、東國の支配を確立するにしたがい、その家政の機關を更に整える必要があつた。そこで一一八四年（元暦元年）に至り、公文所（くもんじょ）を設けて政務一般に當らせ、また訴訟裁判のことを司る問注所（もんちゅうじょ）を新設した。そして京都より政務に通じた大江廣元・三善康信・中原親能らを招いて、廣元を公文所別當、康信を問注所執事に任命した。こうして頼朝の私的な家人統御機關は次第に公的な政治機關へと發展したのである。これが鎌倉幕府の起りであるが、公文所は後に政所（まんどころ）と改められ、また頼朝が一一九二年（建久三年）征夷大将軍に補せられるに及んで、鎌倉幕府は名實ともに武家政治の中央政廳となつた。

全國の統一　一の谷に敗れた平氏は讃岐の屋島にしりぞき、一方源氏の兵は一旦京都に引返して待機していた。約半年の後範賴は平氏追討のため京都を發し、中國・九州地方にまで進み、また義經は翌年春海を渡つて屋島の背後をつき、平氏は海上にのがれたが、さらにこれを追つて長門の壇浦においてこれを破つた。平氏の一族は安德天皇と共に海に沈み、ここに平氏は滅亡し、源氏の勢力は西國にまで及んだ。その後義經は賴朝との間に不和を生じ、源行家と共に賴朝のために追われる身となり、ついに奥州にのがれて藤原秀衡に賴つた。この秀衡は後三年役に義家をたすけて戰功があり鎭守府將軍に任ぜられた藤原淸衡の孫で、當時わが國唯一の金產地といわれた奥州を根據としてさかんに京都の文化をとり入れ、三代の榮華を誇つた豪族であるが、その榮華のあとは今日も平泉中尊寺に名殘をとどめている。秀衡の下にのがれた義經も、間もなく秀衡が死んでその子泰衡が立つに及び泰衡のために討たれた。しかしはじめから奥州を征服することを期していた賴朝は義經の事件を口實として、一一八九年（文治五年）兵を發し泰衡を滅した。ここに賴朝による全國統一はほぼ完成したのである。

2　幕府の支配體制

御家人制度　賴朝が各地の武士を統御する方法は、武士社會のあいだで長い間に形成されてきた慣習をそのまま全國的な規模にひろげたものであつた。すなわち武士の間に生れた主從の關係の頂點に鎌倉將軍が位したわけである。賴朝は各地の有力な武士の相傳の所領すなわち本領を安堵（あんど）し、その代りに種々の義務を負わせてかれらを自己の家人としたが、當時賴朝の家人たる身分は特に尊重されて、鎌倉殿の御家人といわれた。御家人となるには初參（ういさん）の儀禮を行い、また場合によつては簡略に名簿（みょうぶ）を呈出して將軍の下文（くだしぶみ）を附與され、御家人關係が設定されるのである。そしてこの本領安堵や新恩地の給與など主人が家人に與えるすべての利益を「御恩」といい、これに對して家人が主人に對して忠誠を以て奉仕するすべての義務を「奉公」といつた。鎌倉御家人の奉公としては、京都の大番役（おおばんやく）、鎌倉番役のほか臨時の軍役があり、また寺社の造營、將軍の上洛などに關する各種の費用の負擔があつた。この御家人制度に見られるような「御恩」と「奉公」とを骨子とする主從關係及び土地給與の關係を一般に封建制度と呼ぶが、鎌倉幕府の支配はこのような御家人制度を全國的に擴充することによつて行われたのである。

地頭　鎌倉幕府の支配は、基本的には各地の武士を御家人制度の下に統轄したものであつたが、それのみではまだ私的な主從關係の擴大されたものにすぎず、これを國家的な制度へと發展させるためには更に別の組織を必要とした。そのために採用されたのが地頭補任の制度である。地頭とは元來莊園に置かれた莊官の一種で、在地の有力名主がこれに任ずることが多かつたが、賴朝は一一八五年（文治元年）義經・行家追捕を口實に、各地の莊園公領に地頭を置くことを奏請して勅許を得、その補任權を獲得したので、賴朝によつて補任された地頭は公的な性質を帶びるに至り、莊園領主も自由にこれをかえることができなくなつた。地頭の職務としては租稅の徵收・土地の管理・警察事務などがあり、その職務にともなつてその土地よりの一定の收入が認められ、また段別五升の兵糧米徵收の權利も與えられた。地頭の設置は一時莊園領主たる貴族・寺社の反對によつてその範圍も平家沒官領・謀叛人の所領跡などに限られたこともあつたが、鎌倉中期頃になるとほとんど全國にその設置をみるようになつた。地頭制度によつて幕府は現實に全國の土地を管理し、單に御家人たる武士の統御ばかりでなく、地頭・御家人を通じて全國に封建的支配を及ぼすことができたのである。

守護と地方行政　幕府は全國地頭設置の權を得ると同時に國每に守護を置き、地頭の中で有力なものをこれに任じた。守護は戰時には御家人を統率して戰場に臨み、平時には大番役催促及び謀叛人、强盜その他の追捕を職務としたが、次第にその管國の行政權をも持つようになつた。また守護職は次第に世襲化され、國内の地頭・御家人と私的な主從關係をもつようになり、そのことは身分的には均等な鎌倉御家人社會を崩壞させる一つの原因となつたのである。また幕府はその勢力が發展するに從い、中央政廳のほかに主要地に行政・訴訟の機關を設けた。まず京都には、はじめ京都守護を置き、京都の治安維持と朝廷の監視を兼ねさせ、また九州には鎭西奉行、奥州には奥州總奉行を置き、それぞれの統治の任に當らせた。

3 鎌倉政權の成長

北條氏の擡頭　賴朝が武家政治をはじめて全國的政權を樹立し得たのは、彼の持つ才能と源氏の權威とによるところも多いが、彼をたすけて活躍した北條時政の政治力に負うところも大きかつた。時政は賴朝の妻政子の父であるが、彼は賴朝が一一九九年(正治元年)に死去してから、次第に幕府の實權を握るようになつた。賴朝の嫡子賴家が年少のうえ病弱であつたので、時政・政子は相謀つて賴家の幕政を停止し、時政・大江廣元など十三人の合議によつて政務を行うことにした。元來幕府は北條氏をはじめ關東の諸將の協力によつて成立したのであるから、常に諸將の對立があつたが、賴朝の死後特にその傾向が顯著となつた。その對立の結果として、まず賴朝の死去の翌年梶原景時が討たれ、また北條時政は策謀によつて賴家を伊豆の修善寺に殺してから大江廣元と並んで政所別當となり、ようやく諸將の上にたつ地位を固めてきたのである。その後更に北條氏と敵對するほどの勢力のある畠山重忠・和田義盛など次々に滅され、北條氏は侍所の別當をも兼ねて將軍の執權となり、北條氏の幕府における地位は不動のものとなつた。頼家の後その弟實朝が將軍となつたが、將軍はもはや虚位を擁するにすぎず、政務の實權は全く北條氏に歸した。その實朝も一二一九年（承久元年）頼家の遺子公曉（くぎょう）のために殺され、源氏將軍の正統は僅か三代二十七年で絶えた。そこで政子は北條義時とはかり、九條道家の子頼經を京都から迎えて將軍とし、義時が政務を專らにしたが、頼朝創業の精神はよく北條氏に體現され、かえつて武士の間の信望を増し、幕府の基礎は固められたのである。

承久の變　武家の政權が充實し幕府の力が全國に及ぶようになると、武家と京都の公家との間には互に利害の衝突が生れてきた。特に地頭の制度は舊勢力たる公家の經濟的地盤を侵すものなので、公家側の不滿は非常なものであつた。幕府もはじめは協調的態度であつたが、北條氏の地位が確立するとともにようやく朝廷に對して對立的となつた。この頃京都では後鳥羽上皇の院政が行われていたが、公家の間には機會があれば政權を回復しようとする氣運があつた。たま〳〵源氏の斷絶による幕府の動揺を見るや、反北條の武士や寺社の力を結集して幕府を倒さうとする計畫が上皇を中心に進められ、一二二一年（承久三年）五月、諸國の兵を徴して義時追討の宣旨が發せられた。

幕府では義時の子泰時弟時房を將として十萬の軍を發し、北陸・東山・東海の三道より京都に迫つた。朝廷の軍は木曾川にこれをむかえて大敗し、更に宇治・勢多を守つたが幕府軍の侵入を防ぎ得ず、泰時らは鎌倉を發して二十日餘りで京都を占領した。これが承久の變である。泰時らは六波羅の邸に入り、討幕の計畫に參加した公卿・武士の數人を殺し、後鳥羽・土御門・順德三上皇をそれぞれ隱岐・土佐・佐渡に遷し、仲恭天皇を廢して後堀河天皇をたてた。この亂により幕府は京方の人々の所領三千餘ケ所を沒收して有功の將士にあたえ、その地の地頭としたので幕府の勢力は著しく擴張した。また泰時・時房をそのまま京都に留めて六波羅探題として京都の警備にそなえ、また三河以西の御家人の統轄を行わせた。この六波羅探題はその後北條氏の一族が必ずこれに任じ、執權に次ぐ重職となつた。

執權政治の確立　承久の變によつて武家の政權はほぼ確立したが、義時のあとをついで執權となつた泰時は、獨斷專制の弊を避けるために以前から行われていた合議制を制度化して、一二二五年（嘉祿元年）評定衆（ひょうじょうしゅう）を設けた。評定衆には政務に通じたもの十一人を選び、諸政の合議及び訴訟の裁決にあたらせた。また泰時の孫時賴が執權となるに及び、一二四九年（建長元年）更に引付（ひきつけ）衆を置き、評定衆をたすけて文書の審理及び訴訟の對決にあたらせ、訴訟が公平で澁滯せぬことを期した。この評定衆・引付衆の設置により、從來政所・問注所などで扱つた政務の大半はこれにうつり、幕府政治の中心となつた。北條氏はこのように幕府の政治機構を整えるとともに、一二四七年（寶治元年）には北條氏に對抗する唯一の閥族である三浦氏を亡し、執權の地位は一層强固なものとなつたのである。

貞永式目　泰時は從來慣習によつて裁決されていた武家の間の訴訟・裁判に一定の基準を與えるために法典編纂の必要を認め、一二三二年（貞永元年）五十一ヶ條の成文法を定めた。これが關東御成敗式目であるが、泰時はこれを全國の守護を通じて御家人に頒ち知らしめ、すべての政務訴訟の基準としたのである。この式目はまた貞永式目と呼ばれ、律令のような整然とした組織はないが、簡潔で實際的な點、賴朝以來の先例をよくとり入れそれを適切に修正した點などに武家法令としての特徴が見られる。内容は行政・民事・刑事・訴訟に關する大綱を示し、守護の職掌をはじめ御家人の身分・財産などに關するものを主としているが、この最初の武家法は律令と比べて女性の地位をはるかに高く認め、女子も所領を相續し御家人たり得ることを定めているのは注意すべきであろう。そしてこの式目の施行範圍は原則として幕府の勢力範圍のみであつたが、武家の勢力擴大にともなつてほとんど全國に擴張し、更に後の時代の室町幕府にも繼承され、戰國諸大名の家法にも强い影響を與えた。

地方武士の邸宅

4 農村と市場

農村の構造 十一・二世紀以來村落は現地に住む有力な名主たちに管理されていたが、かれらの中で特に大きなものが莊官となつたり鎌倉幕府の地頭となつたりして、中・小名主たちの上に領主的な支配を及していた。これらの名主はその所有地の一部を自家に隷屬する下人・奴婢などを使つて直接に耕作し、これを手作・正作・佃(つくだ)などと呼んだが、一方ではその名田を他の農民に貸し與えてこれより年貢を徴收していた。しかしこれらの農民も農繁期のように多くの勞働を必要とするときには、無償で名主の直營地の勞働に驅使されねばならず、その獨立性は弱かつた。そしてこの時代の末頃になると、名主との隷屬關係のない農民で獨立の農業經營を行うものも次第に增加したのである。一般にこの時代には地頭・莊官及びその他の名主などの屋敷を中心に村落が形成さ

建築作業

れ、これらの屋敷地は土塁や堀をめぐらし、その内側に小屋や長屋でかこまれた邸宅をもつていた。屋敷地の廣さは一町歩以上のものも少なくなく、邸宅は武士たちの生活に順應した武家造である。また農村にはこれらの領主や名主によつて維持された神社・寺院があり、農民の精神生活の中心ともなつていた。

農業・手工業の發達　名主を中心とする農業經營に小作制が發達する前提として、農業技術の進歩を忘れてはならない。この時代には役畜の使用もさかんとなり、米・麥の他に蕎麥・豆類などの生產もさかんとなつた。また耕作地の改良も行われ、低濕地の良田化にともなつて聚落が低地帶へ進出するとともに、荒蕪地の開墾などもさかんとなつた。北條氏の努力で武藏野が大規模に開墾されたこともある。また農業の發達とともに手工業の分化もようやく顯著になつた。鍛冶・番匠・土器作などの手工業者は、はじめ領主や有力名主から給田を與えられてその必要とする日用品・武器などの製作にあたつたが、次第に一般農民の需要に應ずるようになり、その技術も大いにすすんだ。

商品の交易と市場　農業の發達と手工業の分化とは莊園村落内に餘剰の生産物を生ずるに至り、領主や名主はそれを賣つて他領から加工品を輸入し、ここに商品の交易が促された。市は多く交通の要地、港津の所在地に開かれたが、社寺の祭禮の際その境内や門前に開かれるものもあつた。そして次第に定期化していつた。商品の交易がさかんになるにつれて錢貨が地方農村に流通しはじめたが、中央えの年貢米も附近の市場で錢にかえて送られるようになつた。また定期市場ができると、附近には半農半商の人達が集り、手工業者はその市場に獨占的な販賣權をもつようになつた。こうなると次第に商業聚落が成長して、そこに住む有力名主の中には倉本（くらもと）・問丸（といまる）などといつて、莊園領主に依頼されて年貢米の蒐集・貯藏・賣捌きなどに從うものも生まれた。

莊園の變質　この時代に入ると莊園内において實質的に莊園を支配していた武士の多くは御家人となり、また地頭に任ぜられたりして幕府の支配下に入つた。そこで莊園は從來からの本所・領家たる寺院・貴族の支配と重つて幕府側の支配をも受け、ここに莊園は二重の支配をうけるようになつて大いに變質したのである。元來地頭は領家に年貢を納める義務があつたが、往々にしてこの義務を履行せず、また土地管理の權利を擴大して勢力の扶植につとめた。そのために領家・地頭の間に紛爭が起り、幕府の裁決を受けることが多く、これを土地相論といつたが、幕府の方針が地頭保護の傾向をとることは當然で、領家は次第にその所領に對する支配を失うに至つた。またこの頃は領家と地頭との爭いを避けるためにいろいろの方法がとられた。その一つは請所（うけしょ）といつて、領家は一定の年貢を收納することを條件に、一切の莊園管理權を地頭に委せて請負わせるものである。これを地頭請という。また鎌倉時代の中頃になると下地中分（したじちゅうぶん）といつて領家・地頭の二重支配の土地を契約や裁判によつて二分し、その一方づつの土地にそれぞれが完全な支配權を認められる方法もとられた。これらによつて一應土地相論の原因は失われるが、これは結局領家側が從來もつていた權利の讓歩であつて、地頭はこれらの手段を通してますます莊園を蠶食し、漸次莊園制度を崩壞に導いたのである。

第二節　大陸との交渉

1　日宋交通

貿易の進展　十二世紀のはじめ宋は北方の金に壓迫されて江南の地に遷都した。これ以後南宋といわれるが、南宋の港には南海諸國の船舶が來航し、アラビヤ商人の往來もあつて貿易がさかんであつた。この頃わが國では平氏の隆盛期にあたり、宋との貿易は清盛の奬勵保護によつて頗る活氣があつた。從來大陸との交通は外交關係を主としていたが、この時代にはむしろ私的な貿易による關係が深くなつたのである。鎌倉初期には進んで宋へ渡航するものも多く、日宋貿易はいよいよ隆盛になつたが、南宋では自由な民間貿易のために國外に流出する錢貨がおびただしく、これを防ぐために民間貿易に統制を加えることを要求した。一二五三年（建長五年）には入宋の貿易船を五隻以内に制限したが、制限を超えて自由に渡航するものも少なくなかつたようである。また鎌倉幕府も貿易の利に着目し、大きな造營事業等で莫大な費用を要するときにはみずから商船を送つて貿易を行つた。

貿易品と文化の攝取　當時大陸から輸入された商品を唐物と稱したが、輸入品の主なものは江南の絹織物をはじめ、南海より運ばれた香料・藥品や、典籍・筆墨・陶器などがあり、また時代が下るに從つてさかんに銅錢がもたらされた。一方わが國から宋に輸出したものは、金・硫黃・工藝品・木材・米などで、特に金は當時宋で產出する額を超えるほどの量が輸出されていたようである。このような商品の交易と共に、宋よりもたらされてわが國に大きな影響を與えたものに文化上の諸要素がある。宋文化が輸入されて武家の文化を形成する大きな力となつたが、中でも禪宗の傳播にともなつて建築・繪畫などに及ぼされた影響は著しいものである。すなわち建築における書院造、繪畫における水墨畫などはその代表的なものであろう。また日常生活にも禪僧のもたらした喫茶の風が擴がり、加藤景政が宋から瀬戸燒の技術を傳え、また博多織がはじめられるなど、宋文化のわが國民の生活樣式に及ぼした影響は大きい。

錢貨の流入と普及　日宋貿易の結果として、鎌倉初期よりさかんに銅錢が輸入されるようになつた。わが國では十世紀以來錢貨の鑄造が行われず准布・准米などの物品貨幣が商取引の仲介をしていたが、商業がさかんになるにつれて便利な貨幣が要求されてきた。そこで宋錢は大いに歡迎されたのである。宋は銅錢の流出がおびただしく、國内に不足をつげて大いに惱んだほどであつた。わが國では多量の錢貨を得て、それが全國に普及し、そのために時の社會の基礎たる土地經濟が破壞されるのでこれを放任することができず、朝廷では一一九三年（建久四年）には宋錢取引の禁止令を出した。しかし便利な貨幣の取引は決して止まず、後には公然と認められ、貨幣の流通は一層の展開を見た。そして莊園貢租も次第に錢納化するようになり、借上（かしあげ）と稱する高利貸もあらわれて、土地經濟に依存する御家人の生活をおびやかすようになつた。これは幕府の恐れるところで、いろいろと貨幣の普及を阻止する政策がとられ、一二三九年（暦仁二年）には錢貨が奥州に流入して年貢の絹布のかわりに錢貨を以てする傾向に對し、これを防ぐために白河關以北に錢貨を運ぶことを禁ずる法令を發したりしたこともある。以て當時の宋錢普及の狀態を知ることができよう。

2　蒙古襲來

蒙古の興起　大陸では十三世紀のはじめ、金の國勢が衰えて外蒙古方面への統制が失われた頃、テムチンというものがこの方面の遊牧民族を統合して蒙古國を建て、チンギス・ハンと號した。蒙古はしきりに四方を攻略し、高麗を侵して服從させ、金を亡し、僅か半世紀の間に南は雲南・西藏・安南の地方から、西は遠くロシア・ポーランドまでをも含む史上空前の大帝國を形成した。そして一二六〇年世祖フビライが大汗の位につくと、都を大都（北京）に定め、一二七一年には國號を建てて元と號した。世祖は更に揚子江の南岸に僅かに國運を保つていた宋を滅して大陸を統一し、進んでわが國をも入貢せしめんとしたのである。

文永の役　蒙古は高麗を仲介としてわが國の入貢を求め、まず一二六八年（文永五年）高麗の使節が太宰府に來り、蒙古の國書を傳えた。幕府ではこれに對して返書の必要を認めず斷固たる決意を示した。蒙古では翌年にもまた高麗をして書狀を傳達させ、更にその翌々年には張良弼（りょうひつ）を使者として交渉せしめたが、當時の執權北條時宗はこれを受けず、かえつて九州の警備を嚴にした。そこで蒙古は武力解決の必要を認め、しきりに九州沿海の地理を偵察し、また高麗に命じて軍艦を造らせ、攻略の準備を進めた。かくて一二七四年（文永十一年）十月元・高麗の軍二萬五千は南朝鮮の

蒙古の襲來圖

合浦を發して對馬・壹岐を襲い、更に肥前の松浦郡を侵し筑前に進んだ。幕府は少貳經資を將として九州の御家人を集めこれを防いだが、元軍の一部は博多灣に上陸し、その巧みな戰法と毒矢・鐵砲などの新武器をもつて大いにわが將士を苦しめ、わが軍は大宰府の近くまで退却せざるを得なかつた。ところがたまたま暴風が起り艦船二百餘隻が覆滅したので、元・高麗軍は殘りの艦船を集めて合浦に引上げた。これを文永の役という。

弘安の役　幕府は一旦退いた元軍が再び來寇することを豫期し、その對策として海岸の防禦設備を堅くして敵兵の上陸を阻止するため、博多灣沿岸數里にわたつて石壘を築造した。この工事は九州の御家人に割當て、五年の歳月と多大の費用を要したものである。また幕府は北條實政を九州に遣し、九州の御家人を統率して警固にあたらせ、進んで外征の計畫までもたてた。この計畫は實現されなかつたが九州・西國の御家人は奮つてこれに應ぜんとし、その士氣は頗るさかんであつた。一方元では文永の失敗に懲りて水軍の補強を策し、着々再征の準備を進めた。一二八一年

（弘安四年）軍を分けて一つは東路軍とし、蒙古・江北・高麗の兵約四萬を以て合浦を發し、他は宋の降將范文虎を將とする江南軍十萬を以て江南を發した。この兩軍は平戸島に合して一擧に博多灣に入り大宰府に迫らんとしたが、七月末玄海灘を襲つた一大暴風雨のため艦船はほとんど覆沒して溺死するもの數を知らず、范文虎は辛うじて逃れ歸つた。また殘つた敵軍は鷹島に據つたが、追擊したわが軍のために二千餘人が捕虜となり、十四萬の兵のうち僅かに五分の一たらずが還つたのみといわれる。これを弘安の役というが、ここに元は再び目的を達し得ずに終つたのである。

蒙古襲來の影響　文永・弘安の兩役に際し、幕府は御家人の所領以外からも軍費を調達したので、非御家人に對する統制力もくわわり、また九州・中國地方に對して北條氏の勢力を伸すことができた。しかし莫大な戰費がかゝつた上、それ以後いつまでも北九州沿岸の警備を續けねばならず、そのために御家人を交代でその任務に就かせたので、御家人の財政上の負擔は多くなつた。しかも國内の戰爭と異り、恩賞として御家人に與える土地もなく、恩賞を要求する聲に對しても僅かの恩賞しか行い得ず、到底多くの御家人を滿足させることはできなかつた。もともと經濟上の困窮を訴えていた御家人はこれらの事情によつてその苦しみは倍加し、次第に幕府を怨むようになつたのである。

第三節　新佛教の興隆と中世文化

1　新佛教の創立と舊佛教の覺醒

新佛教發生の原因　十世紀の末葉以後になると、わが世の春を樂しむ一部の藤原貴族のほかに幾多の失意と沒落の淵に沈む貴族が增えてきた。この傾向は、武士階級の擡頭、武家政權の確立等によつていよいよその度を深めていつた。時代と政治の大きな移り變りの時期であつた十二世紀中葉から十二世紀末にかけて、沒落してゆく貴族階級のあいだから、あるいはまた、新しく立ちあがる武士等の要求に應じて幾多の新しいよそおいをこらした佛敎が生れたり、輸入されたりした。淨土宗・一向宗（淨土眞宗）・時宗・臨濟宗・曹洞宗・日蓮宗（法華宗）等がそれである。

この樣な新佛敎があらわれなければならなかつた原因は色々ある。まず思想的原因としては、平安時代を通じて流布されていた佛法の變遷と社會の變化に關する一種の豫言思想がある。それは前章にもふれた如く、佛の世を遠ざかるにしたがつて佛の敎えは衰滅し、ついには天變地異、戰亂相次いで起る世相がくるという末法思想である。わが國においては、この恐るべき末法の世は一〇五一年（永承六年）からはじまると信じられていた。丁度この豫言を裏付けるように、十二世紀中葉から十二世紀末にかけて天變地異・饑饉・疫病・戰亂が相次いで起つた。かつては平安貴族から卑しめられていた地方武士の勢力は强くなり、平安貴族はますます沒落の一途を辿り、社會の上下を通じて不安の中に投げこまれていつた。この不安は、末法の世が現實に到來したのだという感を一層深くさせ、この穢れた世の中をのがれて、美しい淨土の世界を求める傾向を强くさせた。なんとかしてこの末法の世をのがれ出たいという考が切實になつていつた。特にかつての榮華を極めた生活と地位を失つた沒落貴族にその感は深かつた。しかし舊來の奈良の舊佛教諸宗や天台・眞言等の佛教はそういう要求を滿してくれないだけではなく、舊佛教の世界そのものが末法思想の豫言しているような墮落と鬪爭の醜い世界であつた。眞に道を求める僧侶は舊佛教教團をすてて村里に交り、山に籠つて求道にいそしんだ。そういう人々を聖（ひじり）という。しかし、自分の身を苦しめることによつて極樂往生の可能を說く聖の敎えには一般の人々は近づこうとしても近づき難いものであつた。もつと容易に、現實の生活を續けながら信仰によつて往生出來る宗敎が、社會全般の要望で農民・職人・商人をとわず、すべての人々から要求されていたのである。そういう當時の公家・武士に答えて生れたのが先にあげたもろもろの新佛敎であつた。したがつて新佛敎の多くが特徵とするところは、かつての佛教が要求した嚴重な戒律主義が不要なものとなり、信仰第一主義の庶民的色彩が强いものであり、ただ彌陀の名號を唱えるだけで救われるといつたようなものであつた。

浄土宗　念佛を唱えることによつて往生の可能を説く浄土宗は、法然によつて一一七五年（安元元年）の春に開立された。法然は十三歳の時から四十三歳にいたる三十年間、天台や奈良の教團で末法克服のための努力を重ねた。その結果、種々の困難な修業や學問的研究を不必要なものとしてこれを廢し、唯、念佛を唱えることによつて貴族も武士も、農民も、漁夫も一様に救われることを唱えた。しかし、法然の説くところは、往生のためには一日數萬遍の念佛を唱えなければならないのであるから、庶民的とはいいながら當時の農民等にはまだ近づき難いところもあつた。法然の開いた浄土宗はその後、幾つかの流派に分れ、京都を中心とする近畿、その他關東、九州等全國的に廣まつていつた。浄土宗の教えをうけ入れた階層は、京都では貴族、公卿等があり、地方では地頭・御家人等の武士階級のものが多かつた。

法然の布教

一向宗（淨土眞宗）　法然歿後その弟子親鸞によつて立てられたのが一向宗（淨土眞宗）である。親鸞は法然の教義をより一層庶民的に徹底させた。親鸞は阿彌陀佛を信ずる氣持のおきたその時に生きながら往生が決まることを說いた。なにも、往生決定のために死ぬまで念佛を唱えつづける必要はなかつた。法然が惡人でさえ念佛をとなえれば救われるといつたのにたいし、親鸞は惡人こそ救われるという「惡人正機」の論を生むにいたつた。親鸞にあつては、一度信心を起した時に往生が決まるのであつて、そのあとの念佛は往生決定にたいする報謝の念佛であつた。極樂往生決定の安心感の上に人々はやすんじてあらゆる職業を續けてゆけるのであつた。親鸞の宗教はこのように容易なものであつたので、農民・漁夫・獵人等の當時の最下層の人々が進んで信仰に入つていつた。最初親鸞の布教が關東で行われた關係から鎌倉時代には關東・東北地方に發展したが、のちには近畿・北陸・東海の諸地方に發展するのである。淨土眞宗の發展はその布教對象たる農民の成長と正比例してすすんでいつた。

時宗　また淨土宗の一派たる西山派のなかから一遍によつて時宗が開かれた。これは一定の場所に止まらず各地を遊行宣傳して步いた。特に熊野・伊勢等の神社への參詣者を教化し神社信仰の發展の上にのつて宗勢をつよめていつた。

禪宗　榮西・道元によつて宋から輸入された禪は教外別傳・不立文字・師資面授、相承を重んじ、釋尊の精神を體得するために座禪を主なる修業方法とした。榮西による禪を臨濟宗という。榮西は禪宗を盛んにしようとしたが、天台宗の反對をうけたため舊佛教と妥協的態度をとつた。この宗派は鎌倉では將軍頼家・政子の歸依をうけ、一二〇二年（建仁二年）頼家の援助によつて、京都に建仁寺をたて上層武士階級にとり入れられた。次に道元によつて宋から輸入されたのが曹洞宗である。宋から歸つて後、道元は北條時頼などの招きも一切ことわり、越前國の土豪の援助のもとに永平寺をたて僧侶の養成につとめた。道元歿後、曹洞宗は祈禱の要素をとり入れ、地方武士の間にひろまつた。

日蓮宗　安房國東條鄕の漁夫の子に生れた日蓮は一二五三年（建長五年）に法華經によつて一派をうちたてた。日蓮宗は開宗の時期が他宗におくれたため、諸他の宗派を排擊しながら、また、それらの宗派の思想や稱名念佛の方法をとり入れながら發展していつた。この宗派は主として武士ならびに商工業者等のあいだにうけ入れられていつた。

舊佛教の覺醒　新しい佛教が、次々と當時の社會の要望に應えて生れ出るや、舊佛教諸宗はこぞつてこれを壓迫した。他方、舊佛教自身も新佛教の動きに刺戟され、改革の氣運が活潑に動いていつた。高野山の頼瑜（らいゆ）、華嚴宗の明惠（みようえ）（高辨）、法相宗の貞慶（解脱（げだつ））、律宗の俊芿（しゆんじよう）等は新佛教の戒律否定の反動として戒律尊重を主張した。

以上のような佛教を一つの思想的背景として中世文化が成長していつた。

2　中世文化における公家と武士

鎌倉武家政權の確立は平安貴族を政治・經濟的に沒落のふちに追いつめていつた。それかといつてかつての華々しい上代文化の荷擔者であつた公家貴族が文化の面においても直ちに急速な沒落への道を急いだわけではない。

學問　たしかに學問の分野では大學制度は十世紀の末頃からようやく崩れてゆき、十二世紀末にはただ虛名を殘すのみとなつた。とはいいながら、學問の傳統は草深い關東の村々から起つた新興武士階級がそのすべてをゆずりうけるには、武士層の文化的教養は餘りにも未熟であつた。武士の教養といえば、たかだか習字が唯一のものといえる位であつた。制度として失われた學問は、貴族個人の努力によつて世襲的・傳統的な形をもつて受けつがれてゆき、遂には學問・藝術を神祕化・宗教化していつた。

古典研究　公家には現在の境遇がかつてのそれに比べて慘めであればある程、平安時代の華やかな生活が懷しく思われ、所詮、過ぎ去つた世界とは知りながらも古代文化へのあこがれが強く感じられてきた。その當然の結果として古典研究が盛んになり、源氏物語・伊勢物語・古今集・萬葉集等がとりあげられ、多くの註釋書が作り出された。

有職故實　朝儀百般について研究をする有職故實の學はますます盛んとなり、順德上皇の禁祕抄・後醍醐天皇の建武年中行事・北畠親房の職原鈔等があらわれた。その中には今は衰えた天皇政治の復活への意欲をくみとることが出來るものもある。

武家文化　このように文化の面では京都の公家貴族が指導的立場をしめていたのであるが、おいおい鎌倉の武士の間からもすぐれた文化が生み出されるようになつた。もつともその大部分は京都文化の流れをくむものであり、武士階級自體のうちから芽生えたものは少なかつた。鎌倉では將軍實朝が萬葉集を愛好し、彼の歌集「金槐集」にはすぐれた歌がおさめられている。また、僧仙覺は萬葉集の校訂と註釋においてすぐれた成果を出している。その他、かつては京都の貴族の子弟に獨占されていた學問は、この時代になるとひろく地方に傳播し、後には武將による學問の保護獎勵とあいまつて武藏國に金澤文庫に開かれたりしている。

3　文藝と戰記文學

和歌　和歌は古代から引きつづいて盛んであつた。平安時代の物語文學の衰退にかわつてすぐれた歌集が生み出された。鎌倉初期には後鳥羽上皇・藤原定家・同家隆・西行・天台座主慈圓等の多くの歌人がでた。一二〇一年（建仁元年）には、後鳥羽上皇の命によつて藤原定家その他の人人が新古今和歌集をえらんだ。その後も勅撰和歌集は相ついで作られたが、定家を歌道の宗家と仰ぎ、それより一歩も出なかつた。しかし、定家の子爲家の三子は、歌論のことに關して、意見を異にし、歌道の家は二條・京極・冷泉の三家にわかれていつた。また、二條・冷泉の二家は莊園の所有權をめぐつて訴訟問題を起し、冷泉爲相の母阿佛尼は一二七七年（建治三年）これを幕府に訴えている。この際の鎌倉にくだつた阿佛尼の日記が十六夜日記である。

物語・歴史文學　かつての隆盛を極めた物語文學は衰え、この時代の文學は主として平安時代の模倣が多く、規模も小さく短篇が非常に多いことを特色とする。また過去の華やかな夢を追う氣持から歴史文學が數多く作られた。平安時代の大鏡のあとを追うものに水鏡・増鏡がある。増鏡は承久の亂から元弘の變にいたる間の公武の抗爭という歴史的事件を正面からあつかいながら、大鏡に見られるような鋭い批判も行われず、自己の立場を強く主張すること無しに單なる懷古的感情をみなぎらしている。これに對し、慈圓によつて、承久の亂前後に書かれた愚管抄七卷がある。慈圓は關白九條兼實の弟であり、平安貴族の一人としての立場からよく歴史の現實を認識し、一貫した歴史觀の上にたつて叙述をすゝめている。慈圓の歴史觀の根底をなしたものは末法觀であり、移りゆく歴史を通じて嚴然と存在し、また存在せねばならない「道理」について繰返し强調している。

その道理とは世をまもり、人をまもる道であつた。またその世とは、否應なしに發展してゆくその時代々々に正當さを認めた世ではなく、慈圓が生れ、彼が屬した舊貴族社會をさすのであり、人とはこれと同樣に彼の屬する社會の人々であつたことはいうまでもない。そこには沒落しゆく貴族社會の擁護と、かつて有した貴族階級の政治上の地位が何時までも持續さるべきことが強調されている。この書は南北朝時代に北畠親房によつて書かれた神皇正統記と共にわが國における歷史哲學の代表的著作でもある。このほか武家側にも賴朝の擧兵から將軍宗尊親王が京都に追われるまでの事を日記体に記した吾妻鏡がある。

戰記文學　この時代の文學で最も中世的特色を現しているものが軍記物である。武士の擡頭による貴族政治の沒落は、保元・平治の亂を境としての源平二氏の爭亂を通じていよいよ決定的なものとなつていつた。これらの爭亂を素材として生れたのが保元物語・平治物語・平家物語・源平盛衰記等の軍記物である。平安時代の軍記物が漢文體で書かれているのに比して、これらは漢語・佛語を巧みに交え、いきいきとした假名交り文で書かれている。軍記物のうちでも平家物語は最もすぐれ、平家一門のはかない榮華と沒落のあとを盛者必衰・諸行無常の佛教理念によつて、悲哀に滿ちた筆致でつづられている。時代は降るが軍記物には、室町時代のはじめに書かれた太平記がある。それは全四十巻におよび、南北朝の內亂を全國的な規模にわたつてとりあげており、全篇を通じて因果應報の理念が強くにじみでている。これら軍記物は中世の武士、庶民をとわず上下を通じて愛好され、琵琶法師・太平記讀みによってのちの世に語り傳えられた。

またこの時代には、十訓抄・宇治拾遺物語・古今著聞集・沙石集などの說話集があり、そのなかには多分に敎訓的色彩のこいものがある。

第四節　南北朝の爭亂

1　鎌倉幕府の滅亡

御家人體制の動搖　鎌倉幕府の基礎は地方農村を地盤とする御家人にもあつた。しかし貨幣の流通と生活の向上とによつて、土地經濟に依存する御家人の經濟にはようやく破綻があらわれてきた。そのうえ蒙古襲來による負擔や、幕府財政の窮乏にともなう課役の增大は一そう御家人を苦しめた。幕府は御家人の救濟のために一二六一年(弘長元年)以來種々の方策をとつて來たが、その窮乏がいよいよはげしくなるのを見て、一二九六年(永仁五年)に德政令を發し、御家人の所領の質入賣買を禁止し、賣却した土地は無償で本主にかえさせ、また御家人のすべての負債を破棄させた。しかしそれは一時の救濟にとどまり、かえつて弊害が大きかつたので翌年廢止された。

大體中堅の御家人の收入源は地頭職にともなう收益であつたが、その地頭職は子女に分割相傳されるものであつたから、世代が下るにつれて次第に細分化され、一莊の地頭職は一村・一名の地頭職となり、甚しきは十分の一地頭職などということも起つた。こうなると幕府の御家人役の負擔にも耐えられないような御家人が增加するので、幕府は所領を一括して惣領の支配下に入れ、惣領の責任において御家人役を勤めさせるような方策をとつたり、また女子の一期分といつて女子は一代限りでその所領を惣領に返附すべきことを定めたりした。

以上のよう事情から御家人の間には貧富の差が著しくなり、均等な御家人社會は動搖した。そしてこのとき優位を占めるのは守護となるほどの有力御家人で、彼等は弱小の御家人をその支配下に入れた。北條氏自らも多くの御家人を從えてその勢力を扶植していつた。

幕府の弛緩　御家人體制が動搖してくるのは自然の勢であつたが、幕府においても執權時宗の後はとくにすぐれた執權も出ず、また德政令の發布など無理に衰勢を回復しようとする方策をとつたので、かえつてその權威を失墜した。また執權北條氏の內部でも次第に若年で執權となるものが多くなり、そのために北條氏の家政機關たる內管領が政務を左右し、執權そのものも有名無實となる傾向が強まつた。特に北條高時が執權となると、彼は全く政治をかえりみず遊興を事とし、また一三二六年（嘉曆元年）高時が隱居した後は內管領の長崎氏が權を專らにし、公然と賄賂が行われて政治の公平は全く見られなかつた。そこで人心は全く北條氏を去つたのである。この頃陸奥に安東氏の亂が起つたが、もはや幕府の力では容易にこれを鎭壓し得なかつた程である。

倒幕計畫の進展　京都では後嵯峨天皇の後、後深草天皇・亀山天皇が兄弟相ついで即位し、その後この二つの系統が互に皇位を争うようになつた。後深草天皇の系統を持明院統、亀山天皇の後を大覺寺統という。幕府ではその紛争解決策として兩統迭立の案を立てたが、この兩統の紛争はなお收らず、また兩統ともそれぞれ更に二つに分れるに至つて皇位繼承問題は一そう複雜となつた。幕府は立太子の順序を定めてこれを收めんとしたが、到底すべての側の希望を滿すことはできず、京都には幕府に對して不滿をもつものが多くなつた。元來京都の公家は武家政治の進展により自分たちの經濟的地盤が崩れてゆくのを恐れ、何かの機會に政權を奪いかえして公家政治を復活しようとの希望をもつていたが、このような幕府の態度を見ていよいよその不滿を強めたのである。大覺寺統の後醍醐天皇の在位中、持明院統より幕府に對し天皇の讓位を促すべく運動し、幕府でもこれに同意して天皇にこれをせまつたので、天皇は大いに憤激し倒幕の決意を固めた。後醍醐天皇即位の始めは後宇多上皇の院政が行われたが、一三二一年（元亨元年）長い間の慣習を破つて天皇親政とし、天皇は北畠親房を拔擢して吉川定房らとともに政務に參與させ朝政の刷新をはかつた。また日野俊基・資朝を重用して倒幕の謀を進め、幕府に不平をもつ武士や、公家武家に對抗する程の勢力を持つ寺社、とくに叡山や熊野の武力を味方に引入れることにつとめた。

正中・元弘の變　日野俊基・資朝はそれぞれ東國や紀伊方面に潜行して地方武士の興起を促し、着々倒幕の計畫をすゝめたが、幕府の知るところとなり、倒幕の計畫に參じた人々は捕えられ、俊基は罪をゆるされたが資朝は佐渡に流された。これを正中の變という。しかし天皇の倒幕の志は少しも變らず、皇子護良親王をはじめ、俊基・圓觀・文觀らを中心に再度の討幕計畫を立てたが、再び事前に洩れて一三三一年（元弘元年）八月幕府は二階堂貞藤をして京都にせまらせた。天皇は難を遁れて山城の笠置山に潜幸したが、笠置も幕府のために破られ、更に河内の赤坂城に赴かんとして途中に捕えられた。幕府は後伏見天皇の皇子を天皇に立て（光嚴院）、後醍醐天皇を隱岐に流した。これを元弘の變という。

北條氏の滅亡　隱岐にあつた後醍醐天皇はひそかに近畿・中國地方の宮方の武士と連絡をとり、また護良親王や河内の豪族楠木正成は吉野及び赤坂城に據り幕府に對し叛旗をひるがえし、六波羅の軍をひきうけて大いに奮戰した。その間に諸國の武士の中にも天皇に應じて擧兵するものも增加し、中でも播磨の赤松、伊豫の土居、得能、肥後の菊池等は有力なものであつた。このような情勢を見た天皇は一三三三年（元弘三年）閏二月ひそかに隱岐を脱出し、伯耆の名和長年と共に船上山に據つた。こうして宮方の勢力は日増しに增大したので、幕府は足利尊氏・名越高家を將として大軍を以て西上させたが、かねてから北條氏打倒の機會を見ていた尊氏は志を宮方に通じて叛き、伯耆に向う途中丹波から引返し、赤松則村・千種忠顯と共に六波羅を攻めて五月七日これを占領した。六波羅探題北條仲時・時益は光嚴院及び後伏見・花園兩上皇を奉じて東國に走ろうとしたが、時益は近江の守山附近で戰死し、仲時以下は同國番場で五辻宮に擁撃されて自殺した。また上野にいた新田義貞は尊氏の行動を知るや、護良親王の令旨を奉じて兵を擧げて鎌倉に向い、五月二十二日遂に鎌倉を陥れて高時以下を滅した。こゝに鎌倉幕府は頼朝以來約百五十年にして崩壞したのである。

2　建武の新政と南北朝の分裂

建武中興　六波羅陥落の報が伯耆に達すると、後醍醐天皇はこの年の六月京都に還幸し、天皇親政の復活を意圖した。新政府の理想としたところは延喜・天暦の世の再現であつたが、しかも舊儀慣例にとらわれず、天皇は「朕の新儀は未來の先例たるべし」との意氣をもつて政務にあたつたので新政は大いに活氣を持つた。しかし一方では社會の實情に副わない施策も多く、公武の間の協調も表面的なものであつたのでこの政治も永續せず、天皇の理想も實現せずに僅か二年で世は再び戰亂となるのである。この新政を建武の中興という。

新政の機關と政策　朝廷では中興の新政の始め、直ちに記録所を再興して政務を總括し、事務に通じたもののほか正成・長年のような武士をもその寄人(よりうど)とした。更に雜訴決斷所を設けて所領の紛爭・訴訟に關する裁判にあたらせ、また恩賞とそれに關する土地問題を處理し、時局の收拾に當らせるために恩賞方を置き、功勞のあつた公家武家をそれに當らせた。なお京都の警衛、武士の統制のために武者所を置き、新田義貞を頭人とした。地方制度は鎌倉幕府の舊制にならい國司と守護を併置し、公武の調和をはかると同時に多分に恩賞の意味をもたせた。ただ關東と奥羽とは遠隔の地である上に鎌倉幕府の根據地であつたので、特に重視して北畠親房の子顯家を陸奥守に任じて皇子義良(のり)親王を奉じて奥州に下らしめ、また尊氏の弟直義を相模守とし皇子成(なり)良親王と共に鎌倉におらしめた。中興政府はこのように制度を整え、また新政に當つて天皇は文武をとわず人材を適所に用いることを念とした。しかし元來公家と武家との利害は根本的に對立していたのであるから容易に協調することはできず、恩賞についても天皇が公平を念としたにもかかわらず、武士の中には恩賞に對する不滿をもつものも少なくなく、新政の前途は多難であつた。

建武新政の破綻　中興政府の中では公武共に倒幕の功に誇り對立がはげしく、また武士の間にも互に反目するものがあつた。元來地方の武士たちの多くは自己の不運な境遇を脱し、所領を擴大するために倒幕の企てに參加したものが多かつたため、恩賞を期待して諸國から陸續と上洛したが、限りある土地ですべての武士に滿足を與えることは到底不可能であつた。また從來の所領を安堵するにしても、鎌倉幕府によつて保たれていた秩序が一擧に破れた後であるので、至るところに土地の所有權をめぐつての紛爭が起り容易に裁決し得ない狀態で、次第に地方武士は新政府に對する信賴を失い、またこれに不滿をもつようになつた。そして京都市中にも新政を嘲笑する氣運がみなぎり物情騷然たるものがあつた。かくして武士の多くは武家政治を望むようになり、また有力な守護大名もこれらの武士を統率して政權をとろうと機會をねらうようになつた。この時巧みに武士たちの心を摑んだのが足利尊氏であつた。

足利尊氏の叛　尊氏は擧兵の始めから北條氏に代つて武家政權を樹立せんとの野望を持ち、建武新政の破綻を待つて機會をねらつていた。彼に對抗し得るものは公家勢力の代表者護良親王と武家勢力の中心新田義貞のみであつたが、尊氏は巧みに策謀をめぐらし、護良親王を失脚せしめて鎌倉に幽閉し、たまたま北條時行が鎌倉を恢復せんとして攻めたとき、この機會を利用して親王を弑した。尊氏は鎌倉に入り時行を追うと同時に關東・奧羽を經略し、更に義貞討伐を名として兵を擧げ、天皇に對する態度を明らかにした。義貞は命をうけて尊氏討伐のために東下したが敗れ、尊氏はこれを追つて西上し、天皇は延曆寺に難をさけて京都は尊氏に占領された。しかしやがて西上した北畠顯家と共に義貞・正成・長年らが尊氏兄弟を破り、これを九州に走らせた。尊氏は西走の途中賊軍の名をさけるために光嚴院の院宣をうけ、ことに持明院統を奉じて戰うという名義を得た。

南北朝の分裂　一三三六年（延元元年）四月九州で兵威を恢復した尊氏・直義は海陸二道から呼應して東上したので、赤松則村の白旗城を圍んでいた義貞は兵を收めて兵庫にかえつた。朝廷は正成をして義貞を援けしめたが、正成は湊川に戰死し、義貞は京都に遁れかえつた。天皇は再び叡山に難を避けたが、尊氏は光嚴院の弟豊仁（ゆたひと）親王（光明院）を擁立した。やがて後醍醐天皇は尊氏の請により、京都に還り神器を親王に傳えたが、その神器は僞器であつたという。その後天皇は夜ひそかに京都を脱し吉野に遷幸したので、この後政權は吉野の宮方と京都の武家方に分裂したのである。この吉野の朝廷を南朝、尊氏の擁立した京都の朝廷を北朝という。

3　南北朝の合一と室町幕府

南北の争亂　南北兩朝に分裂するや各地の武士は思い思いに武家方か宮方に屬し、約半世紀の間國內は戰亂が續いた。後醍醐天皇は東國・北國・西國の宮方をして京都を回復せしめようとし、諸皇子を各地に派遣した。北國には新田義貞が恒良（つねなが）・尊良（たかなが）兩親王を奉じて越前の金ケ崎に據つたが、一三三七年（延元二年）城が陥り、兩親王と義貞は相ついで戰死し、また陸奥の顯家は義良（のりなが）親王を奉じて西上したが和泉の石津に戰死した。そのほか宗良親王は遠江に、北畠親房は常陸において勢力の擴張につとめたが、南朝方の勢は日とともに衰えた。なお親房は常陸にいる間に神皇正統記を著して南朝正統を論じた。やがて後醍醐天皇は吉野の行宮に崩じ、義良(のりなが)親王（後村上天皇）が即位した。南朝の形勢日に悪く、正成の子正行が一族と共に兵を起し河内・攝津に足利方を破つて大いに奮戰したが、一三四八年（正平三年）河内の四條畷(なわて)に戰死してからは、南朝方の有力な武將は九州の懐良(かねなが)親王を奉じた菊池氏のみに過ぎなくなつた。このような狀勢の下で各地の武士はそれぞれの利害に從つて相戰う中に、次第に莊園村落における公家勢力を驅逐して一圓支配權を確立し、また互に新しい封建的主從關係を形成して有力な守護大名がその勢力を競い、實力によつて大きく統一される氣運が生れて來た。

南北の合一　諸國の守護大名はさかんにその勢力擴張につとめたが、次第に足利氏の勢力下に入りその統制に服し、義滿の頃になると全國は殆んど足利方に歸し、南朝の衰勢は著しくなつた。時として有力な大名の一族が内紛の結果南朝方に立つものもあつたが、それは一時的な現象であり、間もなく離れてしまうものであつて、その離合背反は常なく、南北朝分裂の頃と比較し對立に確固たる信念も失われてきた。また多年の戰亂に苦しめられた人々の心も平和を望むようになつた。かくて南朝の後亀山天皇は和睦を決意し、一三九二年（元中九年）南北の講和がなり、多年の南北朝對立は南朝の敗北によつて終つたのである。

室町幕府の成立　さきに九州から東上した尊氏は幕府開設を考え、京都二條高倉に居を構え、また鎌倉に關東管領を置いて東國の經營に當らせた。しかし尊氏・義詮二代の間は一族間の爭が絕えず、また國力の統一も完成していなかつたので幕府の實は備わらなかつた。義滿の時になり一三七八年（永和四年）京都の室町に幕府を營み、南北朝合一の後もそのまま政治を見たのでこれを室町幕府と稱し、ここに名實ともに備わる幕府が成立した。

幕府の組織はほぼ鎌倉幕府のそれに倣つているが、將軍が實權をもち、鎌倉幕府の執權に當るものとして管領が置かれ、斯波・畠山・細川の三氏がこれに當つた。その他評定衆・引付衆・政所・問注所・侍所などの鎌倉幕府の行政機關をそのまま受けついだが、政治の方針が將軍と管領により決定されるので、これらの機關は機密にあずかることは少かつた。ただ軍事・警察の權をもつた侍所のみは勢力をもち、山名・一色・赤松・京極の四家が交替でその所司に任じた。これを四職（ししよく）という。

また地方には諸國に守護を置き、鎌倉に關東管領、博多に九州探題、奥羽に奥州探題を置いて地方行政に當らせた。關東管領には義詮の弟基氏が任ぜられてからその子孫がこれを世襲した。

第五節　守護大名の成長と社會の變貌

1　守護勢力の增大

莊園の崩壞と守護勢力の增大　南北朝の爭亂をへて足利氏が打ちたてた室町幕府は有力な守護等の寄合政治の感が深いものであつた。莊園領主はうち續く戰亂や、地頭・土豪・武士等のため莊園を侵略されていつたので、自分の莊園を確保するためにも守護の力をかりなければならなくなつた。このような立場を利用し、守護は莊園領主をたすけるどころか逆に、幾多の莊園を自分の手におさめたり、土豪等を部下とすることによつて自分の勢力を大幅に增大させていつた。莊園制を掘り崩し、武士の完全な一圓支配地としてゆく過程に守護勢力の膨脹がみられるのである。

半濟と守護請　土豪・地頭守護等による莊園侵略の手段は幾多みられる。たとえば、さきにものべた下地中分があり、また半濟といつて、戰時の臨時的處置、或いは諸將への恩賞の財源として莊園領主の收入の半分を武士に與えた。これは尊氏によつて斷行されたものであるが、一旦半濟をうけた武士は戰亂が治まつた後もこの有利な既得權をはなさず、度々の幕府による禁止の命令も守られなくなつた。遂には、臨時的措置としての半濟も、下地中分と同樣に恒久的なものとなり、莊園はますます武士の手に奪われていつた。わずかに殘つた莊園領主の領有地も、現地の武士・名主・農民の年貢未納のため、收入は減少の一路を辿つていつた。そこで莊園領主は、現地の名主・農民ににらみの利く守護に年貢を請負わせるのである。年貢を請負つた守護が眞面目に約束を果すのははじめだけで、間もなく守護は守護請の名目のもとに年貢を橫領するようになつた。そうなれば莊園領主が如何に幕府に訴えようともどうすることもできなかつた。このような過程をたどつて莊園は守護地頭等の武士におかされ、守護は更にそれら地頭武士等を部下にすることによつてますます强大となつた。

幕府の動搖　守護はこうして自分の實力で收めとつた領國を代々世襲するようになり、中には將軍をしのぐような廣大な領國を支配するものもでて來た。この結果、一三九一年（元中九年）には山名氏、一三九六年（應永六年）には大内氏、一四三八年（永享十年）には關東管領の足利持氏、一四四一年（嘉吉元年）には赤松氏などによつて亂が起り、幕府の統制力は動搖してきた。それらの亂は一應幕府によつて鎭壓されはしたが、その後、諸將の叛亂は絕えることなく、やがて室町幕府を根底からゆり動かした應仁の亂が起るのである。

2　應仁の亂と群雄割據

應仁の亂　守護勢力の增大はまた幕府における重臣間の勢力關係にも反映し、この頃管領細川勝元と四職の筆頭山名宗全（持豐）が勢力を競つていた。天下の諸武士は權勢を求めてそれぞれ兩氏と結び、天下の形勢は二分されんとした。この對立は、畠山・斯波氏の家督爭い、將軍家の繼嗣問題をきつかけに大亂へと進展した。勝元が將軍義視を奉ずるにたいし、山名持豐は義尙をたてようとした。この亂は實に十一年の長期にわたつて、全國を動亂の淵に投げ込んだ。勝元を統帥とする東軍は二十四ケ國、十六萬の兵をようして京都の東側に陣し、西軍持豐側は二十ケ國、九萬の兵を以てこれに對峙した。しかし持豐・勝元の相つぐ死によつて京都における戰亂は終りに近づいたが、對立した兩軍は各自の地盤であるそれぞれの領國において、より活潑に戰いを續けていつた。かくて、群雄割據して自己の勢力を伸ばそうとする戰國時代が生まれるのである。ふはいした室町幕府の諸將統制がゆるみ、戰國諸侯の一圓領國化は急速度にすすみ、わづかに餘命を保つていた莊園制は實力の前に留めを刺され、領國大名領が各地に形成されて相互の間に新しい統一者になるための戰いが全國的にくり擴げられてゆくのである。守護等による一圓領國支配が形成されると、今までの錯雜した莊園的土地支配關係は單純化され、守護は領國内の土地・人民の支配權を一元化した。

軍事はいうにおよばず、司法・行政等あらゆる分野にわたつて領主の一元的支配が行われた。そこで各領國毎に國法が作られた。大内家壁書・信玄家法・朝倉敏景十七箇條・結城家法度・今川氏假名目錄・長宗我部元親百箇條などその例である。

　應仁の亂の結果、京都は焼野ケ原と化し、公卿・僧侶の地方分散が行われ、それと共に京都文化の地方傳播が急速におこなわれた。

群雄割據　關東では、永享の亂で持氏が亡びた後に、公方の權力は執事上杉氏にうつり、上杉氏は持氏の子成氏（しげうじ）を擁立したが、成氏は上杉氏の專横を嫌つて鎌倉をのがれて、下總の古河に移つた。そこで上杉氏は將軍義政の弟政知（とも）を迎えて伊豆の堀越におらしめ、ここに古河・堀越兩公方が對立することとなつた。また上杉氏も山内・扇谷の兩家に分れて抗争を續けていた。この機を利用して勢力を伸したのが北條早雲である。北條氏は早雲の歿後、氏綱・氏康の代にいたり、小田原城によつて關東諸國を領國化した。北條氏康に追われた山内の上杉憲政は家臣たる越後の長尾景虎によつた。やがて景虎は許しをえて上杉氏を稱し、入道して謙信と號した。また甲斐には武田晴信（信玄）がおり、上杉・北條兩氏と對立していた。駿河・遠江・三河の三國を支配下におく今川氏は一五六〇年（永祿三年）に尾張の織田信長と桶狹間に戰つて敗死した。中國では、出雲に尼子氏、周防に大内氏がいた。大内氏はのちに家臣陶（すえ）晴賢に討たれ、晴賢はまた毛利氏に倒された。また、四國には長宗我部、九州には龍造寺・大友・島津の諸氏が互いに天下統一をねらっていた。こうした群雄も信長・秀吉・家康によつて統一されてゆくのである。

3　農村の變質

錯雜した所有關係にあつた莊園村落は中世初期以來守護・地頭等の武士等によつて外部から崩されてゆくと共に、他方、農民自體の成長によつて莊園村落は崩壞し、鄕村制的村落が形成されていつた。

農業技術の進歩　農業技術の面では、農業生產の主要部分をしめる稻の栽培方法に改善がみられたり、品種の改良が行われた。土地の利用方法も一毛作から二毛作へとすすみ、大豆・小豆等の豆類の間作のほか、都市周邊では野菜が作られ、手工業の原料として桑・胡麻・藍などが作られるようになつた。また、肥料の面においても人糞の他綠草・魚肥が用いられ、水田耕作に最も重要な灌漑用水も村民の共同により、或いは領主の援助、統制の下に完備していつた。

鄕村制の成立　村落農民の身分の分化もすすみ、土豪・名主の農業からの分離は彼らの下人等を解放し、獨立の農民を數多く生み出した。他方、名主・作人等で土地を失い、更に慘めな下作人(げさくにん)に轉落するものもでてきた。それと同時に土地を買つて名主に上昇するものもあつた。また年貢納入の形式も労働夫役から現物納、更に金納へと變つていつた。商業資本の村落への進出はますます強くなり、それと相まつて莊園を崩壊させていつた。こうして、複雜な莊園的土地所有關係からくる幾多の矛盾と不便さは、農民の成長と共に名主を中心として地縁的な村單位の郷村制的村落を生み出していつた。そして年貢なども「惣百姓中」として名主・百姓の責任で納める百姓請の形態が生れてきた。この樣な郷村制の成立は、莊園村落自體の矛盾から必然的に生み出されてくると同時に戰亂による災害を百姓自身の團結の力で守つたり、領主の苛酷な誅求を排除したりする必要からも促進された。農村では用水確保、肥料ための緑草採取の場所たる入會地（いりあいち）の利用の面からも惣村的結合は不可缺であつた。

郷村の自治　このような事情から生れた村は、長（おとな）・年老（としより）・沙汰人（さたにん）・刀禰（とね）などと呼ばれる名主層を指導者として構成された。村自身が寄合（よりあい）をもつて種々の事項をきめ、村の掟を作つたりした。このような村落結合は、社會・經濟的發展のすすんだ近畿地方に早くみられた。そして近世の郷村制はこの村結合の基礎の上にできてゆくのである。

4　商工業の發達と都市

手工業　手工業者は、かつては主として領主のもとに隷屬して種々の手工業生産を續けていたのであるが、地代の物納化にともない領主以外の一般人の需要に應ずる生産が増加してきた。都市のみならず農村にも專門の職人が生れた。領主・寺社に隷屬していた職人もおい〳〵獨立經營の手工業者となつていつた。それらは、初めの頃は注文に應ずる賃仕事としての性格の強いものであつたが、のちには市場へ賣り出すための市場生産がふえてきた。それとゝもに、生産技術もすすみ、手工業者の數も増加し、領主の保護のもとに特産的專門分野が生れ、各地に手工業の中心地ができてきた。紙では、美濃・播磨・但馬・讃岐・大和等が有名であり、釀造業では河内・大和・攝津西宮・兵庫・筑前博多等が早くから有名であつた。手工業のうちでも、當時の需要の關係から最も盛んであつたのは鍛冶・鑄物・織物等であつた。

商業の發達　商品生産としての手工業の發達の結果、都市ばかりでなく農村にまでも商品流通が活潑になり商業の發達をうながした。また、商業の發展は更に、手工業の隆盛に拍車をかける結果ともなつた。莊園内には幾多の市場が生れ、そこでは村落の名主層を主たる相手として農産物と手工業製品の交換が商人の手を通じて盛んにおこなわれたことはすでにのべたところである。年貢の錢納化は、貨幣獲得のために莊官・名主等の市場利用を増大させたが、一般耕作農民の市場利用はそれ程大きくはなかつた。定期的に行われるようになつた市は月に五回とか六回といつたふうに回數を增してゆき、現在の地名で四日市・二十日市などのように「何市」といわれるものの中には

荘園の市場

中世の市場の系統を引くものが多いのである。この状況は都市にあつては農村に比してさらにすすみ、恒常的な店舗が出現してきた。また市場において特定商品の專賣權をもつ座や問丸がますます發達していつた。すなわち問丸は領主のための年貢米の輸送・貯蔵・委託販賣のほか、都市の常設小賣店への商品の卸や爲替業を行うようになつた。問丸は水陸交通の要地に數多くみられ、時代の降ると共にその數もふえ、一五七〇年頃（天正年間）以前に問丸の存在をしりうるものは次の三十餘りに及んでいる。

淀川流域　桂・鳥羽・淀・木津・宇治・椋橋
瀬戸内海　堺・尼ケ崎・兵庫・紀伊湊
琵琶湖　坂本・大津・今津・海津・長濱・八幡・舟木・朝妻
日本海　三國・小濱・敦賀・直江津・蒲原津・宇龍・博多
太平洋　三河大濱・大湊・桑名・沼津・江浦・品川・六浦・古戸

座　商工業者は封建領主の支配下に營業を續けるために座を結成し、その保護をうけると共に多くの稅金を支拂つた。特に商品經濟の發達した近畿一帶に多くの座の設立がみられる。奈良では興福寺大乘院・一乘院の下に油座・麴座等八十餘りのものがみられる。そして座は座員以外に閉鎖的であつた。のちには座外の商人の增加によつて樂市・樂座が出現し、それによつて座は崩壞してゆく。

都市　商工業の發展、莊園の崩壞、大名領國の成立は必然的に都市の隆盛をもたらした。都市には商工業の發達につれて活潑化した水陸交通の要地に興つた港町がある。さきにあげた問丸の所在地などは港町としても早くから著名であつた。このほか、莊園が崩れ、領國大名が成長してくると、彼らは國內統治、家臣群の城下集中の必要から交通に便利な平野に城を築くようになり、ここを中心として城下町が生れるのである。當時城下町として大きなものに、大內氏の山口、今川氏の駿府、北條氏の小田原、大友氏の府內、上杉氏の直江津、朝倉氏の一乘ケ谷等があつた。また、社寺を中心に發達したものに門前町・寺內町がある。

都市は主としてその領主の代官によつて支配されていたが、市民の勢力の增大につれて支配權が市民の手に移つていつた。市政の運營も村落と同樣に有力な市民から出た年寄・月行事などによつて運營された。そして自治の點では農村よりも遙かに整備された組織をもつていた。堺・博多などは特に著名である。

5　農民一揆

土一揆　中世農民の惣村的結合は名主層を中心とした廣汎な農民組織をつくりあげた。一方、商品經濟の村々への進出、領國大名による農民統制、支配の强化等は農民をして團結して高利貸や封建領主に對する反抗においやつた。こうした農村の反抗を德政一揆・土一揆という。土一揆は莊園領主に對する年貢減免や京都・奈良等の高利貸の經濟的壓力から逃れるために德政要求をスローガンとしたものから、守護等の封建領主の支配を排擊せんとした政治的なものに變つていつた。一四二八年（正長元年）の近江の交通勞働者（馬借）によつておこされた馬借一揆を皮切りに、一揆は近畿およびその周邊地域に頻發した。一揆を指導し、組織している人々には村落における名主・地侍等があつた。地侍等は農民の封建支配に對する反抗の力を利用して自分等が大きくなろうとした。それ故、一四八五年（文明一七年）山城國におこつた國一揆は相手の守護勢力を追い拂うことが出來たが、まもなく一揆の指導者である地侍等と農民の團結が破れ、折角の勝利も十年足らずで消えさつてしまつた。

一向一揆　また農民によつて土一揆が華々しく續けられている頃、加賀・越中・能登・越前では宗教のヴェールを被つた土一揆である一向一揆が大規模に起つた。一向一揆は眞宗本願寺派（一向宗）の教團組織をかりて團結した坊主・農民・土豪の連合した勢力であつた。加賀國では守護富樫氏の誅求を排除しようとして一四八八年（長享二年）大規模な一揆をおこし富樫政親を自殺させている。これより約百年間加賀國は本願寺の門徒農民の支配が續き、坊主・土豪・農民の代表からなる合議制によつて加賀を支配した。またその他の諸國でも、領國大名の確立に對して門徒たる農民は力強く戰い、より強い封建支配の出來るのを邪魔したのである。一五六三年（永祿六年）には三河國松平家康（徳川）との間に激しい一向一揆がおこつている。しかし、農民の封建支配に對する反抗も、領國大名の勢力が增大するにつれて壓倒されていつた。反抗の點で非常に強力であつた一向一揆も一五八〇年（天正八年）、石山本願寺戰爭を最後に信長のために平定されてしまつた。しかし、信長は一向一揆を押えるために十年近くもかかつているのをみても門徒

一向一揆

農民の反抗の力の大きさがしられるのである。

農民一揆にこりた領國大名は刀狩によつて農民から武器をとりあげ、農民の反抗を全く封じ去つたのである。

第六節　中世末期の對外關係

1　積極的貿易の展開

邦人の海外進出　國内における商工業の發達は、わが對外貿易をも十三世紀中頃から著しく積極的にした。文永・弘安の役後、元との正式交通は絕えたが、元が外商の誘致をはかつたため、わが國の商人も禪僧などを仲介としてしきりに彼地に赴いた。鎌倉幕府はその末期に、建長寺や關東大佛の造營料をうるために元へ貿易船を派遣しているが、足利尊氏も天龍寺の造營費をうるために天龍寺船を出し、五千貫の銅錢を輸入した。

邦人の海外進出はこの前後からいよいよさかんとなり、九州や瀨戸内海の漁民で對馬の漁場を根據に朝鮮半島の南部へ進出するものも少なくなかつた。その中には土豪の指揮を受けて武裝商船隊を組織するものがあり、朝鮮各道から首都に回漕する米穀を奪い、陸上の倉庫を襲い、更に沿岸の農民を捕えてつれ歸つた。朝鮮ではこれを倭寇と稱して大いに恐れた。殊に國運の傾きかけていた高麗は、この倭寇の侵略にもつとも苦しみ、しばしば使者をわが國に送つて倭寇の鎭壓を求めた。やがて高麗に代つて朝鮮國を建てた李成桂は、再び倭寇の禁壓を目的としてわが國に貿易の使者を派遣して來た。

朝鮮を襲つた倭寇は、やがてシナ大陸に伸び、山東から中シナ・南シナの方面をも荒し廻つた。元の內亂に乘じて兵を擧げた明の太祖朱元璋は即位の翌年、わが國に對して來朝をうながすと共に、倭寇の禁壓を求めた。

日明貿易の進展　明はその後も倭寇を恐れ、私貿易船の來航を禁止していたが、この頃しきりに渡航しつゝあつた日本の商船は、何等かの形で貿易を再開することを希望していた。將軍義滿も明貿易の利益あることを察し、倭寇の掠取したシナ人及び朝鮮人の送還を名として、明及び朝鮮との正式通商を開こうとした。すなわち一四〇一年(應永八年)義滿は筑紫の商人肥富等の献策に基いて、僧祖阿等を明に遣わし、翌年明は答禮の使をわが國に送つた。こゝに「日本國王臣源道義」の名による朝貢貿易が開始されたのである。

その頃、東洋の諸國間で行われていた貿易は極めて制限された統制貿易であつた。彼我の間には海賊船と貿易船を區別するための勘合符が用いられ、朝貢の時も、琉球が二年一貢、安南・高麗等が三年一貢であつたのに對し、十年一貢を原則とした。また勘合貿易の船數も、應永の條約では千石内外の船が二艘、乘組員は二百人、永享の條約では三艘、三百人とされたが、時には十艘も出かけることがあつた。輸出品としては、銅・硫黄・金の外、刀劍・扇・漆器などの工藝品があり、刀劍の數など毎回三萬を越えていた。十六世紀半頃には、金に代つて銀が輸出された。輸入品としては銅錢が歡迎されたけれども、後には良質の生糸や絹織物がこれに代るようになつた。

貿易はその後、國家の體面を重んずる義持によつて一時中止されたが、まもなく義教のとき再開された。しかし後になると貿易の實權は全く大友・細川・島津などの大名の手に移り、主として博多・門司・兵庫・堺等の貿易商人によて貿易品が準備された。應仁の亂前後からは大内・細川両氏の爭いが貿易上にも現われ、細川氏を頼む堺商人の進出目覺しく、ことごとに大内氏と結ぶ博多商人と覇權を爭い、遂に一五一〇年（永正七年）シナの寧波で衝突を起すに至つた。この騒ぎにこりた明政府は港をわが國に鎖したが、後に大友氏の獨占下に貿易を許し、大内氏の滅亡まで正式の貿易を續けた。

日鮮貿易　日明貿易の開始とほとんど同時に、同じく倭寇に捕われた朝鮮人の送還を機として、朝鮮との貿易が始められた。しかしその後もしばらく倭寇の掠奪がやまなかつたため、朝鮮側では一四一九年（應永二六年）兵船二百餘艘を以て倭寇の本據と考えられた對馬を攻擊した。これを應永の外寇という。島主宗氏は九州諸將の援助をえてよくこれを防いだが、その後これが朝鮮側の誤解であることがわかつて、貿易が續けられた。わが國とは地理的にも接近していたため、九州探題をはじめ、對馬の宗氏・薩摩の島津氏・周防の大内氏・肥前の松浦氏等の西南諸侯や、博多の豪商等がしきりに貿易船を朝鮮に遣わした。李朝實錄によると、薩摩・大隅から出たものだけでも、應永以後約百年間に百數十回にのぼつている。

貿易は明の場合と同樣種々の制限をうけ、入港の場所も、乃而浦（薺浦）・富山浦・塩浦の三港に限定されたが、三浦に居住する邦人は次第に增加し、盛んな時には三百戸、千二百人あまりの數にのぼつた。その後朝鮮の官吏との衝突が起つて對馬との交通は斷絶し、一五一二年（永正九年）島民の運動によつて再開せられた貿易も、以前にまさる制限貿易であつたため、却つて倭寇の進出を促した。輸入品としてもつとも大量であつたのは木綿であるが、後になるとシナ木綿に壓倒された。わが國からは銅・硫黄等が輸出されたが、その外に蘇木などの染料や胡椒など、南海の特產物もあつた。

琉球及び南海貿易　これら南海の特產物は琉球の商船によつて主に博多へもたらされたものであつた。わが商船の琉球に赴くものも年々增加し、琉球より南海の產物を購入してこれを朝鮮や明に對し仲繼貿易した。當時、琉球の商船隊は年々一定の組織をもつて、福建より南海貿易の據點であつたマラッカを訪れ、パタニ・シャム・安南等をめぐつて歸國していたが、その際たずさえたものはシナ產の磁器・絹織物・日本產の刀・扇・硫黄等であり、持ち歸つたものは、香料群島の香料など南海の珍奇な特產物であつた。この結果、貿易港であつた中山の那覇は未曾有の繁榮を來し、今まで對立していた北山・南山も中山に統一されることになつた。しかしその琉球の貿易も、マラッカにおけるポルトガル人の出現と北進、博多商人の活動等によつて全く振わなくなつた。

倭寇の活躍　明政府の朝貢貿易方針は、その後財政の窮迫によつて漸次制限されていつたが、わが方の事情はますます明との貿易を必要としたため、ここにわが貿易船は彼地の密貿易商人と結び、再び海賊として亂暴を働きはじめた。しかも明末になると、江南の各地にシナ人の海賊が起り、日本人を首領に仰いで勢い盛んであつたため多くは眞倭は十の三、倭に從うもの十の七といわれた。その巨魁として最も著名な王直の如き、わが肥前の五島を本據とし、明人・邦人を率いて南シナの海上に活躍し、盛んに私貿易を營むとともに、中シナより南シナの沿岸各地を荒した。明人の間に日本地圖の作成や日本文物の研究の進んだのも倭寇活躍の副產物である。

2　ヨーロッパ人の渡來とキリスト教

歐人の東洋進出　琉球の商船隊が南方に進出し、倭寇が南支那海に活躍していた頃、南方の洋

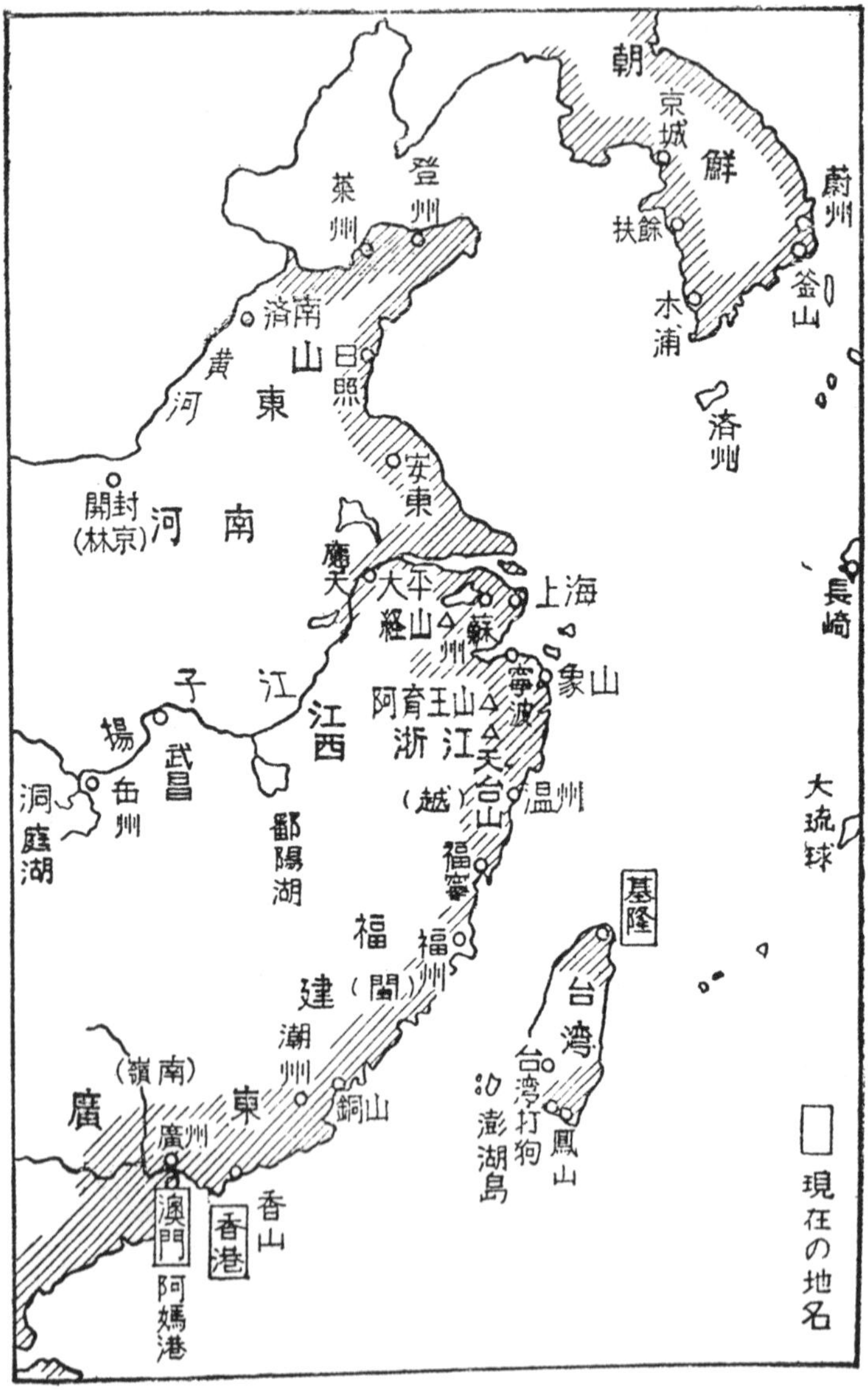

朝鮮
京城
蔚州
扶餘
釜山
木浦
済州
長崎
萊州
登州
済南
黄河
山東
日照
安東
開封
(林京)
河南
應天
太平
上海
経山
蘇州
象山
寧波
揚子江
阿育王山
江西
浙江
武昌
天台山
(越)
温州
洞庭湖
岳州
大琉球
鄱陽湖
福寧
基隆
福建
福州
(閩)
台湾
潮州
広東
(嶺南)
台湾
打狗
銅山
澎湖島
廣州
鳳山
澳門
香港
香山
阿媽港
現在の地名

倭寇侵出地方圖

上にその姿を現したのが、ポルトガル及びスペインの商船であつた。

ヨーロッパでは長い間、中世の日本と同じような封建制度が續いていた。しかしその封建制度が成熟するに伴い、まず東亞貿易に獨占的な利益をえていた北伊の都市が榮え、十四・五世紀にはこれに刺戟されて、ハンザその他歐洲の各都市間に通商交易が活潑となつた。かかる都市商品經濟の發展は、やがては各國の封建制度に動搖を與え、王權の伸張と共に、各國に絕對主義的な專制國家を發達させた。しかもこれらの國家が、國力の充實をはかり、競つて重商主義の政策をとつたため、各國民の海外に出て貿易に乘り出すものはますます增加し、航海術の上にも著しい進歩が見られた。

あたかもこの時、地中海の東岸小アジアの地にオスマントルコ族が興り、十五世紀の中頃、東西交通の中繼基地たるコンスタンチノープルを攻略して東ローマ帝國を滅し、東方貿易の古き道を全く閉鎖してしまつた。こゝに歐洲の商人等は、これに代るべき新たな通商路の開拓に挺身することとなつたがその先陣を承つたのがポルトガル及びスペインの商人であつた。

まずポルトガルの商人は、天然の良港リスボンを根據としてアフリカ西北岸に商權を擴張し、遂にアフリカの南端喜望峯より進んでインド西岸のカリカットに達する新航路を開いた。その頃印度の貿易は、大市場マラッカに至る迄アラビヤ人に獨占されていたが、ポルトガル人はまずインドの中央に位するゴアを平定して總督を置いた。これより航路を東方に開いてセイロン・マラッカを奪い、廣東でシナと通商し、更にマカオを中心としてシナ貿易に從事した。

スペインは十五世紀の末葉、國内の統一が完成してから、專制國家として目ざましい經濟的進出をはじめた。ゼノア人コロンブスはこの國の女王イサベラの援助を受け、マルコ・ポーロが誇大して書いた黄金國ジパングに到らんと、大西洋を西に向つて出帆し、はからずもアメリカ大陸を發見した。次いでポルトガル人マゼランはスペイン國王の後援によつて世界周航の旅に上り、南米を迂回して太平洋に出で、遂にフイリッピン群島に達した。これよりスペインはしばしば探險隊を送つてアメリカの經營を進めるとともに、更に呂宋島をとつてマニラ市を建て、この地を根據として次第に東洋の貿易に乘り出した。

歐船の來航　戰國も末になつた一五四三年（天文一二年）、一隻のポルトガル船が大隅國種子島に漂着した。シャムからシナの寧波に向う途中、嵐にあつたもので、ヨーロッパ人としては最初の渡來であつた。島主種子島時堯は、同乘の明人から筆談によつて漸く漂着の事情を聞きただしたのち、ポルトガル人の携帶した小銃二挺を購い、家臣にその使用法と製法とを習得させた。ついで大砲も豐後に傳わつた。折しも戰國爭亂の際とて、この火器は戰國諸侯の歡迎をうけ、西國はもとより關東の方面にも傳わつた。從來の弓や刀を用い、騎馬武者を先頭に立てて戰う戰法は鐵砲を用いる步兵戰に變り、築城術にも大きな變化が起つた。ヨーロッパではこの火器の使用が騎士の沒落をはやめたといわれるが、わが國でも信長・秀吉がこれを統一戰に用いて成功をおさめたのである。

ポルトガル船はこれより殆ど毎年九州の各港を訪れ、スペインもまた十六世紀末頃よりわが國に渡來して貿易をはじめた。貿易港としては、はじめ松浦氏の領内肥前平戶が知られていたが、一五七一年（元亀二年）大村純忠の領內に天然の良港長崎が發見され、外國商人の基地となつた。わが國からは銀や工藝品が輸出され、彼等よりは鐵砲のほか、シナ產の生糸・絹織物、南海產の香料等の奢侈品がもたらされた。

キリスト教の傳來　この頃、歐州では近代的な國家形成の氣運が高まるにつれ、ローマ法皇の權威を否認する宗教改革の運動(プロテスタント)が燎原の火の如く擴がつていつた。この新教の運動に對し、舊教（カトリック）の側でも、教會の積弊を肅正すると共に、舊教の立場を擁護しようとする運動が南歐に起つた。わけてもスペインの貴族イグナチウス・ロヨラ（Ignatius Royola）は同志七人とともに耶蘇會を結び、服從・禁欲・淸貧の三箇條をかたく守るとともに、新教の勃興以來法皇の失つた地盤を新世界において恢復することをはかつた。

かくて同志の一人フランシスコ・ザビエル（Francisco Xavier）も、同會から派遣せられて印度よりマラッカの地方を布教中、たまたま薩摩の一青年アンジローが罪を犯して來り投じたことから、わが國情が傳道に有望なことを知り、その青年の案内によつて、一五四九年(天文十八年)鹿兒島に到着した。これがわが國にキリスト敎の渡來したはじめである。キリスト敎はこの頃吉利支丹と呼ばれ、後に切支丹といわれた。ザビエルは領主の許しをえてこの地に布敎をはじめ、更に平戸・山口より京都に出たが、當時の京都は戰亂のために荒廢して傳道の見込が立たなかつたため、堺・平戸より再び山口に赴き、大内義隆の許可をえて、わが國はじめての敎會を設立した。

ザビエルは滯在僅か二年三ケ月にして日本を去つたが、一度まかれたキリスト敎の種は、引續き渡來した宣敎師によつて熱心に育てられた。殊に西南の諸侯は、國内富强の立場から貿易商人の來航を求めるため、いずれも宣敎師を手厚く保護し、敎會堂の設立を許したので、キリスト敎は年とともに隆盛となつた。大村純忠の如きは、隣國との交戰にあたつて軍資金に窮し、長崎の土地を敎會に提供した程である。かくて大名の中には進んで洗禮を受けて信者となるものもあり、大友宗麟・有馬晴信・大村純忠の切支丹三大名の如きは、宣敎師のすすめにより、一族の少年をはるばるローマ法皇の許に遣わした。もつて切支丹大名の熱烈な信仰と、當時の旺盛な海外發展の意慾を察することができよう。

第七節　文化の地方普及と庶民文化

1　文化の地方普及

京都における學問の狀態　かつて文化生産を一身に擔つてきた公家貴族もその經濟的窮乏・政治的沒落によつて彼らの學問研究は沈滯していつた。古典研究の分野では古今集が重んぜられ、一條兼良の古今童蒙抄がでている。しかし、學問研究も鎌倉時代からあらわれた秘傳思想をさらに增長させ、ついには傳授の風習を生んだ。また儒學は臨濟宗の僧侶によつて朱子學が研究されていつた。それらの禪僧はあわせて詩文にもひいでていた。主としてそれらの文學が京都の五山を中心に發達したところからこれを五山文學という。五山文學も夢窓疎石及びその門下の義堂周信・絕海中津以後は下り坂となつた。やがて僧侶も、應仁前後には地方の大名に招かれ、或いは戰亂を避けて地方へ分散する者がようやく多くなつた。

中央文化の地方普及　守護大名勢力の增大が室町幕府を根底から搖り動かし、幕府權力の後退は應仁の亂を一大分岐點として決定的となつた。守護及びその他の有力武士によつて領國大名領が形成され、一國或いは數國にわたつて完全な支配圈が成立したことはすでにみた。領國大名の中には彼らのもつ經濟力と地利的條件によつて外國貿易を行い巨利を博するものもでた。かくして領國大名に高度の文化を受け入れる餘裕が生れてきた。それと同時に、大名は國內統治の必要からも國內に學問その他の文化を興すことが必要であつた。武家の成長にたいし、一方、京都の公家は次第に沒落してゆき、特に應仁の亂による京都の燒亡は難をさけて地方の大名に身を寄せる公卿・禪僧を多く生み出した。こうした事情のもとに中央文化の地方普及が活潑におこなわれたが、そのことはそれと平行して行われた種々の典籍類の印版によつて更に促進された。また文化の地方普及において忘れることの出來ないのは琵琶法師・連歌師等の功績である。なお、大名の城下町を中心として多くの寺院がたてられ、これらの場所が地方文化の中心的役割を果していた。この時代における敎育方面の仕事は專ら寺院の僧侶によつてなされており、太田道灌・上杉謙信・織田信長・德川家康等も寺院において幼少時代の敎育をうけている。

地方文化の中心地　この時代の地方文化興隆の中心地として注目すべきところは、海外貿易で巨利を博した周防の大內氏の城下山口である。大內氏は政弘・義興・義隆等相次いで學問興隆に努力し、典籍類の出版を行い、特に義隆の時には戰亂の巷京都をのがれた公卿・僧侶・學者が集り、山口には京都文化の華が咲きほこつた。大內氏が陶氏に滅され、更に陶氏にかわつた毛利氏も文致を大いに興した。また九州肥後の菊池氏は、彼の城下町隈府(わいふ)に孔子の廟をたて、釋奠の禮を行つている。薩摩の島津氏も玄樹を薩摩に招き、その結果この地に朱子學の興隆がみられた。その他、關東では一四九三年（永享十一年）上杉憲實が圓覺寺の僧快元をまねいて下野の足利學校を再興し、儒學を講ぜしめている。ついで、北條氏康もこれを保護した。故に一時はここで學ぶ者が三千人をこえたといわれている。

2　庶民文藝の萌芽

この時代の文藝の特徴として、武士・新興市民層の支持のもとに芽生えた能・狂言および連歌・御伽草子等の流行をあげることができよう。

連歌　和歌の世界が傳統と秘事口傳にしばられ、沈滯をかこっていたのに對し、この時代の社會の上下を通じて流行してきたのが連歌である。連歌はすでに古くからあったが、初めは上下の句を二人で詠みあって一首の和歌にするという即興的な和歌の餘技としておこなわれていた。鎌倉時代頃からは五十句・百句と續けるくさり連歌が行われ、次第に和歌から獨立したものとなり、同時に武家・庶民の間に流行するようになった。そして南北朝時代に二條良基が菟玖波集を撰び、勅撰集に准ぜられてから連歌は和歌と對等の地位をえた。十五世紀後半頃（文明年間）に宗祇が、降って十六世紀初頭（永正頃）には山崎宗鑑がでて、よく連歌の形式・體裁もととのうとともに、また新しい發展の道が開かれていつた。宗祇には新撰菟玖波集があり、連歌の藝術性を高めると共に形式にとらわれるようになつた。これに對し、山崎宗鑑の犬菟玖波集は、宗祇の連歌が形式化したのに比して自由な表現を求めた。これはやがてのちの俳諧へのつながりをなすものである。

能・狂言 能・狂言は武士・庶民の愛好と保護のもとに隆盛になつた。能は唐の散樂の卑俗・滑稽な要素をとり入れてできた平安時代の猿樂および神社の田植の神事等におこなわれた田樂にその源流をもつ。鎌倉末期には猿樂・田樂のうちから舞踊が發達して能ができた。能は劇合に短い戯曲であり、その内容としては民間傳承や古い文學及び當時の世相等から題材をとつたものが多い。能樂師は大部分社寺を中心として座をむすんでいた。當時の能の系統は、幽玄を主とする近江系統、物眞似を主とする大和系統、その他丹波系統のものに分れる。なお大和系統から觀阿彌・世阿彌が出て猿樂を大成した。これ以後、能は武士層に特に愛好され、將軍をはじめ有力武士の援助のもとに發展していつた。この能の脚本が謠曲である。狂言は猿樂の滑稽な部分が發達してでき上つたものであり、その内容は當時の小大名・僧侶・山伏等を諷刺・嘲笑しており、また庶民の生活に題材を求め、戰國の世相をよく現わしている。ここでは當時の俗語・俗謠が用いられており、能に比してはるかに通俗的であり、庶民層に愛好された。

御伽草子 この時代の庶民文藝として新しく興つてきたのが御伽草子である。これは室町中期頃から数多くあらわれ、庶民・童幼の間に多く讀まれた。御伽草子の取あつかう題材としては種々の傳記・傳說・想像的物語・おちぶれ果てた貴族の出世譚・庶民の出世物語・戀物語、その他草木・鳥獸・虫魚を擬人化したものなど廣い範圍にわたるものがみられる。御伽草子のうち主なるものをあげれば、一寸法師・物ぐさ太郎・鉢かづき等があり、すべて通俗的な短篇からなつている。

3 東山文化

東山文化の社會的基盤

守護その他の武士・商人・職人・農民等すべての人々が自分の力で自分の生活を切り開くために活潑な活動が行われていた時、他方こうした形勢をよそに、大はばに移りゆく現實の世に背を向けて逃避的態度をもつて半ば自暴自棄からくる悠々自適の生活をおくつた人々があつた。それは將軍や京都の貴族に多かつた。將軍義政の如きは、武將が戰亂につかれ、庶民が軍費徵收の重税にあえいでいた應仁の亂後京都東山に銀閣寺をたてて風流の生活に身をやつしていた。ここに義政を中心として從來の貴族文化が磨きをかけられ、戰亂をよそに特殊な發達をとげたのである。この時代の文化を東山文化という。そして室町時代の文化はこの東山文化に結集されているともいえる。東山文化は、古來の風雅の精神と禪の精神が結びつき、簡素にして幽玄の境地を尙び、主觀的・精神的傾向が強い。またさきにも述べた五山文學の文藝がなお榮え、建築方面

雪舟の水墨畫

にも禪宗寺院の様式がとり入れられ、また禪僧による宋・元の水墨畫の勃興など禪の影響の强いことが認められる。

茶の湯　東山文化の特色として、茶の湯の盛行がみられる。茶の湯はすでに鎌倉末期から行われているのであるが、茶道そのものはこの時代に起り、儀禮的な方式が生れた。こうした茶道に對し、一般の間に和敬清寂をたつとぶ茶道が起つて來た。この傾向は奈良の茶人珠光によつて四疊半のいわゆる佗茶の法式を生み出した。茶の湯は更に京・堺の商人の間にうけいれられ、後の桃山時代にいたり茶道が大成するのである。

水墨畫　水墨畫では、東福寺の明兆・相國寺の如拙、周文等があり、雪舟及びその門流によつて山水畫に大きな發展がみられた。一方、土佐光信によつて漢畫の手法をとり入れて大和繪の復興がなされた。狩野正信は水墨畫と大和繪の特徴をよく生かして新しい畫風を興した。

彫刻　彫刻の面では、能の流行につれて能面に傑作があらわれたほか、餘りふるわなかつた。なおこの時代には高蒔繪がほぼ完成の域に達し、刀劍の目貫（めぬき）や小柄（こうか）では後藤祐乘などの名人があらわれた。

4　民衆佛教の發展

舊佛教の狀態　平安末期から鎌倉初期にかけて相ついで開立をみた淨土・禪・日蓮等の諸宗に對してしきりに壓迫を加えた舊佛教諸宗も、彼等の依つて立つた經濟的基礎である莊園が武士・農民におかされて崩れ去つたことと、舊佛教諸宗の歸依者たる皇室・公家階級が時を追つて沒落したため、その宗勢は增々ふるわなくなつた。舊佛教のそうした狀態に比して中世佛教諸宗はそれぞれ各宗のもつ特色を生かし、教線の伸張に懸命な努力を續け、その成果も華々しいものがあつた。

禪宗　臨濟・曹洞等の禪宗は、開祖當初の禪の本旨であつた不立文學・教外別傳が崩れ、儒教との結び付きがみられるようになつた。かつては、公家や武士のための武運長久を祈ることは禪宗の排斥するところであつたが、室町時代以後にはこの特色を放棄し、禪宗に結び付いていた將軍・地方土豪のために祈禱を積極的に行うように變つてきた。祈禱と葬式法要によつて、禪宗は中央・地方の武士階級の間に教線を伸していつたのである。特に足利將軍の歸依を受けた臨濟宗では京都と鎌倉に五山が定められ、僧錄司が置かれた。京都五山とは天龍寺・相國寺・建仁寺・東福寺・萬壽寺であり、この五山の上に南禪寺が位した。鎌倉五山は建長寺・圓覺寺・壽福寺・淨智寺・淨妙寺である。京都の五山の一部の僧侶は幕府の政治・外交上の顧問となり、大いに活躍している。なお五山からいわゆる五山文學が生れたことはすでにみた。

淨土宗　淨土宗も法然以後約十七派に分れて京都・地方の各地に發展していつた。この宗派が結びついた社會層は中央では公家貴族であり、地方では土豪・武士であつた。從つて淨土宗も禪宗と同樣に彼らが結びついていた武士・土豪の武運長久・延命息災を祈る祈禱的性格をもつようになつた。

日蓮宗　日蓮の開宗當時からこの宗派は地方の武士・都市の商人層等に受けいれられてゆき、特に關東地方に多くの信徒をもつたが、この時代には京都地方に大いに發展した。一五三二年（天文元年）には、細川晴元と本願寺との衝突に際し、日蓮宗は細川氏を援け山科の本願寺を焼いた。こうした京都における日蓮宗勢力の增大を憎んで、山門（天台宗）の僧兵は一五三六年（天文五年）京都の日蓮宗寺院二十一ケ寺を焼き拂つた。この結果、京都における日蓮宗の復興は一時阻止された。

以上の樣な禪・淨土・日蓮等の諸宗派は中央地方の武士と密接に結びつき、その政治的・經濟的支援のもとに教團の發展・維持をはかつてきたのであつた。これに比して農民・職人その他直接生産にたずさわる人々の間にうけ入れられ、それら人々の援助によつて教團を維持してきた宗派が一向宗（淨土眞宗）である。

淨土眞宗　眞宗は親鸞以來關東に布敎の努力が注がれたのであつたが、鎌倉時代末から南北朝・室町時代にかけて、眞宗發展の地盤は關東から近畿・北陸・東海等の地方へ移つていつた。文明以後は莊園制の崩壞と農民の惣村的結合の上にたつて眞宗は飛躍的發展をとげていつた。特に一四七一年（文明三年）以來本願寺第八世蓮如は北陸地方一帶に眞宗の地盤をきずくに功があつた。眞宗は發展の方法として村落内の名主出身の坊主を中心とする講＝寄合の形式をとつた。多くの農民は講において信心をホし、更におたがいの現世生活上の不滿をも語りあつた。本願寺および末寺の經濟的基礎は、これらの講を形づくつている門徒の志＝喜捨の上におかれていたため、莊園の上に寺院の經濟的基礎をおいた諸他の宗派の寺院が、室町時代以後莊園制の崩壞と共に經濟的に非常な打擊をうけたに比して、眞宗にはそのようなことがなかつた。農民その他の直接生産にしたがう人々が眞宗の門徒になり、講を中心として大きな組織の中に組み入れられるようになると、その團結の力を利用して守護大名等の誅求を排除するため、一向一揆が各地に頻發したことはすでにのべた通りである。一向一揆に對して本願寺の法主は封建領主に對して反抗するな、年貢は納めよ、公事は怠るな、としきりに說いたがきき目はなかつた。しかしこうした經過を辿つて眞宗はその勢力をできるだけ伸したのである。

なおこの時代には、一定の宗派によらない民間の信仰も盛んになつてきた。例えば地藏・觀音の信仰がそれである。

世界の動き

十二世紀の末、漠北に現れた一人の風雲兒は半世紀の間に世界の歷史を一變せしめた。卽ち蒙古のチンギズ・ハンである。これより蒙古の勢力は四方に擴大し、チンギズ・ハンの西征は北條泰時執權の初年まで續けられた。かくて蒙古はアジア・ヨーロッパに跨る大帝國を建設し、十三世紀後半在位したフビライは一二七一年國號を元と稱する。時まさにヨーロッパでは十字軍終焉の頃に當つていた。二度にわたつたフビライの日本遠征は此の直後である。（一二七四）。殊に二度目の弘安の役は、宋を滅してシナ全土を收めた餘勢を驅つて行われたものであつた。（一二八一）そしてマルコ・ポーロによつてヨーロッパに傳えられたジパングは、當時北條執權の世に當つていたのである。

此の元朝も中國征服以來九十年にして滅び、十四世紀後半中國は明朝の天下となつた。足利義滿將軍

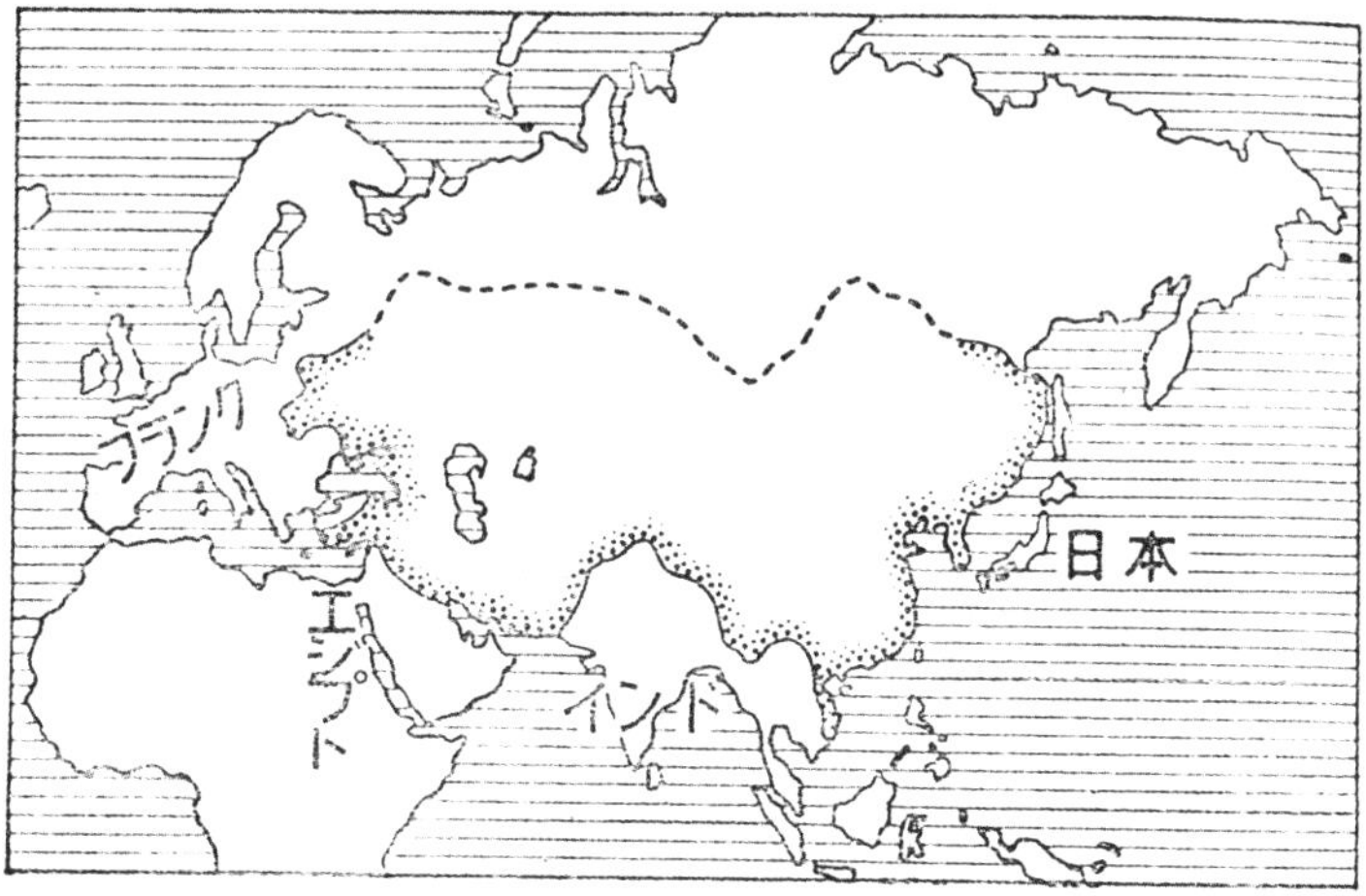

蒙古帝國

の初年である（一三六八）。明朝の盛時、洪武・永樂の朝は丁度日本でも室町幕府の最盛期に當つていた。しかし明も十六世紀嘉靖帝の頃になると、北は蒙古人に南は倭寇に苦しめられた。いわゆる北虜南倭であり、日本は戰國の世であつた。

この間南アジアには大きな變化が起つていた。それは十二世紀頃より活潑となつたイスラム勢力の東進である。十四世紀後半（義滿將軍）、中央アジアに興つたチムールは蒙古帝國の復興を念じて大帝國を建設し、その精神を承け繼いだバベルは十六世紀はじめ、ムガル帝國の基礎をつくつた。帝國の黄金時代を築いたアクバル大帝は十六世紀後半、戰國時代末から織田・豐臣、さらに江戸幕府の初年まで在位している。

アクバルと正に同時代、イギリスにはエリザベス女王が在位し、（一五五八―一六〇三）、ヘンリー八世の後を承けてイギリス絶對主義を確立した。十字軍は西歐の封建制度を崩壞させる一つの原因となつた。この頃より法王權は次第に失墜し、十四五世紀にわたつた百年戰爭（室町初期の約百年）を經て中央集權國家の體制が整い遂に國王の權力は絶對のものとなるに至るのである。ヨーロッパ中世の終焉、そして近世の到來を示すルネッサンスは、室町幕府の中期から後期にかけて行われ、莊園制が崩壞し大名が領國を獲得しつつあつた時代に當つている。この時代ポルトガル・イスパニアの商人は東方貿易の促進のため盛に新航路の發見に努力した。アメリカ發見（一四九二）。インド航路完成（一四九八）は戰國時代の初であつた。

やがて十六世紀初、室町幕府が一揆に苦しめられていた頃、ヨーロッパには宗教改革の嵐が吹き捲つた。ルター、カルヴィン等は新しいキリスト教を唱え、これに對抗してカトリック教徒の間でも改革の氣運がわき起つた。いわゆる耶蘇會が結成されたのは十六世紀中葉のことである。そしてその少し後はじめて日本にポルトガル人が來航し（一五四三）、間もなくカトリック教が傳えられた（一五四九）のも、ヨーロッパのこうした事情を反映したものにほかならない。

第四章　近世封建制の完成

概観

荘園制度を破壊しつくし、そのあとに大名領國を單位とする封建支配體制をきずきあげようとする社會の動きは、戰國の爭亂の中でしだいに完成に近ずいて、ようやく安定を求める機運が萠しはじめた。全國統一の覇權は織田・豐臣兩氏を經て德川氏の手に歸した。江戶幕府を中心とし大名諸侯の連合になる統一政權ができあがつたのであるが、各大名はそれぞれ獨立した軍事的經濟的組織をもつており、德川氏はその中の最大最强の大名として諸藩を制壓したにすぎないから、國民的な統一ではなかつた。

完成された封建體制を維持するために、社會を安定狀態に保つ政策がとられた。身動きもできぬ程の嚴格な階層的身分制度が社會のすみずみにまで及んで自由な行動を拘束し、人はその中で分に安んじることが何よりの幸福であると訓えられた。年貢を負擔する農村は封建制の基礎であるからその統制も最もきびしかつた。農民から一切の武器を取りあげて反抗の力を失わせるとともに、農村を商業から隔離して自給自足の自然經濟の中に閉じこめ、經濟的發展の途をふさいだ。

新たな封建體制の建設にあたり、領國大名は商業を利用してその支配力を强化する政策をとつたため、平和の回復とともに商業の全國に及ぶ發展はめざましいものがあり、富裕になつた都市町人は元祿の庶民文化の華を咲かせた。しかし保護の一面にはきびしい統制があり、鎖國によつて海外貿易との自由な接觸の途を斷ちきり、さらに農商の分離を通じて商人を物資の生產から遊離させ、これにただ年貢として領主の手に集められた物資の流通をつかさどるだけの役割を與えた。このような寄生的地位に甘んじている限り、商人は封建制度にとつて何ら危険な存在ではなかつた。封建體制のわくの中での發展が限界に達したのちも、都市町人はそのわくをつき破る方向へは進まずに却つて保守的になり、町人文化は元祿以降しだいに明るい性格を失つて頽廢するのみであつた。

堅固を誇つた封建體制も中期以後その基礎がゆらぎはじめた。止めることのできない社會の發展は、一方に武士層の財政窮乏と他方に農民の副業としての商品生産となつてあらわれ、ついに領主側が財政収入を増加するためにすすんで副業を奨勵するに及んで、貨幣經濟は急激に農村へ浸透して行つた。政治は靜止的安定の政策から、社會の生産力を進歩させてそれにより封建支配の再强化をはかるという强行政策へ徐々に轉換した。しかし堅固に組立てられた社會體制はこの方向轉換にたやすく順應してゆくことができず、社會の矛盾は激化して混亂を導き、農民と都市細民の反抗運動はしだいに高まつて封建的支配をゆるがせた。當時生産力の進歩にともない富裕な農民や商人による資本主義的産業の發達もようやく緒につきはじめていたが、鞏固な封建支配の壓迫はその成長を妨げ、反封建市民勢力の結集にいたる道はなお遠かつた。この段階においては封建制を廢棄しようとする下からの力が弱いため、支配體制内部の改革によつて社會に對する統制力を恢復しようとする動きに壓倒されて、危機は封建體制の再編制によつて解決されようとした。近代産業の育成は封建權力の保護のもとですすめられてゆく。

社會の近代化が封建的身分秩序を利用することによつて行われたため、封建制の不合理を批判する近代的合理主義の精神はその地盤をもつことができず、反封建的思想はついにこの時代を通じて十分な成長をみないで終つたのである。

第一節　國内の統一と對外關係

1　統一政權の樹立

信長の上洛　長い間殆んど一世紀以上にも及んだ戰國の爭亂にも、統一の曙光が見えてきた。群小の土豪は少數の大領主に統合され、單なる領土の擴張戰は海内の平定をめざす覇權の爭奪戰に變つていつた。この間よく諸侯を抑えて上洛に成功し、統一の第一歩を築いたのが織田信長である。

信長は尾張の生れで、桶狹間の一戰に今川義元を倒して武名を擧げ、根據地を淸洲から岐阜に移して西上の機をうかがつていたが、たまたま正親町(おおぎまち)天皇の招きもあり、將軍義輝の弟義昭がのがれて來り投ずるに及び、一五六九年（永祿一一年）義昭を擁して入京し、これを將軍とした。ついで淺井・朝倉らの連合軍を近江の姉川に破り、延暦寺を燒討し、一五七三年（天正元年）にはひそかに信長を除こうとした義昭を京都から放逐した。ここに應仁の亂以來殆んど有名無實になつていた室町幕府は全く滅亡した。

信長は更に越前・近江を平定した後、伊勢・加賀・攝津の本願寺教團を抑え、武田氏の兵を三河の長篠に破つた。かくて京都に近い琵琶湖畔の安土に壯大な城郭を築いた後、統一の軍を中國地方に進めたが、途中京都の本能寺において、部將明智光秀の叛にあい、業半ばにしてたおれた。

しかしその平定の事業にはまことに目覺しいものがあつた。これはひとえに彼が近畿に近い濃尾の平野を根據とし、その財力をもつて鐵砲その他優秀な裝備をもつ部隊を編成しえたことによるが、更に濃尾の土豪を率いて近畿に乘り込み、そこにみなぎる統一的氣運を巧みに利用したことにもよる。すなわち信長はこの封建的秩序を確立するため、領土を擴張する毎に、或いは檢地を强行し、或いは關所を撤廢し、樂市樂座の令を發して商品流通の發展をはかるなど、しきりに革新的な政策を斷行していつたのである。

秀吉の統一　信長の歿後、その志は秀吉によつて繼承された。秀吉は尾張中村の人で、木下藤吉郎と稱して信長に仕え、次第に部將の地位に進んだが、信長の先鋒として毛利氏と對陣中、本能寺の變を聞き、直ちに軍を返して光秀を山城の山崎に破つた。ついで宿將柴田勝家を近江の賤ケ嶽に討ち、三河の徳川家康と小牧・長久手に戰つてのちこれと和した。統一の業はこれより急速に進展する。天正十三年には、本願寺の據つていた大阪石山の地に壯大な城郭を築いてここをその基地とし、天正十六年には京都の邸宅聚樂第（じゆらくだい）に後陽成天皇の行幸を仰いだ。ついで西は九州に島津氏を降し、東に北條氏を滅したので、群雄もおおむね秀吉の威に服した。

秀吉の施政

秀吉は家康の如く将軍に任命されず、ただ關白として變態的な武家政治を開いた。これは彼の政權が家康程安定せず、諸大名の連合政權の如き觀があつたためであり、彼が皇室の權威をかりたのも、その不安定な政權をこれによつて强化しようとしたためであろう。秀吉は統一の戰を續けるかたわら、知行地の確立を目ざして全國に檢地を斷行した。檢地は六尺三寸一間の精密な丈量に基き、貫高を廢した石高によるものであるが、これによつて莊園的な遺制はすべて淸算され、鄕村の秩序は整い、本百姓を本位とする一地一作人の原則が定まつた。農民はすべて刀狩(かたながり)によつて武器を沒收され、商人は城下に集められて統制を受け、兵農及び商農の分離によつて身分的な秩序が確立した。

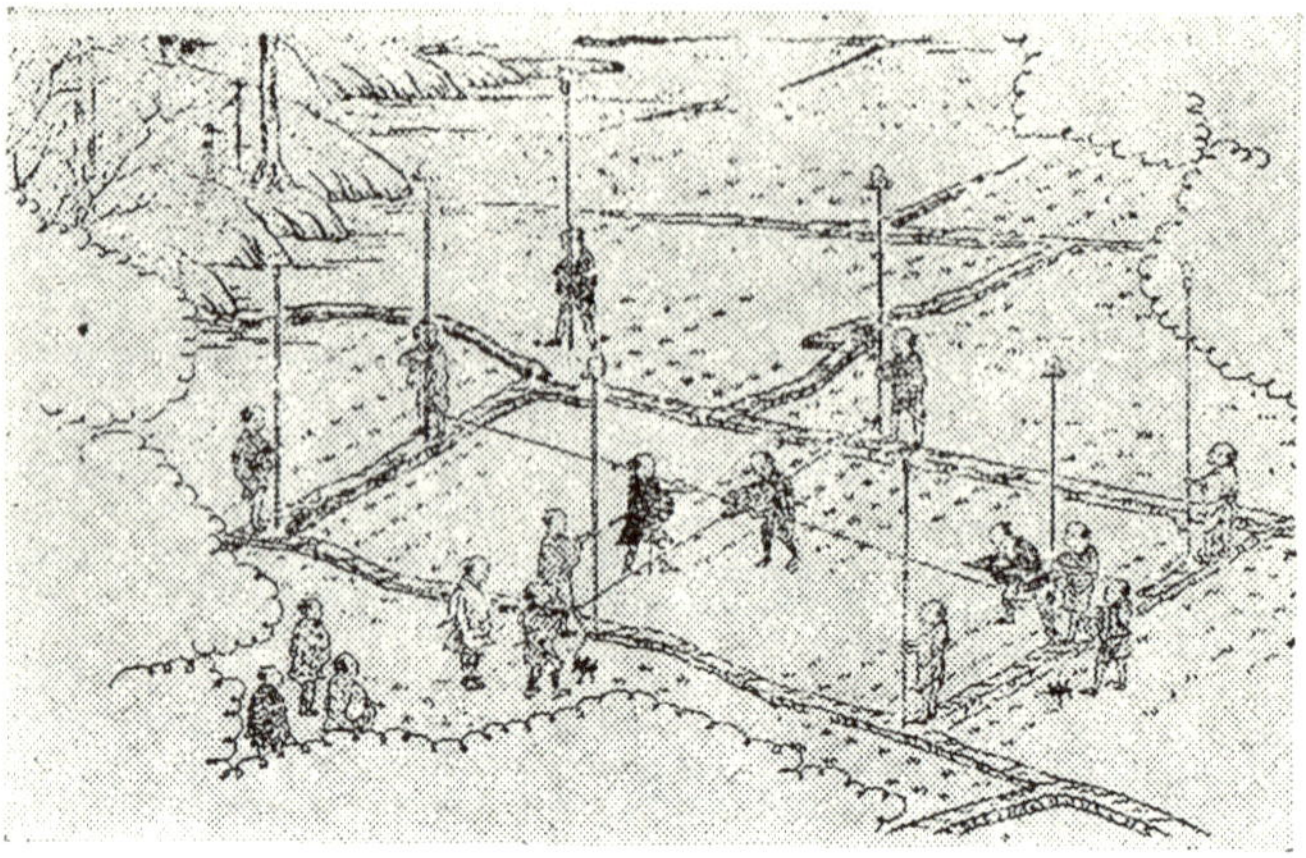

検地

しかしこのような政策を斷行し、全國を統一的に支配するためには、なお當時發達しつつあつた都市商品經濟をその掌中に確保しなければならなかつた。かくて全國の關所が撤廢され、度量衡の統一・樂市樂座の命の徹底によつて、商業の取引は一層圓滑となり、物價も大幅に下落した。ついで天正大判・小判の鑄造によつて貨幣が統一され、鑛山の直營、重要都市の直轄によつて、秀吉の財政收入は著しく增大した。秀吉の政權の弱さは、このような財政の充實によつて、ある程度補われたということができよう。

秀吉の外交　中世の末期、西南日本の經濟的發展は國民の海外進出を促したが、殊に國内の統一と外國船の渡來とは國民の貿易熱をたかめ、商人はもとより、龜井・鍋島・加藤の如く、西南諸侯にして海外貿易に乘り出すものも少なくなかつた。秀吉もまた商人に朱印狀を與えてこれを公認し、ひろく印度・呂宋・臺灣にまで書を送つて通商を求めたが、その書が彼國の入貢を强要する形をとつたのは、なおその外交が倭寇時代の氣風を脫していなかつたことを示している。

かくて秀吉は國内統一の餘威をかつて海外にまで兵を送ろうと企て、北條氏の滅亡後、急速に準備を完了し、一五九二年（文祿元年）三月、十五萬の兵を以て半島に上陸し、小西・加藤を先鋒として忽ち京城をおとし入れた。しかし戰が長びくにつれ、糧食の缺乏と水軍の不振によつて將士の意氣も次第に振わず、遂に講和の談判となつた。この時わが方の條件に勘合貿易の復活という一條があつたのは、當時の商人・大名の熱望をいれたためであろう。しかし講和は失敗に終り、一五九七年（慶長二年）再度の外征となつたが、各地に義勇軍蜂起してわが方に利なく、同年八月、秀吉の遺命によつて全軍の引揚げとなつた。かくて多くの人命を損傷したこの戰役も、豐臣氏の滅亡をはやめ、明の衰頽を招いたのみで終つたのである。

家康の制覇　三河の一豪族であつた家康は、そのすぐれた政治的才幹を以て早くより東海の地に勢力を確立していたが、北條氏の滅亡後は關東の沃野に巧みな民政を施し、外征にも參加せず、着々實力を蓄えていつた。秀吉の歿後、家康の專權を憎んだ石田三成等と、一六〇〇年（慶長五年）關ケ原に戰い、その將士を潰走せしめて天下の實權を掌握した。

かくて家康は一六〇三年（慶長八年）將軍に任命され、幕政の本據を江戸に置いて諸侯の統御に乘り出したが、なお秀吉の遺した巨額の財貨と要害堅固な大阪城とは統一の大きな妨げになつていた。ここに家康は種々の謀をめぐらしてその勢力の削減につとめ、遂に大阪冬・夏の陣を以て天下の堅城を陷れ、秀頼母子を自殺せしめた。時に一六一五年（元和元年）、應仁以來の戰亂は全く迹を絶つた。家康は後まもなく歿したが、その子秀忠・孫家光の時に至り、幕府の基礎はいよいよ堅くなつた。

2　貿易の隆盛と海外發展

家康の外交　家康は秀吉の轍にかんがみ、海外の諸國に對してつとめて平和な通商を結ぼうとした。朝鮮に對しても、對馬の宗氏を介して國交の回復をはからせたので、一六〇九年（慶長一四年）

には日鮮修交條約が成立し、ついで朝鮮信使の來朝となつた。琉球も島津氏の屬國となつた。明に對しては極力貿易の復活を求めたが、明は依然として鎖國の方針をとり、私貿易船のみ年を追うて來航の數を加えた。しかしこの明も朝鮮遠征の失費等によつて國力衰頽し、南滿に起つた奴兒哈赤(ぬるはち)の子太宗が代つて清朝を樹立した。

一方、ヨーロッパにあつては、十六世紀から十七世紀にかけて、新舊兩敎徒の爭いが、諸國の政治的對立と經濟的利益に結びついて種々の波瀾を起した。なかでも新敎國たるオランダは、舊敎國イスパニアの壓迫を排して獨立に成功し、商業と海運業とを以て盛んに活躍をはじめ、イギリスもまた毛織物工業を以て海上貿易に乘り出し、遂にイスパニアの無敵艦隊を破つて海上の覇權を獲得した。かくて英・蘭兩國はそれぞれ東印度會社を起して東洋に進出し、オランダはマレイ半島及びジャワを、イギリスはインドを根據として、西・葡兩國の植民地を侵し、次第にその商權を奪つていつた。

かくて一六〇〇年(慶長五年)三月、オランダの商船が豐後の海岸に漂着した。家康はこれを厚遇し、乘組のオランダ人ヤン・ヨーステン(Jan Yoosten)とイギリス人ウイリアム・アダムス(William Adams)を留めてその外交顧問としたが、その後引續いて來航した英・蘭兩國船に對しても、厚い保護を加えて、平戸に商館の設置を許した。キリスト敎の布敎を伴わない兩國船の渡來は、彼としても最も歡迎するところであつた。

しかしイスパニア・ポルトガル兩國人に對しても全く交渉を絶つたわけではない。慶長六年には、家康自ら宣教師を呂宋に遣わして通商の復活を求めると共に、その本國と信じていたノビスパン（メキシコ）にも、宣教師の歸國を利用して京都の商人田中勝助を同道させ、鑛山技師の派遣を求めた。伊達政宗もまた家康の援けをえて家臣支倉常長等をローマに送り、兼ねてイスパニアとの通商を求めた。呂宋と日本との貿易の衰えを恐れたイスパニアの反對によつて成立しなかつたが、ここにも家康の積極的な外交政策の一端がうかがわれる。

邦人の海外發展　家康は更に秀吉の始めた朱印船の制度を擴充して、邦人の海外渡航を奬勵した。折から國内では産業の發展も著しかつたから、多くの商人はこの氣運に乘じて南方に船出し、銀と引換えにシナ産の絹織物を中繼貿易によつて仕入れて歸つた。當時幕府が下附した朱印狀は、年平均十四隻に及び、渡航者の延人員八萬位に達した。大名としては、松浦・松倉・島津・加藤など、商人としては、京都の角倉了以・茶屋四郎次郎・大阪の末吉孫左衞門・堺の納屋助左衞門・長崎の末次平藏・松坂の角屋七郎兵衞など、渡航地としては十八箇國、印度シナ方面が最も多く、シャム呂宋の諸港がこれに續いた。これに伴つてわが邦人の南洋の各地に移住するものも多く、呂宋のマニラ郊外をはじめ、今日知りうる限りの日本町でも五ケ所に上つている。シャムにおいて名を擧げた山田長政もこの日本町の頭領であつた。

3 キリスト教の禁止と鎖國

キリスト教の傳播 戰國の末期に渡來したキリスト教は、貿易の利を追う大名の保護と、來世の福音を願う農民の信仰によつて、次第に全國に擴つていつた。信長は一五五九年（永祿二年）はじめて宣教師ルイス・フロイスを引見し、ついで京都に南蠻寺、安土に學校を設立することを許した。秀吉もはじめ貿易奬勵の意味から宣教師を保護したので、彼の側近には小西行長や高山右近の如きキリシタン大名も現われ、教勢はますます盛となつた。

しかし秀吉も國内の統一に伴い、漸くキリスト教に對して警戒の目を向けはじめ、一五八七年（天正一五年）九州征伐の歸途、博多において最初の禁教令を發し、長崎を直轄地とした。だがその半面貿易歡迎の態度をとつたため、禁教の效果は殆ど擧らなかつた。家康も關ヶ原の役後、しばらくは貿易の利を收め、鑛山の採掘その他に外國の援助を受けることを得策としたため、外教に對しても自然ゆるやかな態度を示した。

ここにキリスト教は大いに隆盛を示し、その教團も、耶蘇會の外、フランシスコ派・ドミニコ派・アゴスチノ派の三派が相次いで入國を許され、互にその傳道を競つたため、傳道の地域も四國・

中國・近畿・北陸・關東より、更に津輕・蝦夷地に及ばんとし、信者の數も一六〇五年（慶長一〇年）には七十萬に增加したという。多少の誇張があるにしても、僅か數十年の間に驚くべき發展の行われたことは確かである。

宣教師等は布教にあたつて、病院・孤兒院・癩患者收容所など各種の社會救濟事業を營み、普通教育の機關として、安土をはじめ各地にセミナリヨを設け、豐後の府內などにコレジョを設けて、傳道助手を養成した。キリスト教の教義書や種々の辭書類及び平家物語・イソップ物語をも、ローマ字或いは國字の活字で出版した。これに伴つてルネッサンスを經驗した新しい西歐文明が、わが文化の上に影響をあたえ、邦人の思想にも新しい世界觀を植えつけていつた。ラシャ・ビロゥドなどの外來語が、今日の國語となつている點を見ても、その影響の廣く日常生活に及んでいたことが知られる。

禁教　しかしこのキリスト教も、その教えが盛んとなればなる程、信者の行爲が封建道德と矛盾し、信者の團結は封建支配者にとつて大きな脅威となつて來た。その上、英・蘭兩國人は競爭相手たる西・葡兩國人を領土的野心ありと中傷したため、家康も次第に兩國人のキリシタン傳道を抑壓する態度を示した。更に秀忠・家光になると、貿易の利を犧牲にしてもなお嚴重に布教を禁止するようになつたので、武士・町人等の信徒もその壓迫に耐えかねて次第に轉宗し、都市における切支丹はほとんど影をひそめた。

しかし農村や僻遠の地方では依然として信仰が續けられ、信者等は壓迫に抗するため、相互扶助の團結をつくり、殉教の覺悟をもつて互に激勵した。幕府は信者を草の根を分けても捜索し、苛酷な拷問を行い、慘酷な刑を科した。かかる彈壓に對して勃發したのが島原の亂（一六三七年・寛永一四年）であつた。この一揆は多年領主の壓制に苦しめられていた天草・島原地方の農民が、キリシタンの迫害を機とし、少年天草四郎時貞を主將として立ち上つたものであり、その數四萬、原の古城に籠つて勢い猖獗を極めた。幕府は十萬の兵を送つてこれを包圍すること五ケ月、漸くにしてこれを平定することが出來た。

鎖國　幕府は島原の亂にかんがみ、信徒の探索を一層組織的に行い、宗門改役を置き、踏繪や宗旨人別帳の作成をはかつた。檀家制度もこれより確定する。

しかしこの禁敎を徹底するためには、海外との交通を遮斷する必要がある。すでに家光は一六三五年（寛永一二年）、邦人の海外渡航と異國居住邦人の歸國を禁じ、これを犯すものを死罪に處すると共に、從來制限のなかつたシナ船に對しても、以後長崎にのみ入港すべきことを令した。翌十三年長崎港内に出島（でじま）を築き、ポルトガル人をここに移したが、十六年にはその來航を全面的に禁止した。これより先、イスパニアは貿易上の紛議によつてわが國と關係を絶ち、イギリスもオランダとの競争に敗れて平戸を去つたから、殘るのはオランダとシナだけになつた。かようにして鎖國は、表面キリシタンの禁壓を目標としてのみ斷行されたように見えるが、しかしこれがシナ及びオランダを除くという徹底しない狀態に置かれたことについては、なおオランダが臺灣を根據として日本貿易を獨占しようとし、邦人の渡航を妨害するのみならず、しきりにイスパニア及びポルトガルに領土的野心ありと中傷した事情をも考え合せねばならぬ。また幕府が西南諸侯の外國貿易をとどめてこれを自己の手に獨占しようとした事情、更には幕府の强力な保護によつて生糸輸入の獨占をはかつた絲割符（わっぷ）の仲間が、その特權を保持するために、幕府の貿易統制の强化を望んだ事情をも擧げる必要がある。

何れにしてもこの鎖國は、封建制强化のためにはぜひとも强行せねばならなかつた政策であつたし、この鎖國によつて德川三百年の平和は漸くにして維持されたのである。國內の產業もある程度溫室的に助長され、開港後おしよせる外國資本の壓力にも、辛うじて對抗し得るだけの實力を蓄えることができた。しかし爲政者はこの鎖國によつて、僅かに長崎の窓を通して、シナ及びオランダから世界の智識を得たに過ぎず、前に傳わつた西洋文化も殆んどその影をひそめ、國民の大多數は世界の動きも知らず、太平の夢を貪り續けた。海外渡航の禁によつて、國民の自由向上の精神は萎縮し、獨善の風潮は遂に世界の進運から落伍する原因をつくつた。

第二節　近世封建社會の構造

1　幕府體制の確立

幕府の職制　信長・秀吉のあとを承けた家康とその後繼者たちは、封建制確立のために最後の努力をつくした。幕府は關ヶ原の役の後の論功行賞を機として、諸大名に對し或いは領地を沒收し、或いは配置の大轉換を行つた。このため將軍の權威は、前代よりも遙かに高大となり、その直轄地天領は、全國の石高約三千萬石のうち七百萬石を占め、軍事・交通上の要地や、重要な都市・鑛山はもとより、ゆたかな農業地帶をもすべて幕府領にして、量的にも質的にも他の大名を壓するようになつた。

幕府の組織としては、まずその中央に將軍あり、そのもとに老中があつて政務を統べ、若年寄がこれを助けて庶政に當つた。このほか臨時の職として、老中の上座に列して國政を總理する大老があつた。また社寺奉行(ぶぎょう)・勘定奉行・江戸町奉行があり、別に大目付(おおめつけ)と目付とがあつて、行政の査察に當つた。地方では、京都に所司代を置いて、公家に關する庶務と市政に當らせ、京都二條・大阪・駿府(すんぷ)には城代、天領には郡代(ぐんだい)・代官・奉行を置いた。これらの職制にはすべて譜代大名・旗

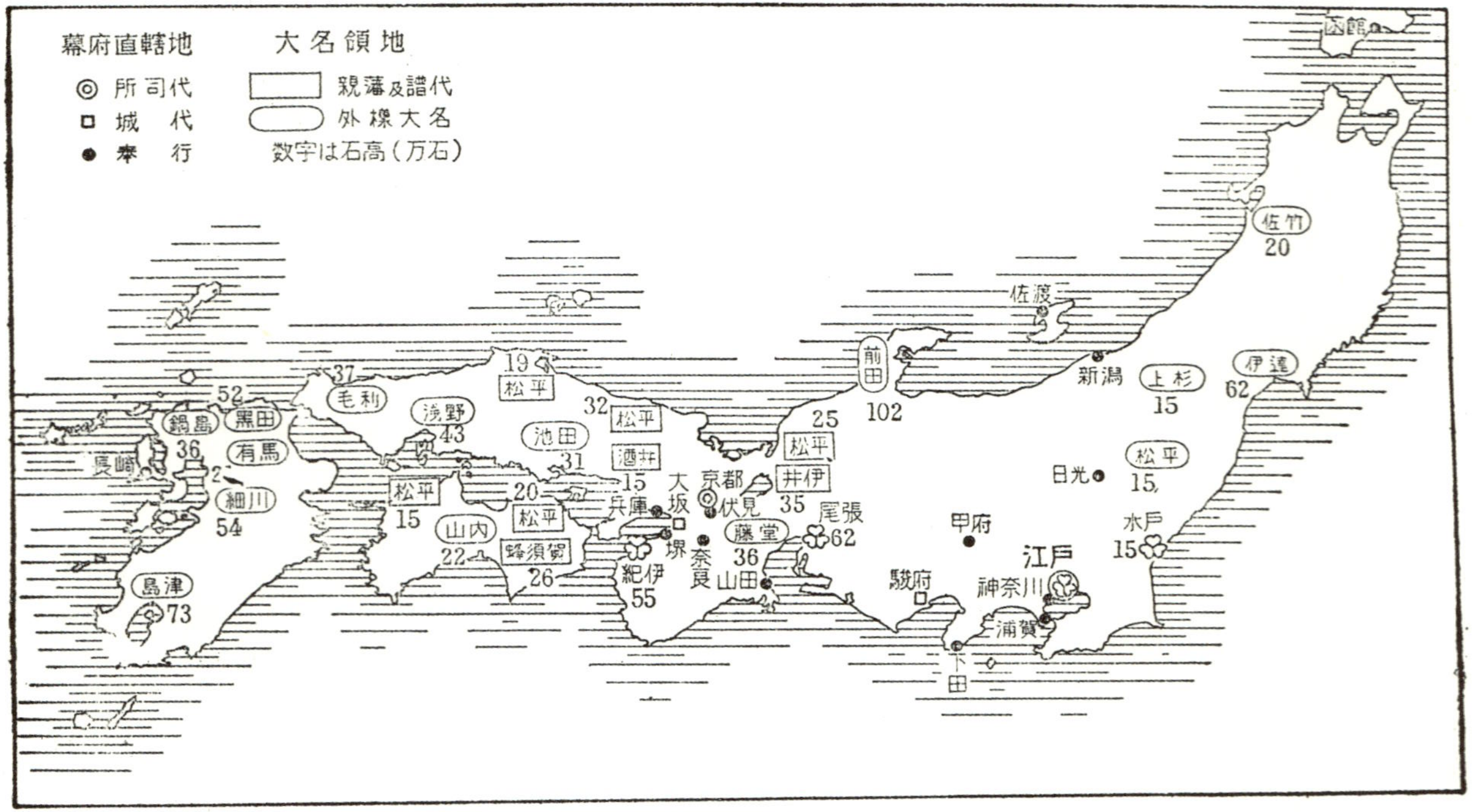
幕府直轄地
◎ 所司代
□ 城代
● 奉行
大名領地
親藩及譜代
外様大名
数字は石高（万石）
函館
佐竹
20
佐渡
新潟
上杉
15
伊達
62
松平
15
日光
水戸
15
江戸
神奈川
浦賀
下田
甲府
駿府
前田
102
25
松平
井伊
35
尾張
62
藤堂
36
山田
京都
伏見
大坂
奈良
堺
紀伊
55
兵庫
15
酒井
松平
32
池田
31
20
松平
蜂須賀
26
山内
22
松平
19
浅野
43
毛利
37
松平
15
黒田
52
鍋島
36
有馬
長崎
細川
54
島津
73

大　名　配　置　圖

本が任ぜられ、月番交代制が採用されたが、全體として將軍の獨裁政治の性質が一貫して強く現われている。藩も幕府とほぼ同樣の職制をとつた。藩主の下に年寄または家老があつて藩政を主宰し、藩主の江戸在勤中は城代が留守の任に當り、藩主の在國中は留守居が江戸の藩邸を預つた。

大名の統制　將軍の下にある大名は、親藩・譜代・外様（とざま）の三つに區別された。親藩は德川氏の一門をいうが、中でも尾張・紀伊・水戸の三家を御三家といい、諸大名中もつとも權威があつた。譜代は關ヶ原の戰以前すでに德川氏に屬していたもの、外樣はもと家康と同じく秀吉に仕え、關ヶ原の戰以後家康に服するに至つた諸氏で、前田（百三萬石）・島津（七十七萬石）・伊達（六十二萬石）等、邊境に置かれたが、領地の大きなものが多い。

大名の配置には特に注意を加えたと見え、關東・近畿及びこれを結ぶ東海道をはじめ諸國の要地を一族・譜代をもつて固め、外樣を奥州・四國・九州など遠隔の地に移した。その間、領地を互に錯綜させて親疏相制せしめた。この配置は巧妙の如く見えて、却つて西南雄藩蹶起の原因をつくつた。また武家諸法度（はつと）を制定して、將軍の命令を守らさせ、文武兩道を奬勵し、藩政を監督して、勝手に城を築き、黨を結び、婚姻を通ずることを禁じ、これに背くものを嚴重に處分した。末期養子（まつご）を許さぬため、幕府の初期四十七年間に取り潰しをうけた大名は五十八家に及んだ。

また参覲交代の制が定まり、諸國の大名は一年交代に江戸に滯在し、その妻子を江戸に置かねばならなくなつたため、途中の費用がかさみ、江戸での出費が增大し、大名はみなその負擔に苦しんだ。しかも江戸城の修築・東照宮の造營など臨時の國役も莫大な額に上り、諸藩の財政窮乏はこれによつていよいよ激しくなつた。幕府の大名に對する政策の苛酷さが察せられる。

朝廷・寺院の制御　朝廷は封建制の發達以來、政權を武家に讓り、政治上では殆んど無力の狀態であつたが、なお傳統的權威を持ち、ともすれば反幕府勢力の中心として利用される危險があつた。よつて幕府は表面ではこれを尊崇しながら、他方、禁中並公家諸法度を制定して種々の干涉を加え、諸大名の朝廷に接近することをも極力警戒した。いままで世俗的勢力を持つて統一を妨げていた寺院に對しても、寺院法度を下して敎權の自立性を奪うとともに、寺請（うけ）や檀家制度を通して寺院を封建支配の機關として利用した。

2　社會機構の整備

封建秩序の形成　封建制が確立すると共に、封建の首班たる將軍の地位は著しく强固になつた。將軍は、一方では廣大な領地と多數の御家人・旗本を擁すると共に、他方諸侯に大小の封地を分與してこれに行政權を委ねた。封地の分與は封建關係の根本をなすものであるが、この時期には封地の代りに祿米（扶持米）を給するものが増加した。かかる封地關係・俸祿關係に對應するのが、封建的な臣從關係である。諸侯及び旗本は将軍の直參として忠誠・軍役・公役等の義務をにない、陪臣もまた主君に同様の忠誠を誓つた。當時人口の九〇パーセントを占める庶民は、この封建家臣團によつて支配されたが、その社會にあつても主家と奉公人との間にこれに準ずる嚴重な主從關係が行われていた。

身分制度　この封建秩序を裏付けるのが複雜な身分制度である。士農工商の四民を基本的な身分とし、外に公家・僧侶及び賤民の諸身分を含み、各身分はまた門閥格式によつて一層細かな身分に分けられた。

（イ）武士　兵農分離によつて、武士の多くは都市に住み、消費者となつた。支配階級として絶對的な權威をもち、苗字と兩刀とを榮譽の印とし、庶民に對しては切捨御免の特權さえ許された。

将軍の家臣としては、まず将軍の直參たる旗本・御家人がある。旗本と御家人の差は、将軍謁見の資格の有無による。享保年間の調べによると、旗本五千、御家人一萬七千、有力な旗本の家臣を加えるとほぼ旗本八萬騎というに相當する。大名は一萬石以上の領主であるが、その陪臣には藩主の同族である一門から若黨・仲間・足輕に至る多くの階層があつた。なお特殊なものとして郷士と浪人とがある。郷士は大名から土地を受けて日頃は農事に従い、戰時は軍務に服するものと、由緒または治水・献金等の功勞によつて武士の資格を與えられたものとがあつた。主君を離れ、祿を失つた武士を浪人という。この中にはもとからの浮浪武士や戰爭における敗北者も少なくないが、關ケ原役や大阪兩陣、更に大名の改易等によつて主家が斷絶し、浪人となつたものが多い、これらの浪人の中には町人や郷士となるものがあり、武士の身分をもつものも專ら學問・武藝に身をかため、あるいは寺子屋の師匠になつた。

（ロ）百姓　いわゆる庶民に屬する農工商は、名のほかには姓を名乘ることもできず、あらゆる點でその自由を束縛されていたが、このうちでは貢租の擔當者たる農民が表面的には首位を占め、實際には領主から嚴重な統制を加えられ、もつともみじめな狀態にあつた。初期の檢地帳に記載された百姓は、作人すなわち地主たる本百姓だけであるが、現實にはこれに記載されない多數の間人・名子・被官などと呼ばれる小農民たちがあつた。これらは全く貢租の對象とならず、したがつて村政に對しても何等の發言權をもたなかつた。このほか大百姓の下に譜第の下人が抱えられていたが、年季奉公人の數も增加してきた。

（ハ）町人　都市に住む商工業者を町人という。四民のうちもつとも身分が低く、稅を納めず、冥加銀を納入したが、都市の發達と共に次第に地位を高め、苗字帶刀さえ許された。町人の中には土地や家をもつ地主・家主とそれを借りる地借・店借があり、おのずからその町における二つの階層をつくつていた。大きい商家になると番頭・手代・丁稚・小僧などの奉公人があつた。これらは主人に對して賃銀で傭われたものでなく、主家の一員として生活し、成年になつたとき暖簾を貰つて獨立した。手工業者は普通に職人といわれるが、その中には祿を貰つて幕府や諸侯のために働く御用職人と、その配下にあり、あるいは獨立して營業する平職人があつた。徒弟は親方の家に起居して親方の仕事を助け、かつその技術を學び、七年・十年等、一定の年季を經ると獨立する。

（ニ）　このほか特別の身分として、天皇とその一族及びこれをめぐる朝臣がある。この公家も殿上人たる堂上家と、昇殿を許されぬ地下人とに大別された。僧尼は神官とともに敎化階級として平民の上に位し、神官は武士と同樣、苗字帶刀を許された。この外、皮革業者・猿まわし・鳥追などさまざまな業をもつ賤民や非人の群があり、一般との結婚を禁ぜられていた。

このように複雜な身分制度にあつては、その身分はほとんど固定し、職業は家について世襲化し、自由に他の職業をえらぶことを許されなかつた。結婚も同一の身分間に行われ、言葉使いは上下別・職業別・男女別みなそれぞれに異り、手紙の書式・住居・服裝・食事のすべてにわたつて差別が設けられ、それを破ることは社會をみだす行爲とされ、場合によつては嚴重に處罰された。

家族的秩序　このような身分關係に對應するのが家父長的な家族制である。封建制の確立に伴い、長子の單獨相續が發達し、家系の維持と祖先の祭祀とが重要な意味をもつてきた。家長は家族に對して絕對的な權威をもち、親は子に對し、夫は妻に對して常に無理な服從を強要し、命に服さぬときはほしいままに勘當・離緣をなすことができた。この家父長の權威は後れた農村にあつては、その家族の中に含まれた非血緣の下男・下女・雇人はもとより主家と世帶を別にする名子たちに對しても適用された。本家・分家の間にも嚴重な服屬關係が成立していた。武家や大きな商家でもこの種の家族・同族の關係があらゆる面に強くあらわれているが、都會では一般に小家族に分裂してゆく傾向があつた。なお日傭取や博徒・非人の間に家父長制家族の反映とも見るべき親分・子分の關係が廣く成立していたこと、一般に男尊女卑の觀念の強かつたことともこの時代の特色である。

3　鄉村の組織と統制

鄉村の組織　近世の村落は本百姓の成長によつて發達したものであり、その源流は中世末期の村落結合に認めることができる。そのなかには早くから土豪によつて開拓された村もあれば、落武者の開いた山間の部落もあるが、もつとも多かつたのは、近世になり新しく計畫的に開發された新田の村落であつた。村の戸數は場所によつて異るが、ほぼ五六十戸を普通とする。政治的にも社會的にも一つの單位として認められ、訴訟や契約や貸借にも村がその當事者となることがあり、村全體の連座する場合さえあつた。

村には名主・組頭・百姓代などの地方三役があり、郡代や代官の命を受けて村を治めていた、庄屋は尾張以西、名主は三河以東に用いられるが、藩によつて肝煎・乙名などとも呼び、多くは世襲か數軒の家で廻り持ち、または年番につとめた。選擧できめた所もあるが、選ばれる家は大抵一定していた。組頭は庄屋・名主の補佐役として一村に三人か四人、百姓代は村民の利害を代表するものであるが、一般に名主や庄屋の權威が強く、その善惡は村民の生活に大きな影響をあたえた。中には一揆の指導者になるものもあれば、池や堰を築き、今に「何右衞門堰」の名を殘したものもある。村民の間には五人組の制度が設けられ、相互の檢察・互助救濟に當つた。いくつかの村落は更に郷・組を作り、大庄屋・割元・總代などによつて支配された。

概していえば、近畿など比較的商業・高利貸資本の發達した地域では、經營規模の小さい本百姓が均質な共同體を形成したが、それでも家格の古い大地主が村の中樞にあり、入會や用水など村落の共同施設を優先的に利用していた。まして東國や九州など邊境の地域になると、手作地をもつた大地主が多く、下人あるいは名子による賦役勞働が廣く行われていた。

農民の統制　貢租の中心をなすものは田畠であり、他に附加税として夫役・口永、雑税として小物成・浮役などがあつた。田租は殆ど米納であつたが、畠租や小物成には種々の生産物や金納もあつた。夫役は一般に減少し、河川の土木工事や參覲交代その他の助郷に人夫として出す程度になつた。領主は年貢の割當に當つて、まず檢地を行い、田畑の收穫高や石高・石盛を定め、その四割・五割を税額とした。七公三民・八公二民というひどいものもある。

領主は租税の徴收を充分ならしめるため、五人組を利用して相互の檢察をさせると共に、微細な點にわたつて種々の制限を農民に加えた。その一つは土地の自由處分の制限である。幕府は一六四三年（寛永二〇年）以來度々田畑永代賣買の禁を發し、一六七三年（寛文一三年）には分地制限令を出して、普通の百姓は高十石・面積一町以上を殘し、それ以下に土地を分割相續することを禁じ、事實上賣買となるような土地の質入・抵當・寄進をも嚴重に制限した。これらは何れも生活不能な零細農の增加を防ぐためで、この時代、二十二ケ國以上に行われた土地割換の制度も、封建領主が農民の窮乏によつて、その所有田畠の分散を恐れたためと思われる。この外日常生活についても、普通の百姓は布木綿、名主は紬までと規定し、米食を制限し、雜穀食を奬勵し、茶・煙草を禁ずるなど、事こまかな制限をなした。更に移住はもちろんのこと、旅行や他村との交通・縁組にも制限を加えるなど、農民の自由を抑壓して貢租の完納を期した。しかしこの嚴重な制限も、幕府支配の動揺によつて次第にその強制力を失つていつた。

4 幕府の文治政策

文教の奬勵 封建制が確立し、都市が發達するにつれ、幕府も單に武力だけで政治をとるわけにはゆかなくなつた。幕府は多くの法度を制定し、法律の力を以てその秩序を維持すると共に、學問の力をかりてその專制政治を合理化し、武家の權威を樹立しようとした。

すでに家康は武家諸法度の中で武道と共に學問の尊むべきことを說き、古書の蒐集に努力しているが、その學問の中でも特に重視されたのは儒學であつた。この思想にあつては、この世の秩序をすべて天命としてこれに從うべきことを敎えているが、特に宋の朱熹の大成した朱子學は、君臣の關係を重んじ、これをすべての秩序のもととした。家康が京都から藤原惺窩を招いて學を講ぜしめ、林羅山を登用したのも、そうした點に共鳴したためであろう。その後林家の學は儒學の正統派として長く學界に君臨したが、その反面冷靜な學問的態度を失つてしまつた。これに對し土佐の海南學派の流れをくむ山崎闇齋は獨特の學派を立て、明の王陽明の系統をうける中江藤樹や熊澤蕃山等も德行すなわち學問として大いに實踐の學を提唱した。こうして儒學の振興に伴つて權威と服從の思想は士農工商の各層に滲透し、封建的な觀念が築きあげられた。

文治政治の展開　しかし草創の當時はなお戰國殺伐の氣風が遺つていたため、幕府も權力の强化と治安の維持に、しばらくは武斷的政策をとらざるを得なかつた。ところが家光の死後起つた軍學者由井正雪の亂は、幕府をして彈壓政策の不可なることをさとらせ、浪人抑壓の方針を緩和させたが、この頃より幕府の政治にも著しく文治主義的な傾向が加つてきた。家綱の弟綱吉の代になると殊にそれが明瞭となつた。綱吉ははじめ堀田正俊を擧げて政治の肅正に效を擧げたが、正俊が殺されて後は、輕輩の子たる柳澤吉保を側用人として拔擢して政務を一任した。複雜となつた政局の擔當者として、新しく門閥も家格も低いが吏僚的才幹と知識とをもつ氣鋭の側用人が從來の政治家に代つて登場したわけである。

綱吉の施政はまず儒學の振興に向けられた。彼の好學はただに林信篤を召して「大學」を聽講するばかりでなく、一六九〇年（元祿三年）から毎月大名・旗本及び儒臣等を集めてみずから四書五經を講じた程である。同年湯島臺に大成殿を建てて孔子の像を祭り、林信篤を大學頭に任ずると共に、その私塾をここに移して學生の養成に當らせ、以後長く幕府の文教を掌らせた。

しかしその綱吉も晩年には政治に倦み、奢侈に耽つたばかりでなく、佛教に凝つて護國寺など寺塔の修造につとめた。彼が生類憐みの令を出し、江戸の郊外中野に宏大な犬小屋を建てたことはいわゆる「仁政」のあらわれであろうが、常軌を逸した行爲といわざるを得ない。しかもこの時種々の天災地變が相ついで起つたため、彼の放漫な政治と相まつて幕府の歳入は次第に減退し、さすが潤澤を誇つた慶長の金銀も漸く不足を告げた。綱吉はこの窮境を打開するため貢租の増額をはかると共に、勘定奉行荻原重秀の議によつて貨幣の改鑄を斷行した。悪貨の流通はおのずから物價の騰貴を來し、世は擧げてインフレの波に襲われたが、その反面、この時期になつて著しく進んだ産業の開發・物資の增産と共に風俗を華美にし、世に太平無事を謳う元祿時代を現出した。

諸藩でも寛文・元祿の頃、前後して藩制を整え、文教を奬勵して治績を擧げたが、その中でも岡山藩の池田光政・會津藩の保科正之・水戸藩の德川光圀・加賀藩の前川綱紀などは發達期の藩政の典型である。藩校の設立されたものも相當に多い。

新井白石　文治主義の政策は、新井白石に至つてその最高潮に達した。白石は綱吉が死んで家宣が將軍になると共に登用せられて、弊政の改革に當ることとなつた。その第一は貨幣の改鑄に着手して良質の貨幣を發行すると共に、銀の海外流出を防ぐため長崎貿易を制限することであつた。しかし彼の本領ともいうべきは、幕府の威容を張るためにその學殖を傾けて制度や禮式の修飾につとめたことである。朝儀の再興や閑院宮家の創立をはかつたのも、朝廷の權威をかりて封建的な秩序を一層整えようとしたためであるし、朝鮮來聘使の待遇を改めたところにも、國家に對する自覚の念が現れている。

しかも白石の半生にわたる苦鬪の生活は、彼の政策にも人間味のある態度をとらせ、外人宣教師といえば殆ど近ずくを恐れた幕府有司の中で、彼だけは拘禁中のヨハン・シドッチに接近させ、謙虚な態度で海外事情を聽き取る程の理解力をもたせた。白石は歴史・言語・宗教等、多方面に、當時としては驚くべき清新かつ考證的・文献的方法による學問的業績をなしとげ、學者としても近世史上特筆すべき人物となつた。しかしかれの施政（正德の治）も、概ね儀禮や制度典禮の整備といつたような、民衆の生活とは凡そかけはなれた問題に重點が置かれ、封建制そのものに根ざす改革ではなかつた。貨幣の改鑄に當つても、數量を減じて却つて經濟界の混亂を起すなど、彼の政治には常に現實と理想との不一致が認められる。文治主義の政策も現實の破綻の擴大によつて漸く行きづまりを見せてきた。

第三節　都市の繁榮と町人文化

1　都市及び商業の勃興

産業の開發　國内平和の確立と領主の保護によつて、産業界は元祿の前後から著しい躍進ぶりを示した。農耕技術の改良と水利施設の改善とが、耕地面積と農產物の額や種類を增したことは勿論である。木棉が栽培され、農家の副業に養蠶業の普及したことも、種々の工業用原料植物の栽培と共に、生活必需品を增産する基をつくつた。水產業としては、九十九里濱のいわし・南海のくじら・北海道のにしん・鮭の漁獲がさかんとなり、水產物加工品の中いりこ・ほしあわびなどは長崎貿易の輸出品となつた。幕府はまた前代よりの伊豆・佐渡・石見の金銀山を經營すると共に、新たな金銀銅山の開發につとめたから、採鑛の技術は進步し、產額は年々增加した。

工業ははじめ都市を中心として繁榮し、後に副業的な家內工業が農村に起つた。なかでも製絲・織物業は生活の向上と共に隆盛に向い、西陣織・博多織など、今日の機業の源流はほぼこの時に發する。この外、瀨戶・有田の燒物、越前の奉書・鳥子・杉原、池田や灘の酒、野田の醬油など、交通の發達と諸藩の國產奬勵によつて地方に多數の名物名產が生れた。

都市の勃興　かような產業の勃興に伴い、城下町を中心として、港町・宿場町・寺社門前町など各種の都市が興つた。なかでも諸侯はその軍事的・政治的據點たる城下町に對して他の都市にまさる特權を與えた。城下町の大きさはほぼ大名の石高に比例したが、なかでも大きかつたのは幕府の所在地たる江戶であつた。ここは一六〇三年(慶長八年)家康が全國の霸權を握つてから漸く城下町としての形を整え、參覲交代制の確立以後、家臣團の大量居住によつて急激に膨脹し、その盛時において百萬をこえた。これに對し、大阪は四十五萬の人口と一萬以上の問屋・仲買人を擁し、天下の臺所として商業及び金融の中心地と見なされた。諸藩も各々藏屋敷をここに設けて、國許の年貢米や物産を賣捌いたが、都市としての規模は江戸に及ばなかつた。長い傳統をもつ京都も工藝の都として榮え、人口約三十五萬に上つた。このほか、城下町としては金澤・仙臺、商工都市としては堺・松坂・桐生・足利、港町としては長崎・下關・新潟・青森、宿場町としては東海道の品川・三島・島田、門前町としては奈良・山田・長野・日光等が名高い。

しかし封建時代の都市は今日考える程自由ではなかつた。都市の警備は嚴重で、町中至るところに木戸が設けられていた。自治といつても市民のすべてが參加するわけでなく、その運營の衝にあたる町年寄や町名主は町内の富豪や地主によつて占められた上、領主より嚴重な統制を受けていた。商工業者の間に、元祿の頃からギルド的な同業組合たる仲間（なかま）を結ぼうとする保守的な傾向があらわれはじめるに及んで統制力はますます强化された。こうして株仲間は都市の商工業に對して强い統制力をもつようになつたけれども、なお西歐の如く市政に參與する程權力を伸ばすことができなかつた。とはいえ村にくらべれば領主の統制がゆるやかである上に、ゆたかな經濟力による生活の向上が著しかつたので、ここを地盤として新しい都市文化が目覺しく發達した。なかでも港町は商品流通の發達と共に次第に國内市場形成の一環として重要な意味をもつてきた。

交通の發達　都市の勃興に伴い、これを結ぶ海陸の交通・運輸の方法や施設にも相當の進歩が

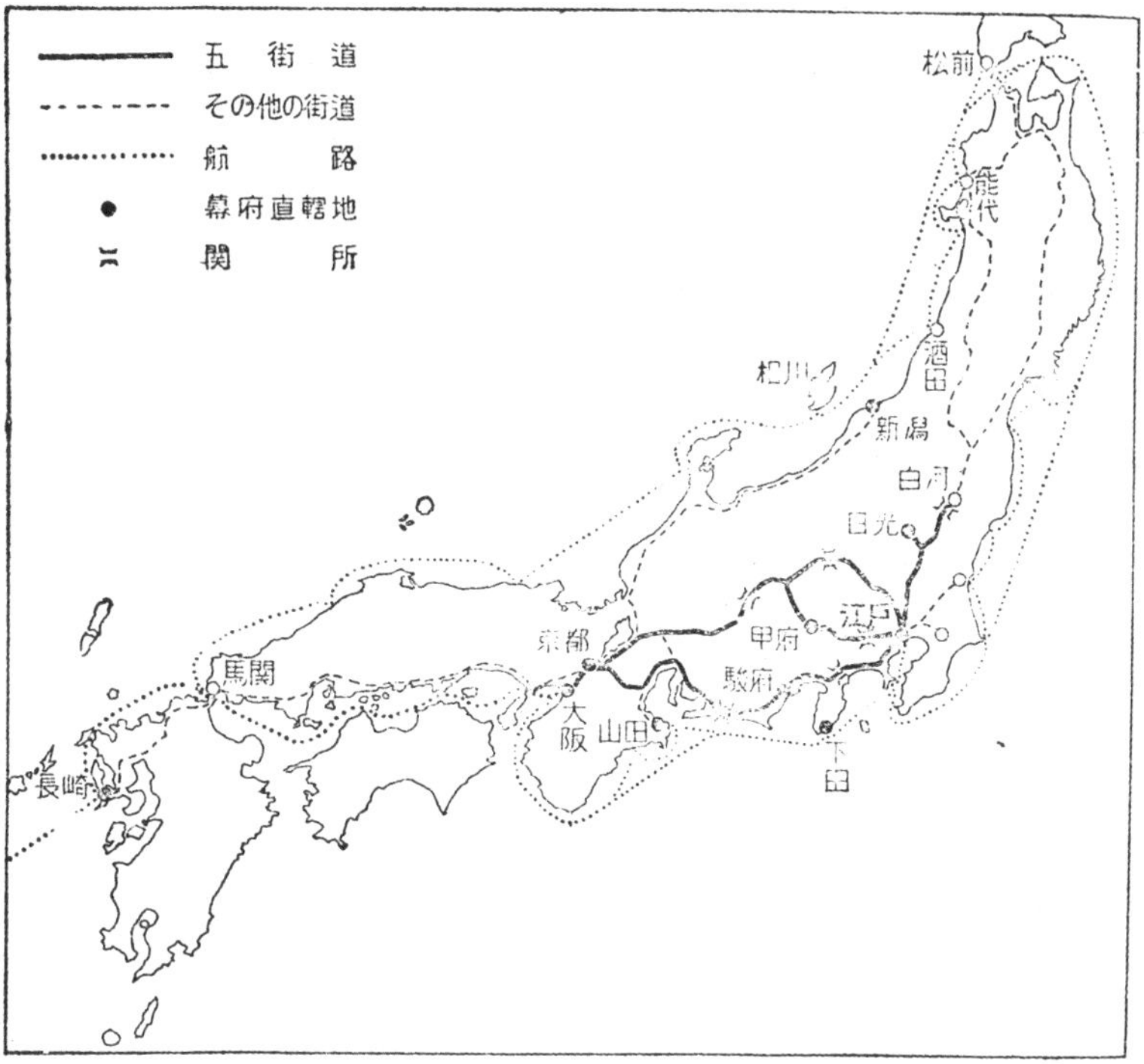

江戸時代交通圖

認められる。ことに参覲交代制の實施は、街道の交通施設を充實させ、消費都市江戸の膨脹は、江戸に對する物資の輸送を盛にした。當時全國的陸上交通の幹線で道中奉行の支配下にあったものは、東海道・中山道・奥州街道・甲州街道・日光街道の五街道であるが、それらは何れも起點を江戸日本橋に置き、幕府の集權的な支配を助けるようにつくられている。宿驛には問屋場があって傳馬の世話をし、常備の人馬で足りないときは、近郷の農村から助郷として人馬を徴發した。しかし五街道の交通は主として武士の利用を目的としたものであったから、商人はむしろ脇往還を多く使つた。しかも幕府は軍事及び治安維持の立場から、東海道の箱根・新居（あらい）、中山道の碓氷・木曾福島などに關所を設け、東海道の天龍川・大井川等にわざと橋をかけなかつた。

これに反し、水運は物資の輸送を大規模に、しかも格安に行い得たため、大船の建造と遠洋航海禁止のなかにあつても、沿岸交通のみは相當に榮えた。ことに大阪より江戸に向け、菱垣（ひがき）廻船や樽（たる）廻船を利用して、木綿・綿・油・酒等が定期的に輸送せられた。これについで出羽・陸奥より太平洋岸を江戸に至る東廻航路と、日本海を經、下關海峡を迂廻して大阪に達する西廻航路が、共に江戸及び京阪地方に奥羽・北陸の米穀及び木材・海産物等を輸送するために開かれた。利根川や淀川の河川も相當に利用されたらしい。通信機關としては飛脚の制があり、書札・小荷物の遞送のほか金をも取扱い、通信網は全國にひろまるに至つた。

貨幣及び金融　幕府は國内の統一後、商業取引の圓滑な發達をはかり、財政の充實に資するため、貨幣の發行權をその手に掌握し、金銀錢の三貨を發行した。これはその中央集權を經濟方面から裏打ちする結果となつたが、同時に存立の基礎を貨幣經濟の上にも据えたものである。發行の機關としては、幕府直轄の金座・銀座及び錢座の三座がある。金貨には大判・小判、銀貨には丁銀（ちょうぎん）・豆板銀などがあり、幕府の財政の缺乏を補うためにたびたび改鑄された。錢貨は寛永通寶が長く標準幣貨となつた。紙幣はまだ行われなかつたが、諸藩では領國經濟の融通をはかるために、藩札を發行して貨幣に代えた。多額の貨幣の流通に伴い、小規模な錢兩替が盛んになつたほか、預金・貸付・爲替・手形發行等、今日の銀行にも似た金銀の本兩替が起つた。

商業の繁榮　この時代の商業は、鎖國による外國貿易の制限と、津留その他の方法による封鎖經濟政策によつてその順調な發展を阻まれていたが、貨幣經濟の發展に伴い、諸藩の財政窮乏はいよいよはげしく、諸侯は都市における消費生活をまかなうため、莫大な年貢米を毎年市場に賣り拂つて貨幣と換えねばならなくなつた。この場合、諸國ではまだ多量の米を取引出來る程商業組織が發達していなかつたため、藩米の大半を江戸や大阪の藏屋敷に送つて、これを賣りさばいた。諸藩の專賣品、たとえば薩摩の砂糖・阿波の藍玉・會津の蠟なども同様な方法で江戸・大阪に送られた。

かくて江戸・大阪を二大中心地、地方の都市を小中心地として、全國的な商品流通網が出來上り、北海の水產物は江戸市民の食膳を賑わし、灘の銘酒は九州の港で賞美される狀態となつた。これに伴ひ商業の取引にも爲替手形を用いる信用取引が發達すると共に、重要商品については專門の取引所が生れた。ことに大阪堂島の市場では、投機的性質を帶びた延賣買が許された程である。また商業の生產からの分化が著しく、專門化した商人が增大し、問屋・仲買・小賣商等の區別がますます明かとなつた。問屋として有名なのは、江戸大阪間の輸送にあたつた江戸の十組問屋と大阪の二十四組問屋であつたが、この外、商品別・產地別の問屋等夥しい數に上つた。商家の大きいものは各地に出店や枝店を設け、家計と經濟とを分離した。しかし一方では、近江商人や富山の藥賣のように封鎖領域を越えて行商に活躍するものもあつた。

町人の擡頭　都市商業の發展は町人の經濟力を增し、商業資本の蓄積を大にする。しかし鎖國によつて海外に投資することを許されなかつた當時、その資本は專ら大名や庶民に對する高利貸資本として働いた。なかでも諸侯の藏屋敷にあつて、その藏物の出納や賣却代金の保管に當つていた藏元・掛屋には、富裕な兩替商人をかねるものが多く、諸侯の財政窮乏に乘じて、しばしば金錢の融通をなした。江戸にあつても、淺草の御藏附近に住む札差は、旗本や御家人の依賴を受けて扶持米の賣却に當るうち、次第にこれら武士の經濟生活を支配するようになつた。

越後屋呉服店

こうして、兩替・藏元・掛屋・札差等の豪商の中には、苗字帶刀を許され、その驕奢な生活は諸侯を凌ぐものもあらわれた。幕府及び諸藩はこれに對し、表面上種々の制限や干渉を加え、時には淀屋の如くこれを闕所に附したが、うちつのる財政の窮乏のため、町人より多額の金銭の融通を受けねばならなくなり、時には權力を振つてこれを踏み倒し得ても、町人の團結の前にはそれも不可能となり、町人に對して頭を垂れ、漸くにして難を切り拔けるものも少なくなかつた。

町人は更に農業・工業・漁業・鑛業の各生産部門にわたつて積極的な資金の貸出しをなした。蝦夷松前地における近江商人の漁場請負い等、漁業方面における投資にも目覺しいものがあつた。このような町人の富と意氣とが町人文化興隆の基をなしたわけである。

2 町人文化の興隆

安土桃山文化 市民文化の黎明はまず安土桃山の文化に訪れた。この時代、新興の大名と堺・博多等の有力な町人とは、中世の貴族・武家及び僧侶に代つて新文化の保護者となり、藝術もまた宗教的なわくから解放されて、專らこれらの大名や町人の生活を美化し、威容を整える方向に進んだ。この結果、藝術も豪放・濶達な氣風を反映して豪華絢爛たる趣を呈した。しかもこの時代の革新的な風潮は、海外發展の氣運や異國の情緒をとり入れ、藝術界にも因習にとらわれぬ清新潑剌な氣風を吹き込んだ。

この時代の藝術は壯大な城郭建築によつて代表される。いままでの簡單な城は、大名の軍事・政治上の據點となるに及んで發達した築城術をとりいれ、邸宅をも兼ねた宏壯な構えをもち、本丸に聳える天主閣によつて一層の美觀を添えた。信長の安土城や大阪城はその代表的なものである。しかもこの內部に設けられた書院造の邸宅も、豪華を好む風尙に投じて面目を一新した。その豪荘な趣は、聚樂第や伏見城の遺構たる西本願寺の飛雲閣・書院、大德寺の唐門等にこれを偲ぶことができる。書院造の障壁にはこれにふさわしい金碧濃彩の濃繪が描かれた。題材には多く平和な花鳥等が選ばれたが、大和繪の技巧に漢畫の手法を配し、絢爛たる色彩と雄大な構圖を用いた。畫家としては、狩野元信の孫の永德、養子の山樂が名高い。また、この時期、庶民生活の向上に伴つて世態風俗に對する關心が著しく高まり、洛中洛外圖を始め、名所圖・祭禮圖・職人畫圖等、庶民の生活及び遊樂を題材とするものが描かれてきた。

なお東山時代に端を發した茶道や能樂も大名や富豪の間に普及し、秀吉の如き北野に大茶會を開き、上は公家から下は百姓町人に至るまで廣く茶を好むものを集めて樂しみを共にした程である。千利休が出て茶道の方式を大成したのも此頃のことであるが、茶室建築をはじめ、茶器を中心とする燒物の技巧にも一段の進歩が認められる。能樂も公武の間に愛好されたが、更に琉球より三味線が渡來して淨瑠璃や歌舞伎發達のもとをつくつた。服裝も漸く華美に、解放的となり、武家では素襖の袖を取除いた肩衣や裃が訪問着となり、女子も一枚の着物を着流して帶を結びはじめた。西陣では金襴などの高級な織物がつくられ、染織術の進歩に伴つて色彩が鮮やかになつた。

元祿の文化　近世のはじめにその萠芽を示した市民的な文化は、三都を中心とする商業の繁榮によつていよいよその內容を豐かにし、元祿の頃には都市の豪商を背景として町人獨特の文化を築き上げた。もとよりこの町人も武士に寄生して生活を營む以上、その世界觀の中には多分に武士の精神と通ずるものがあつたが、なおその現實謳歌の生活態度には僧侶や武士と異なる清新明朗なものがあつた。中世の世界觀をあらわす憂世は浮き世と變じて、浮世床・浮世笠、さては浮世繪・浮世草子等の流行を見ている。しかしこの時期、江戸の文化はなお京都・大阪に及ばず、衣服の調度から様々の裝身具、一切の美術工藝の高級なものは皆上方から仰いだ。

文藝　文藝の世界では、まず歌學において傳統的な中世の文藝に對する革新運動が起つている。とくに契沖の如きは、萬葉集の研究を通して、主觀的な研究、盲目的な師說追隨を排斥した。前代の末に連歌から分れ出た俳諧は、元祿の頃、輕妙洒脫な談林風の世となつたが、後に俗惡低調を極め、松尾芭蕉の出現によつて、閑寂・枯淡な蕉風の確立となり、一世を風靡した。一方、お伽草子に示された庶民的傾向は、假名草子に受けつがれ、さらに井原西鶴の浮世草紙となつた。西鶴は大膽な寫實的態度をもつて當時の町人生活の表裏を描寫し、義理と人情との機微を描いた。

さきに渡來した三味線は、この時期、傀儡師の操りと結合して淨瑠璃を生み、元祿の頃、諸流のなかから大阪の竹本義太夫が出て義太夫節を創め、近松門左衞門がこれに脚本を與え、人氣をあふつた。近松は人間の美しい愛情を認め、義理と人情の葛藤から生ずる悲劇を巧みに描き、西鶴と共に町人文學の最高峰を示した。歌舞伎のはじめは、俳優が歌いかつ踊りながら簡單な筋を演ずる幼稚なものであつたが、元祿に至つて著しい進歩を遂げ、劇場の規模も整い、多くの名優があらわれた。當時民間に行われた淸元・常盤津・小唄をはじめとして、文藝・繪畫等あらゆる藝術は、この歌舞伎や淨瑠璃に綜合大成されて町人最大の娯樂となり、町人藝術の中心となつた。

初期の浮世繪

美術　美術の方面では、豪壯華麗な障壁畫に代つて淡雅・淨純な水墨畫があらわれた。この流れを代表するのが狩野探幽であり、土佐・住吉の一派であつたが、その子孫は徒らに幕府の保護に慣れて、その精神を失つてしまつた。これに對し、大和繪本來の柔かな味と裝飾趣味とを獨自の手法に盛り上げたのが俵屋宗達であり、尾形光琳であつた。ことに光琳は宗達の趣味を受けて大成し、その華麗の畫によく元祿の時代精神を代表すると共に、蒔繪にも妙技を發揮した。庶民を題材とする風俗畫においても、菱川師宣があらわれ、豐富な色彩をもつて俳優と遊女の姿を描き、版畫を利用して廣く市民に提供した。元祿以後版畫の技術は更に進歩し、鈴木春信に至つて、濃淡自由にして精巧な錦繪が發明された。

服裝の華美も元祿に極まつた。小袖がふだん着となると、女子の袂は今日の留袖や振袖程の長さになり、柄の美しい友禪染が裝飾文樣の主流を占めはじめた。婦女は花見遊覽にひたすら衣裳の美を競い、男子もひげを剃り、甚だしきは白粉をつけ、紅の肌衣を袖口よりひらめかして遊んだ。

學問の普及　町人の社會的勢力の增大に伴つて普及したのは、寺子屋の敎育である。此時期になると農村では寺院の僧侶や神職が兒童の敎育にあたり、都會では浪人が寺子屋を經營した。讀み書きを主としてそろばんを併せ敎えたが、敎科書としてはそれぞれの職に應ずる往來物を用いた。高等敎育のためにも、大阪の懷德堂の如く町人の手になる學校も起れば、朱子學に陽明學の心法や佛說を交えた心學も、京都の石田梅巖等によつて唱道され、通俗的な講演によつて庶民の敎化が試みられた。斯様な傾向は儒學の側にも大きな影響を與え、町人社會の擡頭によつて起つた種々の破綻を何等かの形で修正しようとする覺醒運動を起した。その一つとして、原始儒敎の精神に歸ろうとする古學派がある。この學はまず山鹿素行によつて提唱され、ついで京都の伊藤仁齋及び東涯、江戸の荻生徂徠とによつて、東西相呼應して全盛を誇つた。この運動が國學の興起や自然科學の勃興と大きな關係のあることはいうまでもない。

第四節 封建社會の動搖

1 農業經濟の進步

自給自足の農業 封建社會の基礎は自給自足の自然經濟を營む農村であり、これを維持しようとするのが封建支配の本來の姿である。江戸時代の前半元祿頃まで、本百姓は通常田畑合せて少くも一町歩の土地をもち、これを一町で四人、二町で八―九人と馬一疋位の勞力を使つて耕作したのである。肥料は共有地から刈つてくる草(刈敷)や、廐肥によつて自給し、農具も例えば扱箸(こきはし)といつて二本の棒の間に稻を挾んで脫穀するような能率の惡いものが用いられていたから、働く人間が多くいる割合には收穫量が少なくて、一町歩以下の耕作では年貢の負擔に堪えられないのである。分地制限が支配側者から命ぜられたのはこのためであつた。從つて長男以外は親から田地を分けてもらつて獨立することができず、惨めな生活に甘んじながら本家に殘つて働くか、奉公に出るかしなければならなかつた。こうして村の中に溢れる人口が本百姓の下の水呑百姓となり、それが豊富な勞働力となつた。關東・東北のおくれた地帶や山間部には名子・被官などとよばれて身分的にも一段卑しいものとされた農民が本百姓に隷屬しており、主家の手作地の耕作にあたつた。これは中世の徭役勞働の殘存したものと考えればよい。この時代の農民の間にはまだ地主と小作という關係は特殊の地帶を除いてはつきりとは認められなかつた。

貨幣經濟の侵入　自然經濟は二つの原因によつて破れてゆく。一つは領主側からの貢租に對する欲求が増加することであり、他は農民の生活向上への意欲である。都市に住む武士階級の生活が貨幣經濟に依存していたため、財政の均衡ははやくから破綻を來した。近世社會はこの點ではじめから矛盾を含んでいたということができよう。荒地・山野に開墾の餘地がある限りでは、新田開發が領主からの奬勵と、獨立の生活を求める二・三男や下人・名子の努力とによつて進められた。また一方では年貢の率も次第に高められてゆくが、誅求にもおのずから限度があるから矛盾の解決にはなりえない。殘された途が副業の奬勵であつた。領主はこれによつて附加税を貨幣の形で取立てることができたばかりでなく、それで農民の生活を維持させながら本田の收穫を更に多く徴收することができたのである。この時代後期にみられる七公三民・八公二民などという高率の年貢は、副業を念頭におかなければ到底理解できない。

農村の商品生産はまず都市を對象としてはじまり、都市周邊では早くから商品としての蔬菜類の栽培が營まれた。中世末に輸入され、近世に入つて廣く普及した木棉栽培も有利な副業であつて、これは多くの肥料がいり手間もかかるが、同じ面積に米を作るよりも五・六倍の利益があつた。煙草・藍・紅花・櫨（はぜ）・油等の栽培、養蠶等もひろまつた。本田には米以外の作付は許されないから畑や新開の田地に植えられたのである。また製絲・紡績なども手間仕事に行われるようになつた。

生産技術の進歩　農産物の商品化はおのずから技術の進歩を伴つた。利益が僅かながら農民の手もとに殘ることによつて、農民の側にも技術改良の餘裕と意欲とが生れた。畿内などでは元祿以前から自給肥料にかわつて干鰯（ほしか）・油粕などの金肥が用いられ、商業的農業の進展につれて普及していつた。これは棉や煙草がききめの早くてつよい肥料を要求することと、また新田開發が進むにつれて草刈場が消滅して肥料の自給が困難になつたためでもある。

農具にも變化がみられ、犂の普及に伴つて犂耕に適する牛が增加し、また「千歯（せんば）とき」や「踏車」のような一層能率の高いものが用いられるようになつた。土地に縛りつけられたうえ餘裕のすくない農民は、狭い土地からなるべく多くの收穫をあげることに努力した。骨身を惜しまぬ勞働と、施肥による地力の維持の上に、作付交替とその順序との經驗がつみ重ねられて、二毛作等の多角的集約經營が生み出されたのである。

地主・小作關係の成立　農業經營の集約化にともない耕作に細密な注意が要求されると共に、小面積の經營でも成り立つようになる。多くの土地を持つ地主＝本百姓たちにとつては、自分で耕作するよりも下人や水呑に五反・三反のわずかな土地を分け與えて、收穫物の中から小作料を取立てる方が有利になつた。元祿から二、三十年後の享保の初めには、關東では自作する地主は十人に一人か二人しかいなかつたとまでいわれている。全國的にはそれほどではないが、地主・小作の關係は次第に進展した。農民の手もとに餘裕を殘さないのが檢地の原則であつたにもかかわらず、小作料に寄生する不耕作地主が領主と農民との中間に介在し得るようになつたことは、農業生產力の進歩の小さくなかつたことを示すものであろう。

2　享保の改革

武斷政治への轉換　元祿前後における商品經濟の飛躍的な發展は財政窮迫を激化させた。封建社會の安定のためには、儀禮の整備と敎化政策だけを以てする文治主義ではもはや不充分であり、强力な政治が要望されるようになつた。幕府中興の英主と稱せられる吉宗が紀州家から入つて八代將軍に立つたのはこの時である。彼は家康の時代に政治をかえすことを目標とし、幕初の武斷政治に則つて改革を斷行した。

封建體制の再强化のために武藝の奬勵に力を注ぎ、鷹狩などによつて士氣の振興につとめるとともに、質素儉約を勵行させて元祿以來の華美な風俗を嚴重に取締つた。司法制度も整備され「公事方御定書」百ケ條を撰ばせて裁判の規準を示した。幕府の法典編纂はここに始まる。その他、足高の制により人材登用の途を開き、また民間の聲を聞くために目安箱を設けたりして政界に活氣を與えた。

財政の立直しには嚴しく儉約を命じたほか、非常の處置として諸大名に一萬石につき百石づつの上米を命じ、そのかわりに江戸在府の期間を半年に免じた。上米は一七二二年(享保七年)から一七三七年(元文二年)にいたつて廢止されたが、一時にせよ參覲交代が弛められたことは窮迫がいかに甚しかつたかを物語るものである。また旗本の中に藏宿の借金を負つて苦しむ者が多かつたので、金錢貸借に關する訴訟を取上げないこととして債務を破棄させた。

農村支配の强化　これら臨時の措置とともに收入の増加をはかるために、生産增强の政策がすすめられた。すなわち吉宗はしばしば新田の開發を奬勵すると共に、新田檢地條目を定めて新開田にも本田なみのきびしい年貢を課した。百姓が食いつなぎのために開いた粗惡な燒畑にまで租がかけられ、隱し田の摘發もさかんに行われた。租法は原則として定免法を全國に徹底せしめることとなり、これに検見取の法が併用された。定免とは豊凶にかかわらず一定額の年貢を確保しようとするもので、數年間の豊凶作の平均をとつて決めることになつているが實際の租額は更に苛酷に定められ、しかも三割以上の損害がなければ減免を乞うことが許されなかつたので、たびたびの奨勵があつても農民はこれを嫌つた。定免法に對し有毛検見は年々の收穫をしらべた上でそのたび毎に租額を決定するもので、生産力の發達がおくれて收穫の不安定な地帯とくに東國などでは、この方法が行われた。

殖産興業　新な産業の開發を積極的にすすめたことは吉宗の政治の特長の一つである。「甘諸先生」青木昆陽を登用して行われた甘諸の栽培奨勵は備荒對策であり、甘蔗・朝鮮人蔘・櫨・茶種等も同じく農民生活補強の意味をもつていたが、さらに輸入を防止し金錢の海外流出を防ぐためにも奨勵された。牛馬の牧畜にも力が注がれた。茶種についてみれば、しばしばの奨勵にもかかわらず關八州の農民は新規の租をかけられることをおそれて植えようとしないので、その有利であることをさとし、施肥をすすめ巡視を加えて奨勵した。上からの副業奨勵はこのようにして行われたのである。

生産の奨勵が商品の生産にむかつてすすむ限り、商人の農村進出は避けられない。新川開發についてみても、享保前後から治水技術の進歩により護岸工事を施した高い連續堤が築かれるようになつて、淀川・信濃川など大河川の下流平野に大きな新田が開かれはじめた。このような大規模な土木工事は幕府や藩の力では到底行えないので、資力を貯えた大町人の請負開發を許さねばならず、攝津川口新田・越後紫雲寺潟などの各地に大きな町人の地主が出現するに至つた。

株仲間の結成　商人を積極的に利用するためには、これを強力な統制に服させる必要があり、菜種・蠟・朱・石灰等は特定の御用商人を限つて、それ以外の者の賣買を嚴禁した。更に一七二一年（享保六年）には一般の商工業者に組合をつくらせて自由營業を許さぬこととし、組合員に對しては新規の品を考え出さず、商利を貪らぬよう戒めた。幕政の初期には仲間組合を立てることは禁止されていたのであるが、元祿前後より商人の間に保守化の傾向があらわれ、私的な仲間が結ばれるようになつていたから、幕府がこゝで公認の方針をとるに至つて急速にその組織がすすんだのである。天明頃の大阪では百三十一種の職業に株仲間ができている。

仲間の成員が一定數に制限されると、新規の商賣を始めようとする者は仲間に加わるための權利を買いとらねばならなくなる。この權利が株とよばれた。仲間の間では單獨行動が嚴重に戒められ、仲間が一體となつて行動するのが原則であつた。これにより商取引の信用機能が高められたが、その反面、生産者から買取つたり消費者へ賣る價格や供給量は仲間商人の思うままになり、支配者と結ぶ都市商人が商業の利益を獨占するための體制が强化されたのである。

享保改革の矛盾　吉宗の努力によつて幕府財政は一時豐かになつた。しかし貨幣の質を良くしてこれを府庫に吸收したのであるから民間には金銀が乏しくなつた。豐年がつづき貢租米は增加したが米價が下落したため、米を賣つて生活する武士たちはかえつて困窮し、凶作をねがうに至つたという。このため米穀買上・廻米制限・若しくは米價公定などの人工的な米價調節の政策がとられねばならず、現物收入と貨幣支出との矛盾は蔽いがたいものとなつた。「米將軍」とよばれた吉宗の努力が主として現物貢租の增加に向けられていた限り、この矛盾の根本的解決は望めない。苛酷な收奪は農村を極度に疲弊せしめ、一七三二年(享保一七年)の飢饉を導火線として一揆の勃發をみた。改革政治はようやく行きづまりをみせ、吉宗の晩年には再び貨幣惡鑄が行われるようになつた。

3　田沼時代

田沼意次　享保政治は復古を意圖しながらも社會の新しい進路を準備する結果となつた。その破綻のあとをうけて政治の實權を握つた側用人田沼意次は、低い身分の出であつたから舊例に捉われることなく大膽な政策をとつた。本田からの貢租增徴は既に限度まで達していたので、政策の重點は殖產興業を發展させる方向へ移るのである。

田沼は江戸町人の資金を利用して印旛沼・手賀沼の干拓などを企て、また鑛山の採掘を奬勵すると共に、従來の銀座のほかに銅座・鐵座・眞鍮座を設けて專賣を行わせ、更に朱座・人蔘座・龍腦座・明礬會所(かいしょ)・石灰會所等を置き、硫黄・油等にもそれぞれ特定の問屋を定めた。國內產業の保護育成によつて輸入の防止をはかるのが本來の意圖であつたが、それにとどまらず新財源を求めるために各種の營業に運上・冥加金などと稱する稅を課するようになり、株仲間はこの目的に利用された。その他新規の企畫をたてるものがあれば田沼は喜んで採用したので、いろいろの事業が興され、社會に活氣が漲つた。しかし當時「山師」とよばれたことによつても判るように、目前の利のみを追う寄生的なこれら商人の活躍は生產力のたかまりを早期に摘みとる結果となつて、正常な產業の發展はかえつて妨げられた。例えば油について見ると、關西一圓の菜種はすべて大阪まで積出さねばならぬこととなり、村內で油を搾つて賣買することが禁じられたので、生產者や田舍に住む商人は大いに苦しんだ。武藏・上野の四十七ケ所の市場に絹糸改役所をおき、絹絲布の取引に稅を課することも企てられたが、生產者の反對を招いて失敗に終つた。この時代には大名貸の業務を幕府で營むために貸金會所を設けて資金を集めることまでが計畫されている。

海外貿易についても銅と俵物その他をシナへ輸出することを獎勵して金銀の流入をはかつた。俵物とは煎なまこ・乾しあわび 鱶のひれの俵詰である。積極的貿易政策は鎖國の無意味をしらしめるに至り、田沼は開國の意見を抱いていたといわれている。仙臺藩の醫者工藤兵助の著した「赤蝦夷(あかえぞ)

風説考」の意見に基いて、ロシア貿易並に蝦夷地開拓が企てられ、下調査のため幕吏が派遣されたが、田沼の失脚により實現をみずに終つた。

解放的精神　産業の開發につれて實用の學問が發達し、學者たちの好奇心はひろく自然界の驚異に向つて謙虚にひらかれるようになつた。一七五七年（寶暦七年）江戸湯島で催されて以來各地で行われた物產會は、このような知識慾のあらわれである。

享保頃から切支丹に關係のない洋書の輸入が許されるようになつてはいたが、見聞記にアルファベットを載せただけでも絶版を命ぜられたという事實の示すように、民間でオランダの書籍を弄ぶことは禁止されていたのである。田沼の進取的政策の下で、舶來物を愛玩する風が流行するようになつて、いつかこの忌避もうすれた。醫師杉田玄伯・前野良澤・中川淳庵らが「解體新書」飜譯の難事業を遂行して、西洋學術の輸入の途を開いたのはこのような時代であつた。

全國的な商品流通が發展するにつれ、江戸・大阪の繁榮は目覺しかつた。文化の中心はこの頃から江戸に移り、新興江戸町人の氣分を反映して輕快・洒脫な風格をおびた。狂歌や川柳など「笑」と「洒落」の文學が生れている。諷刺文學の萠芽を含む黄表紙の「見立て」には、固定觀念に捉われない自由な視點から世の中を眺める面白味があつた。一切のマンネリズムが嘲笑された。しかもそこには眞摯に現實に直面しようとする態度はなく、すべてが遊戯的である。幕府の爲政者までが洒落の材料として爼上にのぼされたのは前後の時代に比を見ないところであつたが、政治や社會の批判があるわけではない。寫實も心理描寫も狭い遊里の天地に限られて、ここに洒落本の全盛期を現出した。要するに聰明で洗練された「通人」のあそびである。太田蜀山人の狂歌・山東京傳の洒落本また與謝蕪村の俳諧がこの時代を代表する。

政治の腐敗　幕府の窮屈な身分制度はこのような時代の流れに卽應しえなかつた。封建社會の本來の姿を無視した大膽な政策が財政窮迫に押されて性急にとられたため、多くの武士は困惑し方向を見失つて享樂を追うようになつた。御用商人の投機的な氣風がこれに乘じ、賄賂請托の横行となつて政界は亂脈をきわめた。幕府の統制力は失われ、野放しにされた商業資本家の活動はそれ自身では建設的なものとなりえないままに農村を荒廢させ、社會を混亂に導いた。田沼の獨斷專行は封建支配の危機を招くものとして批難の的となるに至つたのである。

4　飢饉と百姓一揆

農民層の分解　商人の農村進出がすすむとともに富裕な地主の間から酒屋・質屋・仲買商などを兼ねるものが多くなつた、かれらは資本をもたない耕作農民に肥料などを前貸しして、その代りに収穫物や製品を買占めた。零細な農民は市場から遮斷され、商人の云い値で買いとられねばならなかつた。商人の生産者に對する問屋制的支配とよばれるのがこれであり、商品生産は生産者農民の利益にはならずに、商人・地主の懐のみをこやした。苛重な年貢のもとで逼迫した生活を營む農民は、僅かな不作や臨時の賦課にあつても破綻を來し、それでもなお貢租を納めねばならないから、唯一の財産たる土地を質に入れて借金すれば、それを再びとり戻すことは不可能に近かつた。質入といつても結局は賣り拂うことになり、田畑永代賣買の禁令は有名無實となつた。土地を失つた農民は苛酷な條件に甘んじても土地を借りて小作人になる以外に生きる途がなかつた。商人にとつては小作料による確實な收入がえられるので、土地購入は有利な投資と考えられるようになつた。こうして本百姓や小地主の沒落して水吞層におちるものがふえるにつれて、豪農・豪商の土地兼併はますます進み、農民は次第に階層分化をとげていつた。

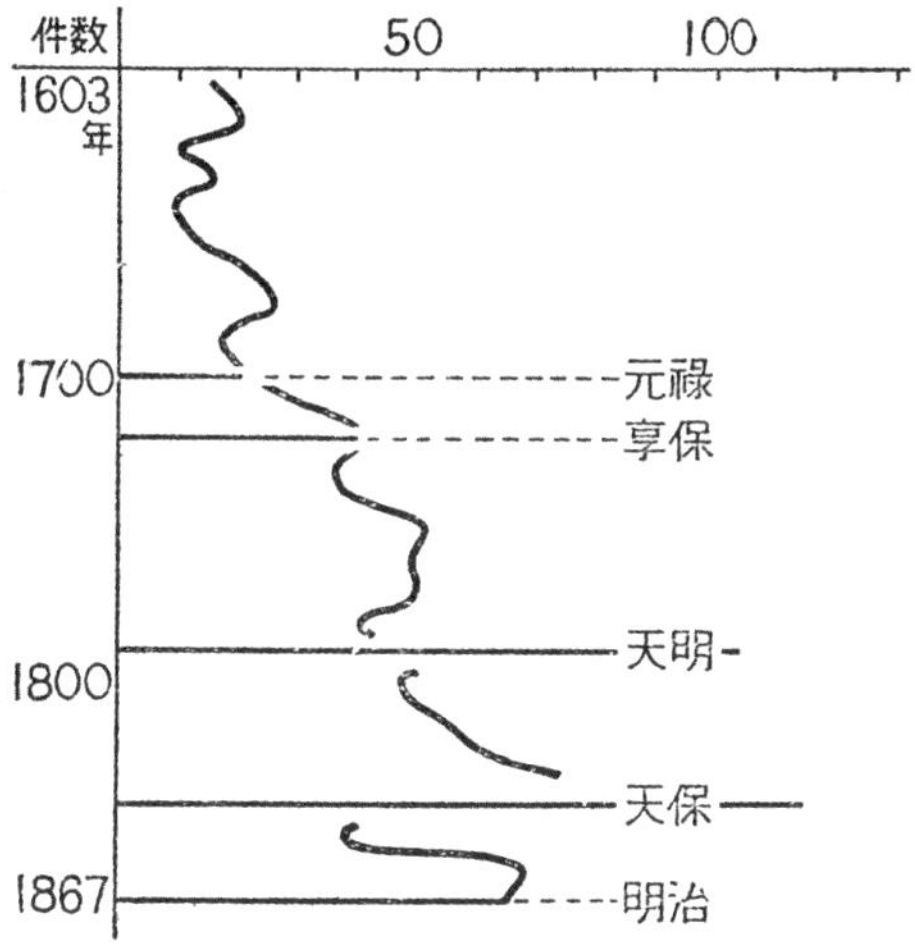

百姓一揆件數（十年づつ集計）

百姓一揆　代官が十人も替る内には十萬石の土地から十四・五萬石も納めさせるようになるという苛斂誅求は、農民の反抗運動の激化をもたらした。享保前後から一揆の件數が增加するばかりでなくその規模も大きくなっている。特に越後紫雲寺潟の新田請負人に對する不平を掲げた一揆、同じく頸城郡の質地返還を要求した一揆、備中笠岡の小作騷動のごとき、農村内部の矛盾對立を原因とするものが増加してきた。かつては檢地や檢見の苛酷に反對して一村を率いてたつた庄屋名主層が、いまや小作料收納者また買占商人と化し、代官と結托するに至つて、耕作農民の怨嗟は直接にかれらに向けられるようになつたのである。一揆の件數が商品經濟の浸透した畠作地帶などに增加するのはそのためであり、しかも商品生產がわずかにせよ農民の地位の向上をもたらした畿內などと異り、後進地帶では生產力のおくれたうえに早く商業資本の進出がすすんで、高利貸的問屋制的支配の下に農民を一層の窮迫に追いこみ、その矛盾が激化した。江戶時代を通じて奥羽・東山・北陸地方に最も多くの一揆が發生したのである。

飢饉　平年でさえも雜穀や菜粥を食べて辛うじて露命をつなぐ零細な農民に貯蓄の餘裕があろう筈はなく、僅かの不作にあつても悲慘な狀態に陷らねばならなかつた。江戶時代二百七十餘年のうち百五十四回の凶荒が起つたという恐るべき數字は、飢饉の原因が必ずしも天災ばかりではないことを物語つている。貢租の重壓、高利貸資本の跋扈、凶作に乘じて一儲けを企む商人の米穀買占、「津留（つどめ）」・「一村限り」などの運輸制限の政策等が相まつて農民を流亡と餓死にまで追いこんだのである。一七八三年（天明三年）から始り、三・四年間にわたる大飢饉においても十數萬という餓死者を出したのは津輕・仙臺など東北諸藩であつた。享保の大飢饉以後、西國では鯨油撒布による蝗害防止などの凶荒對策が農民みずからの手で講ぜられ始めたというのに、肥料の購入さえ思うにまかせぬ關東・東北地方では地力もいよいよやせて、常に凶荒の危險にさらされていたのである。

農民は極度にきりつめられた生活のためにその家族數を制限しなければならなかつた。「間引(まびき)」とよばれる墮胎密殺の風習は全國にみられたが殊に後進地の農村に多かつた。江戸時代前半期にかなりの人口增加があつたと推定されるのに對し、享保以降幕末に至るまで二千八百萬を上下して動かないという人口數の停滯はこのためである。また子女を賣ることもさかんに行われた。

一揆の性格　奥州秋田に生れ一七五〇年頃(寶暦年間)八戸で醫を開業した安藤昌益は、封建社會の矛盾を一身に負う農民の悲慘な生活を見るにつけて、遂に一切の社會惡の根源は農民の「直耕」を盜む「不耕貪食者」、すなわち武士・儒者・僧侶等の階級支配にありと說くに至つた。彼が金錢を萬惡の大本として商人を憎惡したことは、この地方において商業高利貸資本がひたすら農民を苦しめていたことを示すものである。階級支配の行われる「法世」を排して、萬人直耕の農業社會たる「自然」世にかえすのが昌益の理想であつたが、いかにしてそれを實現すべきかについては全く說いていない。窮乏と荒廢とは遂に封建支配の基礎をゆるがせるに至つたが、代るべき新しい勢力はまだ成長していなかつたのである。矛盾の激化に苦しみつつも、封建支配を克服するだけの實力を蓄えることが許されない百姓一揆の悲劇的な性格が、そこに反映していたといえよう。

田沼の末年、天災地變とともに飢饉と一揆は相ついで起り、田畠の荒廢と農民の流亡が著しかつた。一七八七年(天明七年)には米價騰貴のため大阪と江戸にも細民の暴動が勃發し、買占商人や米屋の打ちこわしが行われた。

5 寛政の改革

松平定信 諸人怨嗟の聲の中で田沼が失脚したあと、老中松平定信が幼君家齊を輔佐して政治をとつた。白河の藩主として東北における天明大飢饉の慘狀をまのあたりに見た定信がまず企圖したところは農村の復興であつた。農民の疲弊流亡は年貢の源を涸渇せしめるものであるが故に、彼は農民を愛護すべきことを說くのである。荒廢地の增加を防ぐために陸奥・常陸・下野諸國の農民の出稼ぎを禁じ、流亡者の歸村奬勵にも方法を講じた。助郷の課役を輕減し、諸國巡檢使の瀆職を戒め、納宿(おきめやど)の私曲をただしたのも同じ意味をもつている。米穀・草棉・茶種等のほか商品作物を濫りに栽培して利をはかることも戒められた。

才學すぐれ武人としての修養に欠けるところのなかつた定信の率先躬行によつて綱紀は振肅され、武藝の奬勵・質素儉約・風俗の矯正においても實効があがつた。御用商人の跋扈と役人の收賄は嚴禁され、札差に對しては旗本の債務を棄捐せしめて彈壓が加えられた。長崎貿易の規模も縮減されるなど、ふたたび封建體制の補強に必要な最小限度まで商品經濟の發展を抑止することによつて、幕府本來の基礎の上に立ち歸ろうとする政策がとられたのである。

反動的政治　定信の政治には社會政策の色彩が濃い。備荒のため各地に社倉・義倉を建てて貯穀することを奬勵し、江戸市中にも七分金積立の法を施行して、町費による金穀の貯畜を市民みずからの手で行わしめている。農村から流入して市中を徘徊する窮民無頼の徒のためには人足寄場を設けて正業に就くように敎導し、また錢貨の低落は貧民の苦痛とするところであつたから、錢相場を維持するための方策もとられた。しかしいずれも社會の矛盾をとりつくろう便宜策であつて、根本的解決にはならなかつた。

失われかけた統制力を恢復するために、一方では民論の抑壓が强行され、一七九〇年（寛政二年）には異學の禁を命じ、幕府の學校においては專ら正學たる朱子學を講ぜしめ、他の學派のものは官吏として登用しないことに定めた。また文藝書の出版檢閲も享保の制度に復して强化された。海防の事を憂えて「海國兵談」を著したため處罰をうけた仙臺藩士林子平もこの政策の犧牲者である。海防定信は自身で江戸灣沿岸の實地調査を行うなど海防には意を用いていたにもかかわらず、民間の士が國事を議することは嫌つたのである。洋學が有用であることも彼はよく認識しており、洋學者もすすんで登用したが、その洋學を心ないものの手に渡すことを警戒した。

文化文政時代　社會の主導權をとり戻すためにまず自然經濟への復歸という方向をとらねばならなかつたことは、封建體制のもつ矛盾であつた。幕府の統制力を回復した上で、産業の保護育成を推進しようとするのが定信の意圖したところであつたが、それは彼のような高い識見と強い政治力とをまつてはじめて望みうることであつた。田沼政治においてみずからの無力を暴露した幕吏は退嬰的になつていた。祖法は變えられぬところに不自由な面白さがあると言つた定信の修正政治は、彼がわずかに七年にして退いたあとに、ただ因循姑息の風を殘す結果となつたのである。幕府は社會の主流からとり殘され、政治は頽廢した。家齊は將軍職を退いたのちも西丸にあつて政治の實權をにぎつており、情實的な政治が行われた。こゝに表面は華麗であるが內實は淫靡と無氣力とにおおわれた文化・文政年間の「大御所」時代を現出したのである。

第五節　近代國家への動き

1　近代産業の萌芽

國民國家成立の基礎　商品經濟の發展が農村の自給自足をやぶるにつれて、農民經濟は全國的な商品流通の網の目に組み込まれていつた。各地にはその自然的地理的條件に應じて各種の産業が發達した。薩摩の砂糖、土佐・長門・石見の紙、阿波の藍、肥後・伊豫・石見の蠟のごときは早くから商品化して大阪で集散した。後期になれば、關東・東山地方から近畿地方北部にかけての生糸・絹織物業地帯と、東海地方から攝・河・泉を中心とする畿內、瀬戸內海沿岸に亘る木綿業地帯とが形づくられ、東國・松前方面からの干鰯が肥料としてこの棉作地帯へ流れこんだ。綿業の內部においても、棉作から繰綿にし、糸に紡ぎ、更に布に織るという工程が分業によつて行われるようになつている。例えば、幕末の秋田藩の木綿工業は大阪から西廻りの海路をとおく運ばれてくる繰綿を主な原料としておこり、製品はまた藩外へ輸出された。江戸時代の初期の全國的商品流通が消費生活の面に限られていたのに對して、いまや生産活動までが商品流通によつて相互に結ばれ依存しあうようになつたのである。一つ一つの藩が孤立した封鎖圈であつたときに、それぞれの上に立つ領主の利害が一致しえて分國的封建制度を組織したのであつたが、その條件は既に失われて藩の封鎖性が社會の進歩の邪魔ものとなるに至つた。國民國家統一への機運はこのような基礎の上にようやく動きはじめ、海外勢力の壓力が封建支配者の危機意識をかきたてるに及んで更に促進されてゆく。また、こうして農民生活が生産と消費との兩面から商品を要求するようになると、農村にひろく購買力が生れた。都市の武士と商人とだけに限られていた商品の販路が國民の八割に及ぶ農民層の中にひらけたことは大きな意味を持つたのである。農民の生活水準が低いためにまだ十分な深さをもちえなかつたにしても、この農村市場のひろがりの上で幕末の産業はかなりの開展を示すことができた。開港によつて海外市場への途が開かれさえすれば、飛躍的に成長しうるだけの潜在的な力がそれによつて養われていたのである。

新しい生産様式の萌芽

農民が封建的諸制限の下におかれて土地を離れることが許されない限り、分化した工業生産はまだ農家の副業として營まれていた。「綿買い」・「絹買い」などとよばれる仲買人がこの家内副業を横につないでゆくことによつて一貫した生産が行われたのである。商業資本家の問屋制的支配の下で、原料や、ある場合には道具の前貸しをうけてこれを製品に加工する農民は賃勞働者にも似た性格をそなえているが、まだ農業と工業は分離せず、純粋の賃勞働者ではない。これを問屋製家内工業というのである。

機械が使われるようになる以前に、資本家が賃勞働者を一つの作業場に集めて分業による協同作業を行わせる工業經營をマニュファクチュア（工場制手工業）とよぶ。問屋制家内工業が發達し

農家家内工業

て近代的な工場工業へ移る前にみられる形である。西陣の織物業や灘・伊丹などの酒造業、その他製油・製蠟等の都市手工業においては、かなり早くから徒弟制度を利用してマニュフチクテュアに似た經營が行われていた。貢租の負擔が輕かつた桐生では、在地商人・豪農層の支配下で絹織物業が發達したため都市商業資本の壓迫をうけることが少なく、技術の進歩にともなつて名主、豪農層のなかには十數臺の織機を備え、男女織工を多く抱えて働かせるようなものもあらわれた。しかし農民が本業を離れて日傭取になることを封建支配者はくり返し禁じており、このような制限の下では賃勞働者を使う經營方法は發展できなかつた。桐生においても一般的に行われていたのは織機一・二臺をもつ農家の副業としての賃機であつた。大阪附近の棉業についても同様で、天保頃河内一國の棉作面積は全耕地の三分の一に達したというほど發達をとげていたが、棉商人の間には早く元祿以前から株仲間が組織されて强大な統制力によつて獨占的支配を布いていたため、マニュフアクチュアへの展開は妨げられていた。幕末の段階を全體としてみればマニュフアクチュアの發生はまだ部分的にしかなく、問屋制家內工業が支配的であつたと考えられるが、そこに新しい生產方法へのうごきがめばえつつあつたことも見逃してはならない。

2　雄藩の擡頭

藩営専賣制度　全國が一つの經濟圏となり、藩はそれを組立てる一經濟單位にすぎなくなってくると、諸藩にとつて商品流通を自己に有利に導きうるかどうかが重大な問題となつてきた。いまや生れようとしている國民的統一國家の支配權をめぐつて、諸藩の間には對立抗爭の勢がうごきはじめた。享保前後から各種產業の保護育成がさかんに行われると、諸藩では國產會所・物產方などという役所を置いて領內の產物を買占め、藩の統制の下でこれを藏物として江戶・大阪へ賣出すことが多く行われるようになつた。藩財政のための一種の重商主義的な政策であつて、專賣商品として扱われたものは米・鹽・砂糖・紙・蠟・絹・木棉・染料・陶器・鑛產物そのほかひろい範圍に及んでいる。天保頃薩摩藩が江戶と大阪で藏物を賣拂つた銀の額をみると、貢租米の代價三六〇貫に對し砂糖・生蠟・菜種など專賣商品はその四十倍にも達しており、買上代價をそこから引去らねばならないし、火山地帶に位するため米產の乏しい薩藩の如きはむしろ特殊の例であるとしても、專賣收益が諸藩の財政の中に占める地位は幕末に近づくにつれて次第に大きなものとなつていつた。

專賣の方法は藩によつて一樣でなく、そこに商業資本家とのさまざまな形での結びつきがみられるが、いずれの場合にも封建支配を利用した强力な統制・監視の下で一方的な買上價格が生產者に强制され、更にこれが藩權力を背景として獨占的に賣り捌かれたという點では共通している。したがつて正常な意味での商品流通とよぶことはできないのである。しかも幕末における近代產業の育成・洋式工業の移植はこのような藩營專賣制度の下で封建支配者の主導によつて推進された。民間に發生した新生産様式の發達がまだ萌芽の段階にとどまつて、封建制度をくつがえすだけの條件は生れず、社會の近代化は上から封建的身分關係を利用しながら進められていつたのである。

西南諸藩の藩政改革　幕末の政爭の舞臺に幕府に對立して擡頭してくるいわゆる西南雄藩のなかでも、薩摩藩はその封建的社會體制が著しく強固であつた點に特長がある。ここでは武士の數が全人口の三分の一を占める程多く、しかもその大多數が鄕士として農村に住んで農民に直接の支配を加えていた。江戸時代を通じて百姓一揆が一回も起らなかつたという事實は、その壓力がいかに大きかつたかを物語るものである。調所笑左衞門による天保の財政改革はまず大阪の富商からの負債五百萬兩を踏み倒すといつた樣な強行手段をもつて始められ、特に專賣仕法の強化に力が注がれた。拔け賣りには死刑を以てのぞんだという大島その他の砂糖惣買入をはじめ、あらゆる物産が藩の統制下におかれ、鄕士の監督の下で農民の半ば奴隷的な勞働を使つて生産增强が行われた。これと琉球密貿易の利益とがこの藩の富強の基礎をなし、その上に一八五六年（嘉永六年）藩邸内に建設された大反射爐をはじめ軍需生産を中心とした洋式機械工業が興されていつたのである。

長州藩は關ケ原の役に敗れ、八ケ國を長防二國に削減されたため、藩の財政はその初めから非常に窮迫していた。紙・蠟などの專賣は早くから行われており、瀬戸内海沿岸に位するため商品經濟の浸透はすすみ、農村内部の階級對立が激化していた。一八三一年（天保二年）には長防二州にわたつて藩の産物役所に對する抗議を掲げる大一揆がおこつている。このような狀勢の中で封建支配の危機を最も深刻に感じとつた下級武士・郷士らが、改革派としてあらわれ、因循な上層武士と對立するようになつた。改革派はブルジョア化しかけた在郷商人・豪農層と連繫し、農民に對しては一應これを保護する形式をとりながら實際には直接的な統制力を恢復强化しようとしたのである。一八四〇年（天保一一年）村田清風の改革にはじまる複雜な黨爭を通じて、改革派は次第に實權をにぎつた。更新された封建的關係の上に殖產政策は再組織される。農民の不滿は奇兵隊など農兵を組織することによつて外へ向けられ、討幕運動に利用されて、のちに幕府との戰いに大きな威力を發揮したのである。

佐賀藩もまた封建的支配力が强く、幕末に均田制度を施行して地主・小作の階層分化を强壓的に緩和することができたほどであつた。この藩は長崎警備を任としていたため、黑船が近海に出沒するに及んではやく鐵製の大砲鑄造が企てられ、一八五〇年（嘉永三年）洋式反射爐の築造に着手した。數回の失敗の後、翌々年に至りわが國最初の洋式鑄砲に成功した。これに必要な理化學の知識をえるための研究機關として精煉方がおかれ、軍需工業推進の財源を求めるためにことを中心として採鑛・製陶その他各種產業が興された。

絶對主義への傾き　封建社會の基礎であつた自然經濟がくずれて近代資本主義の發展がはじまろうとすると、封建支配者は中央集權的官僚制度と軍隊組織によつてその權威を强化し、封建的統制力を利用しながら資本の蓄積・近代產業の保護育成を上から遂行し、それによつて支配的地位を保持しようとした。このような支配形態を絶對主義とよぶのである。薩・長・土・肥などの西南諸藩の藩政改革以後の動きのなかには、それぞれの藩が絶對主義的體制に移ろうとする努力を認めることができる。それによつて强大な軍事力をもつことに成功した雄藩がやがて全國的規模の絶對主義國家、すなわち明治政府の成立にあたつて大きな發言力をもつことになつた。西南諸藩において絶對主義化が成功した原因には、封建的支配體制が本來鞏固であつたこと、下級武士・鄕士等の進出によつて政治力を强化しえたこと、および產業の發達がかなりの程度まですすんでいたことなどが考えられる。これらの條件がない場合、たとえば近代的生產方法が早くから發達したけれども封建的支配力がそれほど强くなかつた畿內及びその周邊の諸藩、また强い支配力をもちながらも生產力の發展がおくれた東北諸藩では、さまざまの形で改革を行いながら、西南諸藩ほどの成功を收めることはついにできなかつた。

3　幕府の天保改革

封建支配の危機　一八三二年（天保三年）前後から各地に風雨がつづいて米價は騰貴し人心は非常に動搖したが、一八三六年（天保七年）に至つて遂に全國的大飢饉となつた。幕府は救小屋をたて富商の義捐を求めて窮民に米粥をほどこすなどの對策を講じたが、幕吏及び富商の誠意乏しく、方策に矛盾が少なくなかつた。この慘狀を見るに忍びずとして翌年二月大阪市中に大鹽平八郎が暴動をおこした。大鹽は陽明學者で東組與力の職を退いてから私塾を開いていた。下吏の家に生れて才腕を振うことの許されない不滿が彼を狹量ではあるが義俠心にとんだ人間にした。窮民救濟を旗じるしとして起ち上り、農民・都市細民の支持を得ようとしたのであつたが、密告され準備が完成しないまま暴動を起してあえなく敗れた。大鹽門下には近在の富裕な農民が多くいたといわれるが、この亂につづく一揆の勃發はほとんどみられなかつた。同年越後柏崎で生田萬が暴動を起したときにも農民は全く動こうとしなかつた。藩當局との内部からの結びつきを缺いたとき、下級武士や浪士の改革運動がいかに無力であつたかがここに示されている。

失敗におわつたとはいえ、この亂は封建體制に對する大きな批判的行動であつた。邊海にも寬政のロシア人來航以來事件が多く、一八〇七年（文化四年）蝦夷地にロシア人上陸の騷動があり、また翌年英船フェートン號が長崎で薪水を强要して亂暴するなどの事件が起つた。一八二五年（文政八年）には幕府は外國船を見かけ次第打拂うように命じた。このように内憂外患こもごもおこつて、封建支配者の間には危機意識がたかまつた。諸藩の藩政改革はこの情勢に對應してすすめられ、實力を蓄えた雄藩は次第に擡頭する勢を示した。崩れようとする幕府の威權を恢復するための最後の大きな努力がこの時老中水野越前守忠邦によつて行われたのである。

天保の改革　家齊の死後まもなく、一八四一年（天保一二年）五月、改革の根本方針として享保・寛政の趣意に則るべきことが示された。當時幕府役人の腐敗は甚しく、ひたすら先例舊慣を墨守して事勿れ主義の氣風が強かつたので、これを振肅することが急務であつた。武藝學問の奬勵とともに、紊亂した紀綱を引しめるために賄賂・請托を嚴禁し、繁文縟禮を除くことに努力がはらわれた。質素儉約、特に庶民に對する奢侈禁止の法令が極めて些細な點にまで干渉を加え、しかもその取締がきびしかつたこととのため天保改革は民心の支持を失つた。これが改革失敗の一つの原因であつたが、そこにもあらゆる手段をつくして幕府の統制力を復活しようとする忠邦の意圖がみられる。農村の荒廢を防ぐためには、農民が本業を離れて日傭・奉公人となることを禁じ、また「人返し」の法をおこなつて都市の出稼人を強制的に歸農させようとはかつた。しかし封建體制の動搖はもはやこれらの復古的な方法だけでは解決しえないほどに進んでおり、積極的な打開策はむしろ全國的商品流通に對する幕府の統制力を恢復するという方向に求められねばならなかつた。

株仲間の廢止　活動範圍の擴大や競争者の擡頭につれて株仲間商人の支配力は次第に弱くなつ

て來るとともに、仲間の獨占と封鎖性をますます强化して自分等の橫益を維持しようとする傾向は逆につよまり、商業の發達を阻害するようになつた。そこで水野は株仲間の停止を命じ、何人にでも産地との直接賣買を許して問屋仲間の特權の打破をはかつた。それは物價引下によつて消費者の利益を保護すると同時に、問屋仲間が失つた支配力を幕府の手に收めるのが目的であつた。從つて幕府は停止後積極的に物價統制に乘出し、仕入値段及び賣値段を調査上申させ、遂には諸商品の値段を二割以上値下げすることを强制するに至つた。しかし問屋仲間は實際は種々の形で殘つていたし、更に仲間停止により取引の信用が失われたこと、特に海損の補償が行いえなくなつたことは、物價引下令と相まつて商品流通の圓滑を缺く結果となり、社會は一時混亂に陷つた。水野がまもなく退いたためこの政策も幕府にとつて十分の効果をあげることなくおわり、一八五一年(嘉永四年)には諸問屋の再興が許された。

諸藩の國產專賣もまた藩の權力を背景として經濟界に重要な地步を占めつつあり、幕府の統制を妨害していたので、これに對しても停止を指示したが効果はなかつた。

改革の失敗　天領が全國に分散していたことは貨幣經濟の發達とともに、幕府の政治力を弱める原因となつた。江戸大阪城十里四方の土地を幕府に返すことを命じ、他の地方で替地を與えるという上地(あげち)令を出したのはこの對策であつた。しかし、これは紀州家はじめ譜代大名や旗本の利益に相反するため、幕府内部から反對運動がおこつて遂にこのことが水野の失脚の契機となるに至つた。幕領を集中し商業統制を企圖した水野の政策には、幕府を雄藩勢力と拮抗させようとするための努力が認められるが、幕府内部の姑息な事勿れ主義のために大局の利害が見失われて、改革政治はわずか二年で失敗に終つたのである。幕府の滅亡はもはや時日の問題となつた。

第六節　反封建的思想の萌芽

一　儒學の變貌

儒學の現實遊離　封建社會の動揺にともなつて、その支柱の役割をした儒學特に朱子學の權威は崩れはじめた。朱子學は極めて合理的にくみたてられた思想であつて、太極の理というものを考え、天地自然をはじめ人間社會も人の精神もこの一つの理法に從つて動いているとみる。人は居敬靜慮という禪の修養法に似た態度を以て外界を眺めてその背後にある理をつかむために努力すべきであり、それが達せられればおのずから處世道德の道は體得できるものと考えられた。封建的社會秩序を自然界の法則とひとしく永久不變のものとみて、人には從順に分に安んずることだけを要求するこの思想は、階級秩序に人間を縛りつけて安定させようとした近世社會にふさわしい考え方であつた。一種の合理主義とはいえ、人間の力を以て外界を合理的に處理してゆこうとする近代的合理主義とは根本的にちがうものであつた。人の欲望は理性のはたらきを蔽い妨げる惡であるから、人欲を抑壓して理に從つて生きなければならぬとされたが、しかしこれによつて感情の生きた働きから切り離されてしまつた道德が、冷酷で生命のないものになるのは當然である。また個人個人の道德意識を高めさえすれば世の中はおのずから治まるという樂觀的な考え方が文治主義の基礎をなしていたわけであるが、社會の矛盾が激しくなるにつれて次第に無力を示しはじめた。

古學派の臺頭　朱子學の非人間的な合理主義からの解放を求める運動は思想界の各方面におこつたが、いずれも人間性のゆたかさを强調するためにむしろ非合理なるものを尊重するという立場をとつた。儒教を現實の地盤の上にとり戻そうとする動きは儒教內部からもさかんになつた。それらは朱子など宋・明の學者の註釋をかりず、直接に孔・孟の原典を研究して、そこから聖人の道の具體的な姿をとらえようとする態度となつてあらわれたので、古學と呼ばれた。古學は山鹿素行によつてまず提唱され、ついで伊藤仁齋・東涯父子は人欲に對して寛容な態度をとり、仁義禮智の道德意識を惻隱・羞惡の心などの感情で裏づけることによつて、儒教倫理を淨化昂揚して人心を集めた。荻生徂徠は、聖人の道とは人間社會を治めるための政治の術であつて宇宙や天地の理とは關係がないとすることによつて、理だけではわりきれない社會の複雜さをとらえたが、さらにその政治の道は永久不變のものではなく、シナの古の帝王聖人の作爲によつて定められたものであると考えるに至つて、社會をつくつてゆくのが人間の意志の働きであることを認める立場にたつことになり、社會の變革を是認する思想にまで發展したのである。しかし徂徠においてはこのような作爲は聖人だけにゆるされることとされており、現實社會に對してもその最高の權威者たる將軍から強力な政治を期待するという立場をとるに止つた。封建體制に對する批判ではなくて、却つて聖人の權威を神聖化することによつて封建秩序の再強化を支える思想となつたのである。徂徠が吉宗から迎えられ、また彼の學說が一世を風靡する程の影響力を示したことは決して偶然ではなかつた。聖人の道にふれない限りでは人間の性情ののびやかであることを尊重する徂徠の態度が、詩文を愛好する文學的な學風を生んで彼の門流の特長をなしたが、ともすれば文雅の趣味に流れ易く次第に社會に對する批判を失つてゆく傾向をあらわした。

心學道話

折衷學派と心學　徂徠以後、儒學は各學派とも次第に獨創性に乏しくなり折衷考證學的な傾向が支配した。大阪の懷德堂一派の學者にみられるような、空理空論を排して諸派の長所をとり特に實業敎育・庶民敎化を重んずる態度がそれである。學問的努力は文献考證の面に注がれ、社會に對してはただ妥協と順應とを敎える學問となつた。こうして倫理的な嚴しさが弱められたかわりに、儒學は庶民の間に普及の道を見出すこととなり、ここに心學が生れた。享保年間石田梅巖は儒敎倫理を平易に卑近なたとえを以て說き、心の持ち方の工夫によつて不安を解決する道を訓えた。私心を去り儉約・正直・堪忍を守り知足安分せよというのがその內容である。町人社會が安定していたからこのような思想が行われたというよりは、むしろ迫りくる動揺と不安におののきながらしかも社會のなりゆきを見きわめる識見も積極的に働きかける力も持たない庶民が、ひたすら權威者に隨順することによつて、せめても觀念の世界の安心にすがろうとした氣持のあらわれとみることもできよう。この後手島堵庵が傳道活動を組織化してから著しく普及し、天明寛政頃最盛期を現出したが、社會矛盾の表面化した天保前後になれば心學敎化はおのずから無力となり民衆の信望を失つた。

2 國學の發展

國學の成立　人間性を解放しようとする思想の流れは國學において一そうの發展をみた。はじめは中世の秘事口傳に捉われた和歌を革新しようとした文學的な運動にすぎなかつたものが、荷田春滿に至つて國學という學問的自覺をもつようになり、賀茂眞淵と本居宣長によつて一つの思想にまで高められたのである。人の「さかしら」によつてつくられた儒教の「狭き理」は人間の本性に反するものであり、「わりなきねがい」という僞らざる眞情こそが尊いという考え方は、萬葉集や古事記などの古典にその自然な人間性の發露を見出して、儒佛の教の入らなかつた前のわが國古代を慕う尙古主義の思想になつた。古典の研究はこの古代に行われた自然の道を把握するためのものであるから、それには何よりもまず成心を去つてありのままの古代の姿をとらえなければならないとした。宣長の「古事記傳」のごとき文献學的な研究はこの實證的な精神が生んだ優れた成果である。

本居宣長　眞淵においては、儒教的なわざとらしさを一切排斥しようとするために否定的な考え方が強くあらわれていたが、宣長が「もののあわれ」をその文學論の中心におき、めめしい未練な心をも尊重しようとする豊かな主情主義を展開させるに及んで、むしろ現實謳歌の思想となり、この現世を創造した産靈の神に對するつよい信仰にまで成長した。同じく現實是認の態度ではあつても人欲の抑壓の上にきずかれた朱子學のそれと全くちがつたものであることはいうまでもない。しかし神の定めたままに穏やかに生きることを尊んだ宣長には、社會秩序の矛盾を是正するためにすすんではたらきかけようとする意志は極めてうすかつた。それは儒學に對立して感情の解放を主張したために、理性や意志の力を非常に低く評價する態度に陷つたためであつた。また武士層をとらえた徂徠の思想にくらべれば、宣長の國學は富裕な町人・神官など知識的庶民層に支持され、全く封建支配者に寄生した町人の政治力の弱さがそこに反映していたと考えることもできよう。

幕末の國學と尊王論

宣長の門流が文献考證と歌文の趣味に耽つて現實逃避の傾向をつよめていつた中で、平田篤胤は古道說を神道として體系化し、さらにキリスト教的な唯一神と來世における審判という敎義を導き入れることにより、これを倫理的宗敎に高めようとする努力を示した。復古主義は排他的な國粹主義の色彩をつよめ、實踐的な情熱をえた代りに、曾ての客觀的な學問の精神を失い、こじつけの多い主觀的な學說となつた。人間性の解放は精神の面よりもむしろ暗黑な本能の力の肯定にむけられた。平田學はひろく豪農・鄉士層に勢力をうえつけながら、幕末の尊王攘夷運動と結びついてゆくのであつて、その不透明な論理とはげしい情熱との中には、專制支配と妥協しつつみずからも新社會の支配者の一員になろうと努めていた豪農層の歪められた人間性をうかがうことができるであろう。

同じ頃儒學では大義名分論を高唱する水戶學の活躍がみられた。御三家の一である水戶藩に展開したこの尊王論が反幕府的もしくは反封建的なものでありえないことは明らかである。それは對外對内の封建支配の危機に際して振い立つた武士層の思想であり、君臣の名分を確立して封建的秩序觀念の再强化をはかるとともに、皇室の尊嚴を上に頂くことにより幕府の權威を恢復しようとする運動であつた。やがて朝廷と西南雄藩とが近づくようになつてから、尊王論が討幕論と結びつくようになり、幕府側の公武合體論と對立してともに政爭の思想的武器となつてゆくのである。

3　自然科學と洋學

科學的精神の成長　ありのままの事實を尙ぶ古學と國學との現實的精神は、實證的な學問の發達を促した。もと朱子學における「格物窮理」は一木一草の中に太極の理を見出すという冥想的なもので、道德的修養の手段としての意味をもつたにすぎず、從つて實用の學問に携ることはむしろ武士の恥とされたのであつたが、事實そのものに對する興味が次第に人の心を捉えるにつれて自然の探究それ自身を目的とする學問がおとつて來たのである。

農學・本草（物產）學・醫學・曆學（天文學）などは社會の需要に應えつつはやくから發展し、實證主義的な研究態度を次第に確立して、洋學の輸入以前にかなりの進步をみせるに至つた。醫學における古醫方（こいほう）の一派が宋・明のこぢつけの多い醫學を斥けて古醫書へかえることを唱え「親試實驗」を重んずる學風を展開させていたのはその一つであり、理論的にはまだ暗中模索の域を出なかつたにせよ。山脇東洋などはみずから執刀して解剖を試みるところまですすんでいる。蘭學輸入の途が開けてから以後に急速にヨーロッパの技術や理論をとり入れてゆくことができたのは、こうした地盤がきずかれていたからである。

幕府の保護と彈壓　封建體制の補強のために實用的學問をとり入れようとする幕府の努力は、享保の天文臺創設にはじまり、寛政の改暦に當つては洋學者麻田剛立の門人高橋至時がここに登用されている。伊能忠敬らによる沿岸測量の事業もここで行われ、一八一四年（文化一一年）には今日の地圖に比べても殆ど遜色のないほど正確な沿海實測圖が完成された。百科辭典など蘭書を飜譯するために天文臺に蕃書和解御用の係がおかれた。これが幕府の洋學校の前身である。

こうした保護政策の一方では、封建體制に對する批判や、その制限から逸脱した行動に對してはきびしい彈壓が下された。一八二七年（文政一〇年）出島の醫官シーボルトの歸國に際し、その敎えをうけた書物奉行兼天文方高橋景保が日本地圖を贈つたために處斷された事件があり、一八三八年（天保九年）には渡邊華山・高野長英ら江戸の洋學者の集りである尙齒會が、英船來朝の風聞をきいて異國船打拂いの政策が誤つていることを論じたために處罰された。これが「蕃社の獄」であり、このような彈圧の下で洋學者の社會批判は次第に萎縮させられていつた。

新しい世界觀の發展と挫折　すでに田沼時代において、物産學者平賀源内は實證的な考え方を徹底させ、傳統や權威にとらわれることのない自由な精神をもつことができたが、しかし合理的な思想を貫きうるところまで社會の條件は熟していなかつたため、世を憤り人を罵るすね者とならねばならなかつた。「里はまだ夜深し富士の朝ぼらけ」（江川太郎左衛門）という先覺者の嘆きはその後も洋學者がひとしく抱いたところであつた。そこでは權力者の保護にたよる以外にはその學問を實行にうつす方法は全くなかつたのである。それが洋學者を單なる技術者として奉仕させようとする封建支配者の意圖と結んだところに、佐久間象山の「東洋の道德・西洋の藝術（＝技術）」に表現されたような、妥協的な思想が生まれた。洋學が自然科學の方面において長足の進歩を示しながら社會科學の面で殆どみるべきものが出なかつたのはこのためである。

4　町人文化の爛熟と頽廢

文學　心學教化を喜んで迎えた都市町人社會は、もはや健康な文學を生み出す力を失つていた。文化文政期になれば洒落本は人情本と滑稽本とに、黄表紙は讀本と合卷とに發展する。曲亭馬琴の「八犬傳」に代表される讀本とは、主としてシナ小說の飜案を基とし、空想的な趣向によつて讀者の興味をつなぐ小說であつて、勸善懲惡の教訓的な色彩のつよいことが特徴である。これを平易に大衆化したものが草双紙また合卷であつた。このような現實ばなれのした文學は當時の町人思想を支配していた儒教倫理がいかに空疎なものであつたかをあらわしており、これでは人の心に力強い理想をさし示すことはできない。とり残された感情生活が放恣な頽廢的なものにおちていつたことは當然である。男女の愛慾生活の描寫に耽る人情本と、人情の機微をうがつて才氣に富んだかいぎやくを弄する滑稽本とが喜ばれたのはそのためである。しかもいかに歪められたとはいえ現實に根ざしているだけに、これらに描かれた人間像の方が馬琴のそれよりも生命をもつことができた。爲永春水の「春色梅暦（うめごよみ）」ほか、十返舎一九の「東海道中膝栗毛」・式亭三馬の「浮世風呂」「浮世床」などがこの時代に生れた傑作である。

俳諧は人間味ゆたかな農村詩人一茶を除いては、ただ技巧の器用を誇るだけのものとなつた。淨瑠璃や歌舞伎もいたずらに目先の變化を求めるために一貫した脈絡が失われ、戯曲としては無意味なものになつていつた。わずかに鶴屋南北の作品があくどい頽廢趣味の中にかえつて生氣をただよわせることができたにとどまる。江戸長唄など歌謠や舞踊の面においても發展がみられた。

美術　繪畫では文人畫に蕪村と池大雅が出た。大雅は氣品の高い主觀的な畫風によつて名高い。寫生を標榜した圓山應擧らによつて寫實的手法も發達し、油繪や銅版畫の技術が輸入されて司馬江漢などこれを試みる者も出た。遠近透視法の影響が浮世繪など各方面にあらわれはじめたことは近代繪畫へのうつりゆきを示すものとして注目される。

町人社會の現實描寫の精神が生んだ浮世繪は、天明寛政頃からさかんとなり、鈴木春信・喜多川歌麿・東洲齋寫樂など美人畫や役者似顔繪の名人を出した。畫題をひろく風物世態に求めて新生面を開いたのは葛飾北齋と安藤廣重である。

世界の動き

満洲に興つた淸朝が中國の征服を完了して覇權を確立した十七世紀中葉、江戸幕府は家光が死んで家綱の代に當つていた。かくて康熙帝の卽位をみるが、この帝のもと三藩の大亂（家綱末期綱吉初期）を平げて後、淸朝の力は極盛に達した。帝の統治は六十年、吉宗將軍の代まで續いたのである。同じく六十年の治世を誇つた乾隆帝（吉宗末期より家齊代に及ぶ）と共に、十八世紀末に至る百五十年は古い中國が繁榮を極めた時期であつた。

イギリスは十六世紀後半から所謂エリザベス時代を現出し、産業はふるい國富は増し、海外發展の素地を作つた。文豪シェークスピアも此の頃に出で、家康と同年に死んでいる。

十七世紀中葉に至るや、イギリスではクロンウェルによるピューリタン革命、つづいて共和政が行われた（家光末期―家綱）。イギリスは最も早く議會による民主政治を實行し、王の專制に對抗したが、一六八八年には遂に名譽革命を斷行するに至る。時に元祿の初年、ここにイギリスの民主政體は確立したのであつた。このころフランスではルイ十四世のもとに絕對主義政治が行われ、東歐でもロシア、プロシア等の國が勢力を擴大しつつあつた。

十八世紀後半期には世界史を變革せしめる重大な事件が次々と起つた。一七七六年、日本では田沼意次が幕政を專斷していた頃、アメリカ十三州は獨立を宣言した。これは本國の壓政に苦しんだ植民地人民が、自由と平等の基本的人權を克ちとつた偉大なる鬪爭であつた。一方ヨーロッパでも絕對主義に對する市民階級の鬪爭が行われた。一七八九年に始められたフランス大革命である。日本では將軍家齊松平定信の執政の初期であつた。革命の後、ナポレオンの時代を經て、ヨーロッパでは自由主義と保守主義との鬪爭が十九世紀の前半をいろどつた。あたかも日本は文化・文政の江戶の繁華に眼を奪われていた時代であつた。

この間にイギリスは產業革命を完成し、近代資本主義を確立した。產業革命は直ちに各國に波及したが、先んじて之を成し遂げたイギリスは十九世紀を通じて世界の產業界の王座を占め、世界の貿易、ことに東洋貿易に獨占的地位を誇つたのである。東洋ことに中國に市場を求めた列强の眼は、次いで日本に向けられた。資本主義の確立以後、もはや世界のいかなる土地と雖も、孤立して存續してゆくことは許されたくなつた。眞の意味での世界史がまさに完成されようとしているのである。

第五章　明治維新と近代國家の形成

概観

開港の前夜、徳川幕府を中心とする封建社會體制は、内部的矛盾の展開によつて解體の危機に瀕しながらも、市民階級の未成熟のために市民革命への途をとりえず、封建制の再編制をめざす支配階級のうごきが強力に社會を引きずつていた。

目をヨーロッパに轉ずると、幕末すなわち十九世紀後半には經濟的にはすでに產業革命をおえ、資本主義は獨占の段階にまで到達しようとしていたし、政治的にもアメリカの獨立やフランス大革命が達成されていたのである。かくて先進資本主義諸國は新たなる市場と資源を求めて東洋に迫りつつあつた。とくに一八四〇年（天保一一年）のアヘン戰爭を契機として淸國は先進資本主義諸國の前に半植民地となつた。この間資本主義の波は極東の一孤島たる日本をも洗わずにはおかなかつた。先進國は領土的野心をもつたわけではなかつたが、その艦船はしきりに來航するようになり、すでに內部的矛盾によつて騷然となつていた日本國内を完全に混亂に陷れたのである。經濟的にいうと、開國による優秀廉價な資本主義的商品の怒濤のような流入と、封建的生產方法によつてささやかに生產されていた日本商品に對する急激な需要とが、日本の封建的經濟體制を攪亂した。幕末混亂期における外交問題の紛糾が契機となつて江戸幕府はついに倒れ、かつ封建社會は崩壞したのである。

明治維新の主導權は市民階級の未成長に乘じて、舊支配階級の一翼たる雄藩出身下級武士の手に握られたが、先進資本主義の波が日本を呑込もうとする世界史の段階においては、維新は單に封建制度の再編成ではありえなかつた。明治中葉にかけての日本の歴史は、維新によつて成立した絶對主義政權が、世界史の段階、とくに世界における資本主義の展開に適應しつゝ、「富國强兵」「殖産興業」の旗じるしの下に資本主義を「上から」創設してゆき、またこれに伴つて近代文明が移植され發展していつた過程である。しかし注意しなければならないことは明治維新が資本主義およびその擔い手たる市民階級の未成熟のうちに行われたため、ヨーロッパ的な市民革命ではなく、舊雄藩出身の士族層によつてリードされた藩閥的な明治政府は絶對主義政權とよばれるものであり、そのおこなつた改革も不徹底きわまるものであつたことである。とくに土地制度の改革においては、半封建的とよばれる小作制度が温存された。維新後急激に展開された日本の近代化は、この意味の不徹底さを著しく殘しながら進行したのである。

明治政府は一方においては反革命的な封建的殘存勢力を武力を以て鎭壓するとともに、他方においては藩閥政府に對抗しつつ展開された「自由民權運動」を抑え、一八八九年（明治二二年）一般國民が關與せずに起草された欽定憲法を公布し、その絶對主義的體制を完成したのである。この翌年には教育勅語が出されて、その絶對主義的イデオロギーは日本の教育の基本原理となつた。

また土地改革の不徹底は結局農民を貧しくし、さらにそれが低賃銀の原因となつて都市勤勞者階級をも窮迫させたため、日本は早くからその資本主義的商品のはけ口を海外に求め、ここに日清・日露の兩戰役がおこつた。後進國たる日本はこうしてきわめて早く帝國主義國家となつた。

なお絶對主義によつて溫室的に育成された資本主義は、その後急激に發展し、日清戰爭後には輕工業部門において、日露戰爭後には重工業部門において、産業革命の一應の完了をみたのである。

第一節　開國と江戸幕府の滅亡

1　開國への動き

幕末の世界情勢　この頃すでに世界は、アメリカの獨立(一七七六年)とフランス革命(一七八九年)によって新しい時代に入っていた。歐米列國は近代國家の形成と國民的統一の傾向に向い、資本主義の發達によって社會經濟も一變し、海外發展に激烈な競争をするに至った。こうした發展の波はインドから南洋さらに清國に及び、やがて鎖國の夢をむさぼる日本の扉をたたいたのである。

イギリスはポルトガル・オランダについでアジアに進出し、インドに覇權を確立する一方、中國に對しては一八四〇年アヘン戰爭をおこして清國を開港させ、中國の社會に資本主義を導き入れた。これは、東洋におけるイギリスの優先的地位を確立させたものであった。フランスはナポレオン三世(一八五二—七〇)の時代にイギリスの後を追って南シナに進出し、トンキン地方を獲得、やがてフランス領インドシナを建設した(一八八七年)。またロシアはすでに十七世紀にシベリアを經略して太平洋岸に至り、さらに北方から日本に迫った。アメリカは一八四八年カリフォルニアの金鑛發見によって太平洋岸を開發し、さらに太平洋捕鯨業の發展によって日本の開國を熱心に希望した。

かくて一八五三年列國に先だつペリー提督の來航となつたのである。

幕末の日本はこうした世界情勢のもとに直面していたが、當時の列强が市場として求めたのは主としてシナであつた。清朝に對する强硬な政策はアヘン戰爭・アロー號事件（一八五八―六〇）を引起し、さらに清朝は太平天國の亂（一八五〇―六四）によつて内部から脅かされた。しかもシナは結局專制政治の鐵壁を粉碎し得なかつた。これに反して日本は國際的壓迫の刺戟で早く國内の統一をなしとげ、清國に先んじて近代化の道を進みはじめたのである。

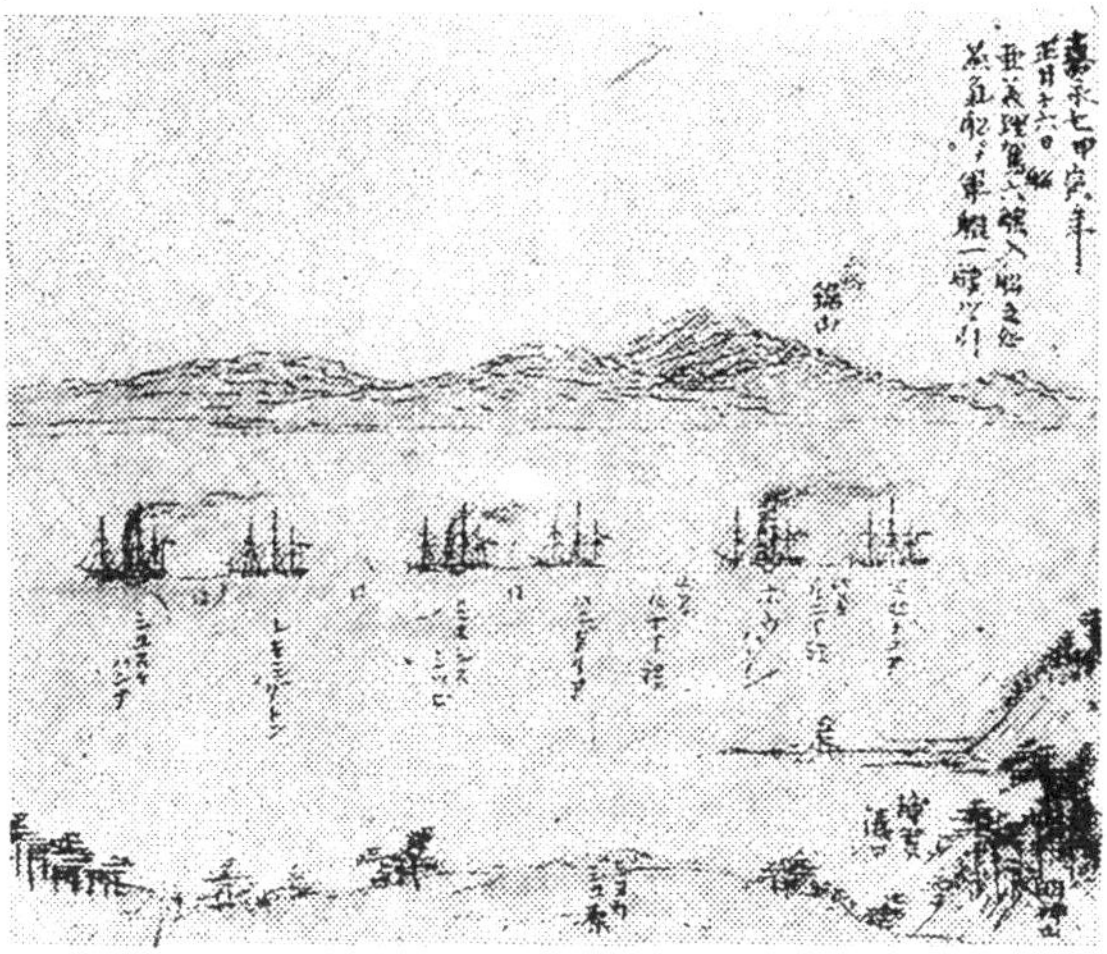

黒船

開港　一八五三年（嘉永六年）六月、四隻の艦隊を率いたペリー提督は合衆國大統領フィルモアの國書をたずさえて浦賀に入港し、修交通商を求めた。幕府は相變らず拒絶の方針で應接したがかれの强硬な態度に押されて遂に國書を受取り、その翌年日米和親條約を締結して、下田・函館の二港を開いた。ペリーについでロシアのプチャーチン、イギリスのスターリングも同じ目的で長崎に入港し、やがてイギリス・ロシア・オランダとも同様の條約が結ばれた。

これよりさきオランダは米艦の渡來を幕府に警告したが、幕府はかえつてその眞意を疑つて對策を講じなかつた。しかるにペリーの艦隊が突然あらわれたので、狼狽のあまりただ目前を糊塗するのみであつた。ついでアメリカ總領事ハリスの赴任となり、その巧妙な外交によつて幕府は一八五八年(安政五年)日米修交通商條約を調印した。この條約は治外法權等を含む不平等條約で、條約改正をめぐる明治外交二十餘年の苦節はこの時その種が蒔かれたのである。ついでイギリス・フランス・ロシア・オランダの諸國とも通商條約を結んだが、何れも日米條約に準じたものであつた。開港は幕府が堅持してきた鎖國政策の完全な放棄であつた。したがつて、外交上のみならず內政上にも深刻な影響を及ぼし、幕藩封建制の破綻に決定的な衝撃を與えたのである。

幕末の政局　米艦渡來當時の首席老中阿部正弘は、すでに內外の情勢を見通して幕政の轉換をはかつた。幕末の政局はこの改革を起點として展開したのである。正弘は諸大名中隆然たる勢力をもつた水戶の前藩主德川齊昭をはじめ、薩摩の島津齊彬・越前の松平慶永等の有力な大名を巧みに懷柔して擧國的な政策をたてた。すなわち內は人材を拔擢して、外交・軍制等に劃期的な改革をはどとし、また江戶灣その他の要所の防備をかためて幕政の强化と國防の充實をはかり、この未曾有の危機を打開しようとした。舊例を破つて對外政策の是非を諸大名・有司一同に諮問したのもこの新政策の一端であつた。しかしこれは反つて國論を沸騰させ、諸藩の幕政干渉の機運をつくる結果となつた。

時の將軍家定は病弱で子がなかつたので、繼嗣者として齊昭の子一橋慶喜と紀伊の徳川慶福の二人が有力な候補者となつていた。ところで阿部正弘が齊昭の聲望を利用するために幕政に參與させて以來、水戸藩の勢力はいよいよ高まり、これを中心とする改良派が政界に擡頭してきた。島津齊彬・松平慶永その他幕府內部の革新的分子、とくに正弘によつて起用された新人は、水戸藩の勢力と慶喜の人物に望を囑してこれを推し、一方水戸藩の威力を危險視する反水戸派の井伊直弼その他溜間詰諸大名の二派は幼少な慶福の擁立をはかつた。大老となつた井伊直弼は、遂にその權限を以て反對派を押切り、慶福を世子に決定した。

兩派の間には互に激しい運動が展開され、政局は頗る重大となつた。さらに直弼が勅許をまたずに開港の條約に調印したことも、直弼一派彈劾の口實となつた。かくて國內は水戸派と反水戸派の二派に分れ、幕末の政局は次第に混亂に陷つた。この對立は、齊昭の死後水戸藩が後退するとともに薩長が進出し、幕府對薩長の抗爭に推移したのである。

2 貿易による経済の混乱

貿易の概況　開港によって日本は先進資本主義國と直接經濟關係を結ぶこととなつたが、その影響は國内の經濟に甚しい衝撃を與えずにはおかなかつた。對外貿易は古い體制を一擧にして破壞する勢を示したのである。條約の結果開港した横濱・長崎・函館の三港における貿易の概況をみると、開港後貿易額は年々增加の方向をたどり、又はじめは輸出が多かつたが、各國が自國商品の市場を求めたためにやがて輸入が增加した。輸出品では生糸が首位を占め、茶・蠶卵紙・棉花・海産物（俵物）・銅・油・木蠟等がこれに續いた。輸入品は綿織物・綿糸・毛織物・錫・鉛・鐵・武器等であつて、輸出品が原料品に傾き輸入品が既製品特に機械製品であつたことは、日本の産業が先進諸國に比べて著しく後れていたことを示すものといえよう。

この時代の貿易國はイギリス・アメリカ・オランダ・フランス・プロシア・ロシア等であつた。その額はイギリスが終始群を拔き、金額の五割乃至八割を占めていた。アメリカははじめ次位であつたが、南北戰爭以後後退し、やがてフランスが對日政策の强化に伴つて次位にすすんだ。また開港場では横濱の地位が壓倒的で全體の約八割内外であつた。

經濟界の混亂　幕末の貿易が國内經濟に及ぼした影響は大きかつた。輸出に伴う需要の激增は、例えば製糸業・製茶業等の技術を發展させて生産力を高め、さらに經營形態をも一變させて産業の近代化を促進した。一方その半面には、國內の輸出商品の需要が激增して生産がこれに伴わず、物價が全般的に著しく騰貴した。また外國と日本との金銀比價の相違によつて金貨が夥しく海外に流出したので、これを防止するため幕府は貨幣を改鑄して品質をおとし、さらに物價を騰貴させた。かくて安政から慶應の末に至るまでに物價は二倍乃至七倍という暴騰を來たし、國民生活を根底から混亂させた。農村においては商品經濟の侵入がますますはげしくなつてその分解の速度をはやめ、物價とくに米價の騰貴による生活の逼迫は百姓一揆の原因となつた。都市における下層民の生活も極度の窮乏化をきたした。米價騰貴の殊にはげしかつた一八六六年(應慶二年)には、江戶・大阪・兵庫等に大規模な打ちこわしが起つている。またこのために下級武士の窮乏も拍車をかけられ、尊王攘夷運動の刺激となつた。彼等は物價騰貴の原因は外國貿易の開始にあると考え、貿易取引の中止を强要するとともに、しばしば幕府要路者や外國人に對する襲擊を行い、また貿易商人から攘夷資金と稱して金品を强奪した。

3 政界の混亂と幕府の動搖

反幕府勢力の成長　朝廷は久しく政權の外にあつたが、幕府の衰退や對外問題の急迫によつて再び國政の上に大きく浮び上つた。幕府は開港という大問題に直面すると、すでに開國のやむべからざることを自覺しつつも自主的にこれを斷行し得ず、勅許を乞うて國論の統制をはかり、諸藩もまた朝廷の力によつて幕府に對抗する政策をとつた。これがいわゆる京都手入れである。

井伊直弼はかねて水戸派の勢力一掃をはかつていたから、齊昭・慶永が不時の登城をして幕府を詰問したのを機會に、その不法を責めて嚴罰に處した。そこで水戸派は慶喜擁立の失敗を挽回すべくひそかに京都に手入を行い、朝廷の力をかりて幕府を威嚇する態度に出た。朝廷もまた、直弼が勅許をまたずに調印したことを憤り、水戸藩の運動に應じて勅諚を幕府及び水戸藩に下して幕政の改革を要求し、これに反對した幕府派公卿の職を免じた。

安政の大獄　井伊一派はこうした朝廷の態度に驚いたが、その背後に水戸藩の策動と志士浪人の運動のあることを知るに及んでこれを彈壓するに至つた。反幕派の皇族・公卿及び大名有司を處罰し、さらにこの運動に加わつた志士浪人を一網打盡に逮捕して嚴罰に處した。いわゆる安政の大獄（一八五八年）である。處罰者の數は百餘人に及び、主要な人物は死刑に處された。しかも目ぼしい者を網羅したから、反つて人心を動搖させる結果となつた。反幕派の直弼に對する憤激は頂點に達し、遂に直弼は水戸浪士の手にかゝつて櫻田門外に非業の最後を遂げるに至つたのである。

かくて幕府の強壓政策は結局失敗に終り、かえつて反幕府的勢力を表面化させることとなつた。

そこで直弼の後に幕政の中心となつた老中安藤信正は、施政方針を一變して反對派との協調につとめ、その一つとして皇妹和宮の降嫁をはかつた。しかしこれも朝廷の希望に迎合して攘夷を條件とするなど、徒らに幕府の弱體を暴露するのみで、彼自らも坂下門に襲撃されて失脚した。その結果政局は一轉して公武合體論が擡頭する機運を導いたのである。

公武合體運動　西南地方の薩・長・土等の外様の雄藩は何れもその力を京都手入に集中し、朝廷の力をかりて外部から幕府の改良をはかろうとした。西南雄藩はすでに藩政改革・殖産興業によつて實力を蓄積し、また幕府に對する立場も譜代大名に比べると自由であつたので、それぞれ藩勢伸長の政治運動にのり出したのである。

薩摩藩は齊彬の歿後、久光が首班となり、一八六二年年(文久二年)自ら手兵を率いて上京し、先ず朝廷に說き、公武合體を標榜して幕政改革の運動をはじめた。公武體論合は一旦分裂した公武の二勢力をふたたび協調させて國政の統一と强化をはかる政治運動である。すでに幕府自ら獨裁權を放棄していたから、政治の動向は自然列藩會議の方向に向わざるを得ない。そこに現われたのがこの公武合體論で、幕藩體制の否認ではなく、封建制內部の改良主義であつた。

尊攘論の展開　長州藩の運動もはじめは公武間の周旋という線に沿つていたが、桂小五郎(木戸孝允)等の少壯急進派が勢力を占めて急に藩論が一轉し、尊王攘夷を標榜して反幕府的旗色を明かにするに至つた。長州藩の尊攘論は公武合體論より一歩進んで朝廷の意向を巧みにとらえ、その勢に乘じて朝廷内部を改革させた。一八六二―三年（文久二―三年）の頃にはこの派の勢力が頂點に達し、ついに將軍は上洛を命ぜられ、天皇の攘夷親征の議となつた。かくて薩摩藩は窮地に陥つたので一八六二年（文久二年）八月十八日の政變をおこして尊攘派の勢力を一擧にくつがえし、再び合體派がもりかえした。長州藩は日この勢いを挽回しようとして上京し、蛤御門の變を起したが過激派の公卿七名と共に擊退され、その餘波は大和五條の亂（天誅組の擧兵）、但馬生野の亂となつてあらわれた。

尊攘論の展開は、各藩の下級武士や脫藩した浪人の運動を漸次全國的規模に擴大させた。かくて下級武士は上級武士層と對立し、藩を超えた連絡を結んで政治的指導力を握り、やがて維新政府結成の主導者となつたのである。

かゝる運動と呼應して庶民層は封建的支配層に對して複雜な動きを見せていた。百姓一揆や都市の打ちこわしは當時の政治的・社會的矛盾の現れであり、天保改革以後一時的に減少して弘化年間一六件、嘉永年間二九件となつたが、開港後は貢租の重加と米價の騰貴によつて再び增加し、一八六〇年（萬延元年）には二二件、一八六五年（慶應元年）頃には五六件と、開港前に比べて二倍三倍の增加を示している。庶民の運動はまだ組織力を持たなかつたけれども、相當の政治的な反抗意識をふくみ、封建體制の分解を強く推進する力となつた。

長州征伐 長州藩が中央から失脚すると、幕府は勢にのつて一八六四年（元治元年）長州征伐の軍をおこした。これよりさき長州藩は攘夷實行のため下關を通過するアメリカ・フランス・オランダ三國の軍艦を攻撃した。各國は攘夷行動を封鎖するため、イギリスを加えた四國の連合艦隊を組織して下關を砲撃し、かくて攘夷の急先鋒もようやく藩論を轉換するに至つていた。長州藩は内外の挾撃によつて窮地におちいり、一旦幕府の軍門に屈したが、やがて藩内に高杉晋作の率いる革新分子が擡頭して强硬な態度をとつたので、幕府は再び征長の軍をおこした。しかしこの頃には薩藩も西鄉隆盛・大久保利通等の急進派が主導力を握つて長藩に同調したため、幕府の威令は行われなかつた。さらに條約勅許問題・兵庫開港問題が再燃して幕府はますますその弱體を暴露した。かくて長州征伐は明らかに幕府の失敗となり、辛うじて長州藩と休戰してことを收めた。

4　幕政改革と大政奉還

國政統一への要請 下級武士層の連合運動が展開されるに從つて、幕府の獨裁制を否認する公議輿論の聲が高まり、これが新しい政治意識を目ざす進步的なスローガンとなつた。この時代に西洋から移植された議會政治の知識はその指導理論となり、進步的な思想家や志士はこれを學んで國政の轉換を主張した。その結果國民の政治的自覺を促し、明治時代の民主々義・立憲主義思想展開の先驅となつたのである。また幕藩體制の破綻は政權を分裂させて公武の對立を招いたがその結果は國内の政權が二元化し、外交上にも主權の所在が判然しなかつたので大きな支障を來していた。國力强化のためにはこれを統一して一元化する必要が痛感され、おのずから近代的統一國家へ進むことが要請された。

列强の對日政策　列强の對日政策は日本を完全にその資本主義産業の市場とすることであつた。それには勿論封建體制の變革を必要としたが、淸國に對する結果に鑑みて、幕府や大名を支持して國内を上からの力で漸進的平和的に開發する方策をとつた。急進的な攘夷運動はこうした對日政策、特に通商關係に對する最も大きな障害であつたためにその除去には最も苦心が拂われた。急先鋒と見られた長州藩に砲擊を加えたのもその打破が目的であつた。その結果攘夷論の解消、通商關係の好轉に大きな効果をみるに至り、薩摩藩も薩英戰爭を契機として開國進取に轉じ、イギリスもまた薩長二藩を極力支援してその對日政策を進めたのである。

ナポレオン三世治下のフランスはイギリスに對抗して幕府を後援し、幕府政權による日本の統一を劃策して日本市場の獨占をはかつた。公使ロッシュは幕府の官制・經濟・軍制の近代化、集權的政權への轉化を建策し、獨占的日佛貿易關係の計畫をすすめていた。幕府はここに活路を見出して最後の幕政改革を行つた。

かくて日本をめぐる英佛の對立は國内の對立を外から激化させた。さらに封建體制の分解とともに國内からもり上つた政治・經濟の近代化、とくにマニュファクチュアの發達、商品經濟の擴大は、社會機構全般の轉換を推しすすめて、ついに明治維新を達成させたのである。

倒幕運動の勝利　幕府の新政策と併行しつつ、反幕府派の陣營では薩長の緊密な連合が成り、討幕運動の線で國内統一の動きが急速な進行をみせた。さらに土佐藩も二藩の運動に接近し、三藩は密接な連絡をとるに至つた。薩長二藩は武力的討幕を固守したが、土佐藩は幕府を含めた朝廷中心の合議的連合新政權の樹立を劃策して武力派を牽制した。かくて複雜な政爭の間に、土佐藩は一八六七年(慶應三年)十月十四日幕府をして大政を奉還させたのである。

薩長武力派は土佐藩に先手を打たれたがなおも屈せず、公卿中の同志岩倉具視・中山忠能一派と堅く結束して討幕計畫を續けた。これが功を奏して幕府の活路は再び斷たれ、討幕派は朝廷を政治的に活用し、王政復古の形を以て遂に最後の勝利をかち得るに至つた。

第二節　維新政府の成立

1　新政府の成立と新政の出發

新政權の成立　「大政奉還」「王政復古」によつて德川幕府は名實共に倒れ、新政權が成立した。近代國家としての日本の第一歩が印せられたわけである。新政府は一八六八年（慶應四年）「明治」と改元し、いわゆる「一世一元の制」を定めるとともに、江戸を東京と改めて新首都とした。明治天皇はこの年の十月京都よりこの新首都に入つたのである。

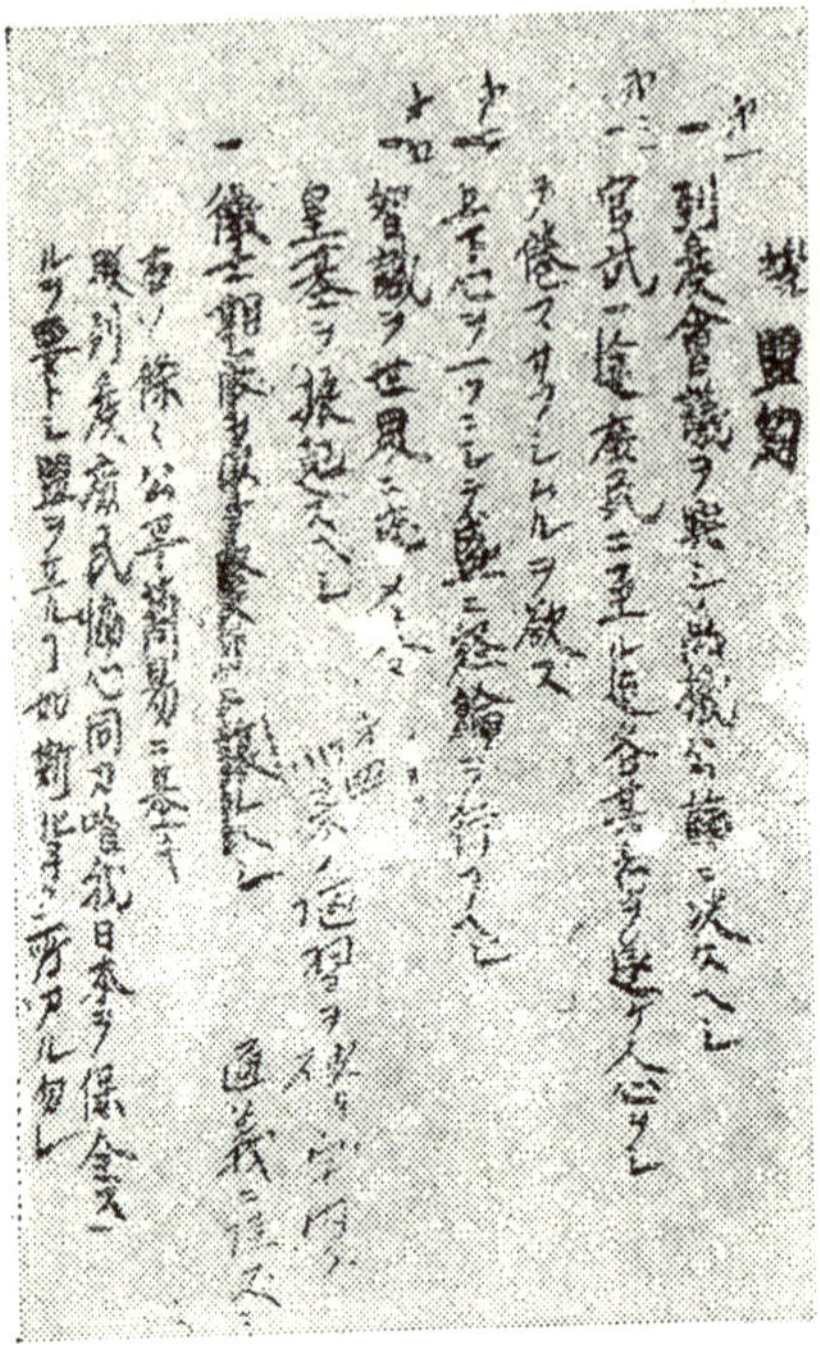

五箇條の誓文草案

一八六八年三月新政府は天皇の名を以て有名な「五箇條の誓文」を發し、さらに同年閏四月には「政體書」なるものを發布した。この政體書は新政府の組織法とも稱すべきものであつて、五箇條の誓文に表わされた原理に基き、さらにアメリカの三權分立主義にならつたものといわれる。これによつて中央行政機關としての太政官や一種の立法機關としての議政官以下の官職が設けられた。アメリカにならつたとはいえ、また舊幕府のそれに比較すれば相當違つたものであるとはいえ、その實質は民主々義的な政治組織とは甚だ縁遠いものであつた。

これよりさき一八六七年（慶應三年）には、王政復古の大號令に基いて總裁・議定・參與の三職が置かれ、總裁には有栖川宮熾仁親王、議定には親王たる皇族や有力な公卿および大名、參與には公卿の中堅分子、倒幕に活躍した公卿の少壯分子および薩摩・長門・土佐・安藝・尾張・越後の藩士が任用された。政體書發布後漸次官制は改革されていつたが、しかし維新政府の要職は倒幕派の公卿および舊雄藩武士によつて占められ、薩・長・土・肥とりわけ薩長の勢力が壓倒的に强かつた。木戸孝允・大久保利通・西鄕隆盛・伊藤博文・井上馨・大村益次郎・岩倉具視・三條實美等はその代表的人物である。新政府の幹部が一般民衆の中から出ず、封建的支配階級の一翼を擔う舊武士層ならびに宮廷より出たことは、新政府の性格ひいては明治維新そのものの性格を物語るものといえよう。

維新戰爭の終結　新政府は右のように自らの體制を整えるとともに、これと併行して舊幕府軍事勢力鎭定の戰を進めた。一八六八年（明治元年）一月には薩・長・土の兵を主力とする官軍が京都近傍における鳥羽伏見の戰によつて舊幕府軍を破り、つづいて三月には江戸城總攻擊の兵を進めた。江戸城は西鄕と勝安房の談判によつて無血開城となつたが、開城に服せずなおも反抗をやめなかつた舊幕臣の彰義隊は上野戰爭によつて鎭壓された。新政府はさらに東征軍を東北地方に進め、會津藩を中心とした奥羽北越諸藩の佐幕同盟軍をも屈服させた。いわゆる奥羽北陸戰爭である。燃え落ちる會津若松城を見下しつつ、飯盛山に散つた白虎隊の最後は、德川封建制の斷末魔を象徴するものといえよう。一方舊幕府軍艦に乘つて品川を脱走し、抗戰のため蝦夷地に向つた榎本武揚の率いる軍も、翌年函館戰爭につよて東征軍に破られ新政府の軍門に降つたのである。かくて佐幕反政府の軍隊は完全に鎭壓され、新政府は幕府の領地・財産等を沒收してその基礎を固めた。

なお注目すべきことは、この内亂の過程にあつて諸外國がおおむね中立の立場をとつたことである。

新政の基本原理　新政府の政治の基本方針となつたものは何であつたか。

その第一は「王政復古」「天皇親政」ということである。これは幕府倒壞・新政府成立のいきさつからいつても當然であつた。維新という大變革の後にでき上つた政權が、近代ヨーロッパに見られる民主國家ではなく、神格化された天皇を頂點にいただく絕對主義的なものであつたことはきわめて特徴的である。新政府はこのように天皇を戴き、薩・長・土・肥の舊西南雄藩々士を中心としたものであつたため、天皇制藩閥政府などとも呼ばれている。しかもこの場合、「天皇親政」が「祭政一致」というきわめて復古的なかたちで行われ、主權的存在および國政の責任を神秘化したことも大きな意味をもつている。新政權はこのようにして權威ずけられるとともに、民主的な政治形態への發展がはばまれたのである。

第二は「四民平等」ということである。封建制度は嚴格な身分制度を伴うものであるが、徳川封建制にあつても、士・農・工・商、さらにえた・非人という嚴重な身分の差別が行われていた。新政府はこのような差別を廢して、華族・士族・平民という族稱に改め、さらにえた・非人の稱を廢止したのである。このような身分制度の撤廢は明治維新のもつ明るい輝かしい面であるが、依然として華族・士族・平民という族稱が殘り、しかも舊幕藩の將軍・大名・重臣および公卿が、華族として今次敗戰に至るまで大きな特權を有していたことは、この面においても明治維新が不徹底なものであつたことを物語つている。

第三は「公議輿論の尊重」ということである。これも維新政府の新しい面を示すもので、やはり徳川幕藩時代には見られないものであつた。五箇條の誓文の冒頭にも「廣ク會議ヲ起シ萬機公論ニ決スヘシ」とうたわれている。しかしここで注意すべきことは、この誓文の原案が「列侯會議ヲ起シ……」となつていたのをみても、右の誓文の字句は民主々義政治の基礎たる代議政體を意味するものではなく、成立して日の淺い新政府がその支持層を廣めるために舊各藩とその藩士の意見の反映や朝廷と舊諸侯との調和を意圖したものであつて、一般庶民大衆はいまだ政治に近ずきえなかつたのである。しかしともかくも「輿論」とか「公論」とかいうことが大きく取上げられるようになつたことは、すくなくとも幕府時代に比べて大きな進歩であつた。なおこの公議輿論の尊重ということも、政府の基礎確立に伴つていつしか影がうすくなつてしまうのである。

以上のほか新政府は對外的には「開國和親」を施政の根本方針とした。これは一八六八年（慶應四年）の外國交際の布告によつて明らかにされたが、朝廷や新政府の要人たちが表面上は長く攘夷鎖國を固持していただけに、一部には意外に思われまた大きな衝撃を與えた。これによつて新政府は諸外國の中立的態度ないし信任をえたが、一方殘存する攘夷分子は新政府の開國派の要人および外國人を襲撃して新政府を悩ました。しかしこれも間もなく政府によつて彈壓されるに至る。

2　近代化の推進と中央集權體制の完成

版籍奉還と廢藩置縣　新政府の成立直後には各藩が依然存續し、領主がとれを支配して、中央の政治にも大きな發言權をもつていた。このことは公卿と各藩士の寄合世帯たる政府内部における不和對立とともに、新政府にとつて大きな障害であつた。政局は安定せず新政府の前途も大いに危ぶまれたのである。

このような情勢のうちに一八六九年（明治二年）木戸・大久保等の畫策により、薩・長・土・肥各藩主は連署の上表を提出し以てその土地人民の朝廷への奉還を表明し、各藩もこれにならつた。

同年六月には右の上表が聴許になるとともに、上表未提出の諸侯には奉還の命令が出され、新に知藩事が設けられ旧藩主がこれに任ぜられた。これを「版籍奉還」という。（版とは版図つまり土地を、籍とは戸籍すなわち人民を意味する。）

版籍奉還によつても舊藩主はそのまま知藩事になり、舊領地の實收の十分の一の家祿が與えられていたのであるから、實質上の變化はすくなかつた。しかしこれは制度的には封建的領有制度の廢絶を意味し、中央集權的國家體制の確立に大きな一歩を進めたものであつた。なおこれと併行して前にも述べた身分制度の撤廢が行われたのである。

幕藩的領有制の廢止は一八七一年（明治四年）の廢藩置縣によつて完成された。すなわちこれによつて藩を廢して縣が置かれ、知藩事たる舊藩主は東京に集められ、新たに縣知事（のちに縣令）が中央から任命されたのである。さらにもとの藩の區劃にこだわらない縣の廢合も行われた。次いで舊藩兵の解散・武器城郭等の沒收が宣せられ、新政府の基礎が強化された。またそれと呼應して中央官制の改革も行われた。

要するに、版籍奉還・廢藩置縣によつて、新政府は軍事・行政權を專有する中央集權的國家形態をとるに至つたのであつて、正に歴史的大變革であつた。しかし舊藩士ならびに武士は依然としてある程度の家祿を保障されていた。

武士の解消と秩祿處分　長い封建社會を通じて支配者であつた武士階級も維新によつて解消することとなつた。これは身分制度の廢止と秩祿(ちつろく)處分の過程を通じて完成された。一八六九年（明治二年）の版籍奉還直後、舊武士には石高の十分の一が家祿として與えられたが、この場合祿はすべて現物の米で渡されることになつた。このことは舊武士のすべてを封建的な土地所有から完全に切りはなしたことを意味する重要なことである。

その後版籍奉還・徵兵令の施行等により、武士存在の必要も完全に失われるに至つたので、秩祿處分は一層强行された。すなわち最初は職業轉換を志す者に對して、現金や公債で賜金を與えるなどの方法がとられたが、政府にとつて秩祿の負擔は非常に大きく、一八七五年（明治八年）には從來の家祿等を一切廢して一律に金祿公債が與えられた。やがてこの金祿公債の大部分は舊武士の手を離れ、高利貸や商人の手を通じて資本に轉化し、資本主義發展の前提條件となつた。

このようにして舊武士階級は分解し、その一部は官公吏・軍人・巡査・敎師等となつた。とくに新政府の幹部の大部分は舊武士によつて占められたが、他の士族の多くは實業界の指導者になつたものを除いては生活に窮するに至つた。これらに對しては、開墾事業・北海道開拓・資金貸付のかたちでいわゆる士族授產が行われた。しかし世の荒波に投出された舊武士の多くは「士族の商法」でますます沒落するに至つたのである。

要するに封建的家臣團は維新後數年を出でずして完全に解體したが、注意すべきことはこれが有償のかたちで行われ、しかも新政府にとつて重大な負擔であつたこと、新政府の官職が舊武士によつて占められたこと、さらに舊領主・重臣等の高級武士は自ら大地主となり、官界・財界で指導的役割を演じたことである。

封建的諸制度の撤廢　維新政府は上述のように封建的土地領有制を廢し、封建家臣團を解體させたが、さらに武士階級の支配と農奴制度に基く、封建社會を支えてきた社會經濟制度の多くを撤廢し、あるいはこれを改革した。その主なものは次の通りである。

一、身分制度の撤廢、二、居住・移轉・旅行等の制限解除、三、職業轉換の自由、四、株仲間等封建的獨占の廢除と營業の自由保障、五、人身賣買と世襲隷屬的雇用の禁止、六、私有財產制度の確認、七、土地處分の制限解除、八、農作物の耕作・販賣の制限解除、九、傳馬制度の廢止と交通の制限解除、十、外國貿易の解禁

以上はほぼ一八六八年（明治元年）から一八七二年（明治五年）の間に行われた。いずれも封建社會から近代社會への推移を示すものであつて、自由競爭・賃勞働・私有財產制度に基く資本主義の發展にとつて缺くことのできぬ變革だつたのである。

徵兵令の施行　中央集權的國家體制の形成に大きな意味をもつものに軍隊の創設と義務教育制

の施行がある。

維新直後、新政府は自らの軍隊をもたなかつた。これは新政府にとつて一大缺陥であつたが、一八七一年（明治四年）には、西郷隆盛等の畫策によつて薩・長・土三藩の兵を以て親兵を組織し、さらに廢藩置縣の翌年たる一八七二年（明治五年）には國民皆兵の徴兵令が公布された。これには大村益次郎が大きな役割を演じた。この徴兵令は一八七六年（明治九年）施行の帶刀禁止令と相まつて封建的武力を完全に解體し、新國家の軍隊をつくり出したものである。しかし此の軍隊はその後七十餘年、「天皇の軍隊」として日本の軍國主義と極端な國家主義の基となつた。

3　資本主義の出發

土地制度の改革　一般に資本主義發展の出發點をなすものは土地制度の改革による農民解放である。これによつて農業における資本主義が發達すると共に、工業勞働者の大群がつくり出され、更に資本主義的商品の市場が形成されるのである。

ところで日本の資本主義は明治維新の後に本格的な發達を開始したが、土地制度の近代的改革は一八七三年（明治六年）の地租改正を通じて行われた。これよりさき、前述のように農民の土地私有および處分權の確認、農作物の耕作・販賣の制限解除が行われたが、この地租改正によつて、從來の封建的貢納制は廢され、課税は地價を標準として收穫をもととせず、税率は豐凶によらずその百分の三となり、物納を廢してすべて金納とし、土地所有者（從來は占有者、すなわち主として耕作農民）が税を負擔することとなつた。これによつて、政府は最大の財源として、尨大な租税を確保することができるようになつたのである。

地租改正は土地制度の大改革を意味するが、その税率は封建時代の貢租とも變らない高さで農民の大きな負擔となつた。しかも下層の農民には土地は與えられず、現物・高額の小作料を内容とする「半封建的」な小作制度がつくり出されたのである。從つて明治維新の土地改革＝農民解放はきわめて不徹底な、歪められたものであつて、日本の農村の近代化は今次敗戰後の農地改革をまたなければならなかつた。これは明治維新のきわめて不徹底かつ妥協的な性格を示すものであるが、明治初年における政府機構・軍隊の創設・産業の育成、あるいは封建家臣團の解體等がこの高率の地租を通じ農民の負擔によつて行われたことはとくに注意すべきであろう。

そして農民解放の不徹底なことは、日本の社會のあらゆる面において封建的なものが殘存する原因となると共に、農村の貧窮化をもたらし、工場勞働者の低賃銀の理由ともなり、これと合して商品の販路にとつての大きな障害となつたのである。これがいわゆる「國内市場の狹隘」ということであり、日本が早くから安い商品によつて外國市場をねらい、かつ侵略的行動にまで出るようになつた最大の原因はこゝに存したといつても過言ではない。

近代産業の移植育成

日本が鎖國による長い孤立の状態から、開國によつて世界への門戸を開いたときアメリカをはじめ先進國はすでに發達した資本主義國として、近代的な大工業と强大な軍隊をもつ國であつた。しかも日本の工業は家内工業が支配的で、せいぜいマニュファクチュアがみられる程度に過ぎなかつた。

そこで政府は、「富國强兵・殖産興業」の旗じるしをかかげ、自ら積極的に近代的工業の移植・育成に乘り出した。とくに舊幕藩から沒收したものに新設のものを加えて、自ら官營の方針を以て臨んだことは極めて特徴的である。政府が官營を行つたものには、造船所（横須賀・長崎・兵庫・石河島・鹿兒島）、砲兵工廠（東京・大阪）、火藥製造所（板橋・目黒・岩鼻）という軍事的な意味をもつのが大きな地位を占めていたが、そのほか鑛山（生野・佐渡・院内・小坂・阿仁・釜石・三池・高島等）、機械工業（赤羽・札幌）、化學工業（深川・品川）、冶金工業（釜石）等の工場もあり、さらに輸出商品たる製糸（富岡）、紡績（鹿兒島・堺・愛知・廣島・新町）や製絨（千住）、水産加工（札幌）等にも及んでいる。政府はこれらの工場・鑛山等に外國の機械を輸入し、技師や勞働者をも招き、先進國の工業技術の急速な移植をはかつたのである。

以上のような近代的工業の官營による移植を通じて特筆さるべきことは、軍事工業が大きな地位を占めたことと、このような近代工業が先進國の如く民間における自生的な發展によつてではなく、絕對主義的な國家の力によつて上からつくり出されたことであつた。さらに工業のみでなく、農業・牧畜業の面においても開拓事業と關連しつつ、保護助成の政策がとられた。

近代的交通・通信施設の創設　近代的な交通機關や通信施設の整備は近代的國家にとつて不可缺のものであるが、とくに資本主義の發展にとつては必須の前提條件である。しかも日本においては幕末に至るまでこれらのものがきわめて幼稚かつ原始的であつた。そこで政府はその急速な整備に意を用いたのである。

政府は交通に關する封建的諸制限を撤廢するとともに鐵道の敷設に着手し、一八七二年（明治五年）には東京・横濱間が開通し、次いで一八七四年（明治七年）には大阪・神戸間、一八七七年（明治十年）には京都・大阪間が開通した。なおこれらの資金について外債に依存する點が大であつたことは、技術的にも外國人技師に依存したことと共に特徴的である。鐵道のこのような發達は統一國家の成長を助けるとともに資本主義の發展を促進するところ大きかつた。

海運においても保護制度が積極的にとられた。とくに政府自ら外國船を購入し、また海上航路を獨占していた三菱には無償でこれを下附するなど、特別の保護を加えたのである。

通信施設をみると、一八七一年（明治四年）には從來の飛脚制度を改革し、さらに同年官營の郵便制度を設けた。一八七三年には飛脚制度を廢し、對外郵便も開始した。電信も一八六九年には英國の技術によつて東京・横濱間が開通し、その後一路發展の道をたどつたのである。

貨幣制度の改革と近代的企業の成立

近代的な經濟組織、すなわち資本主義が成立するためには、以上述べたような土地制度の改革や産業交通等の近代化が必要であるが、貨幣制度の改革や資本主義的な企業の組織、すなわち銀行・會社制度のでき上ることもまた必要であつた。このような制度ができなければ、大規模な工鑛業や交通はとうてい成り立たないのである。

德川時代の貨幣制度は全く封建的なものであり、藩によつて異つた藩札が發行された。その上財政狀態の惡化に伴つて、幕府や各藩は貨幣の惡鑄・紙幣の濫發を行つたので、幕末には貨幣制度は極めて混亂していた。この狀態は明治に入つても持越され、さらに新政府は資金を賄うため、太政官札をはじめ不換紙幣の發行を行つた。しかし混亂した紙幣制度を速かに整備し、統一的な制度を作ることとの必要を痛感し、一八七一年（明治四年）新紙幣を發行して舊來の紙幣の回收をはじめた。一方一八六九年には銀を本位貨幣として、從來の兩・分・朱などの名稱を廢し、圓・錢の十進法を採用した。さらに一八七一年には新貨條令を制定して金本位制確立への準備をはじめた。しかし內外における經濟の變動の影響を受け、紙幣の濫發や金銀の流入が行われ、貨幣制度が確立するにはさらに時日をまたねばならなかつた。

一方新政府は、近代的な金融制度とくに銀行制度の輸入をはかつた。それにも最初は國立銀行の制度がとられたが、後には純粋の私立銀行を中心とする組織に轉換した。現在見られる有名な大銀行の多くは、明治初年における國立銀行に源を發したものである。

また資本主義的企業の母體となるべき會社制度もいちはやく輸入され、通商會社・爲替會社・回漕會社・郵便蒸汽船會社等が政府の指導の下に相次いで設立され、この會社組織は次第に産業界・交通界に普及して行つた。

4 文明開化の思想

文明開化　文明開化はこの時代の進歩的精神をあらわす合言葉であつた。西洋文明こそ進歩の目標であつた。攘夷論が盛んな幕末時代、少數の有識青年は洋學を學んで西洋文明の優秀さに驚き、顧みて封建日本の後進性、國民の無知無識に恥じた。かかる人々の間から福澤諭吉・中村正直・西周(あまね)等があらわれ、明治文化の建設に指導的役割を演じたのである。

思想・學術の近代化　幕末頃に移植された萬國公法の思想は、萬國共通の公法公道という觀念を教えた。この公法公道の思想は、封建時代を支配した儒教的な道の觀念を國際化して極端な排外攘夷の思想をくじき、開國進取論を合理化するとともに、國民に近代的な政治意識を植えつける効果があつた。封建的專制主義から自由民權論へという急激な政治思想の轉換には、公道の思想が媒介となり、また一轉して公議輿論・萬機公論となり、四民平等となり、人權尊重となり、その結果政治を少數の有司の手から解放して、國民に政治的自覺を呼びおこす源流となつた。

封建社會より近代市民社會へ急激に轉化するためには、必ず思想上の革命と伴わなければならない。この思想革命の指導理論は公法公議による政治意識の轉換と、文明開化による思想の近代化とであつた。福澤諭吉が主張した實學は、その意義を儒教的實踐道學から實驗的な科學精神に置きかえ、觀念論を經驗論に轉回したものである。

新政府は積極的に西洋の學術の移植をはかり、學校の設立や出版を通じて、西洋の學術は哲學・文學・科學の廣範圍にわたつて次々に輸入された。實證的經驗論的傾向が喜ばれ、とくにミルやスペンサー等英米系の學風が支配的であつた。思想界には自由主義・民主々義・功利主義が迎えられ、ミルの「自由之理」、スペンサーの「社會論」などが盛んに讀まれた。さらに自由主義は天賦權論に向い、自由民權運動の指導的理論となつた。ルソー、モンテスキュー等の流れをくむフランス自由主義思想もミル、スペンサーと共に移入され、中江兆民の「民約譯解」馬場辰猪の「天賦人權論」などが民主々義思想の啓蒙に大きな力となつた。

國民生活の向上　文明開化はさらに一般化して國民生活を一變させた。洋風建築・汽車・電車

明治初年の風俗

洋服・ガス燈・ランプ等、日常生活の西洋化が行われた。これらはすべて文明開化と呼ばれたが、その根底には西洋の科學文化が横わつていたのである。生活の科學化が文明生活と考えられ深く人心に影響したのであつた。もとよりこれは大都會に限られた現象で、地方の小都市や農村は依然としてこの文明生活から除外され、農民の如きはむしろその犠牲者の立場にあつたといえよう。大都市における文明開化と農村における農民の騒擾とは、この時代の社會の明暗二相をあらわすものであつた。

第三節　新政府への反抗

1　政府の分裂と農民の騒擾

征韓論と政府の分裂　廢藩置縣の結果成立した藩閥政府は初期の公議輿論的粉飾を一切ふり捨てて强力な獨裁政權を確立し、その力を以つて國政の改革と近代産業の建設に向つた。かくて政府の力は一段と强化されたが、內部は依然として軋轢が絶えず分裂の危険に見舞われつつあつた。これよりさき大藏・民部の兩省は合併して一體をなし、その權限が廣汎に渉つたのみならず、大隈重信・伊藤博文・井上馨の俊才を集めてその權力が太政官や他省を壓したので甚しい攻撃を受けた。薩派の大久保利通一派はこれを機會に大隈排斥の運動をして、はしなくも政府部內の不統一を暴露した。ついで一八七一年(明治四年)の末には岩倉・木戸・大久保・伊藤等の大官を歐米各國に派遣した。この一行は大規模な西洋文明の調査を行い、その結果は各方面に劃期的な影響を與えたが、これはまた使節一行と留守政府の間に深刻な對立を生ぜしめた。留守政府を預る三條實美・西鄕隆盛等は使節一行との誓約を無視して朝鮮問題の武力的解決を決定し、これを機に大陸政策の一歩を踏み出す計畫をした。これが征韓論である。岩倉等は歸朝後この議決に反對し、外征より內治を先としてまず國力の基礎を固めることを主張して激烈な政爭をまきおこし、遂に外征派を屈服させた。その結果西鄕をはじめ後藤象二郎・板垣退助・江藤新平等は下野し、岩倉・木戸・大久保・大隈・伊藤等が政府に殘つて實權を握ることになつた。

農民の騷擾　政府內の對立が激化しているとき、一方には地方農民の騷擾が繰返された。農民の騷擾は明治初年以來十年頃に至るまで夥しい件數にのぼり、江戸時代二百六十餘年間の約六〇〇件が知られているのに對して、このころ七年間に一九〇件以上の數が擧つている。

幕府が倒れて「御一新」の世となつたことは庶民に對して世直しの希望を與えた。しかし上からの改革はなお徹底せず、實際に於て社會の不安動搖は少しも減少しなかつたので、薩長は第二の幕府という印象を彼等に與えた。加うるにその生活は何等改善されなかつたので、この革命期に、自主的に生活の向上をはかる力のない庶民層、特に地方の農民は、保守的に傾いて政府の新政策を理解せず不滿の意を現した。例えば庄屋・名主・富商・高利貸に對する反抗、減租の要求と共に舊領主留任の要求があり、改革と保守とが交錯しているところにこの時代の農民騷擾の特色がある。

とくに地租改正の如きは到底かれらの喜ぶところではなかつた。地租改正は土地制度の近代化であり、その結果政府は財源を確保した。しかし、實質上封建的舊貢租と何ら變らない重い租税、その他種々の負擔も結局農民の上にかかつていた。すなわち政府は産業ブルジョアジーが未成熟であつたので、諸改革の遂行に要する巨額の財源を殆んど地租に求めたから、新地租による農民の財政的負擔は、單なる舊貢租の繼承というよりも遙かに上まわつたものであつた。農民がこれを改良とは受取らず反抗的態度で迎えたのは當然であつた。かくて地租改正以前既に新政府の苛酷な舊租法の繼承に反抗してしばしば鬪爭を行つたのである。

この時代の騷擾の原因には概して新儀・新政策を喜ばないものが多い。すなわちその原因と見られるものには徴兵令・地租改正・舊知事留任の要求・小學校の設立・電信敷設・コレラ豫防・廢佛政策・キリスト教公認等があり、農民の保守性・反動性が指摘される。しかしこれを一層深く検討すれば單なる保守性でなく、新政策がかれらの生活をおびやかしたからで、保守性の底には壓迫に對する反抗、生活改善の要求があつたと見なければならない。この時代の騷擾は封建的封鎖のため必然的に地方的・分散的形態をとり、組織なく一時的暴發に終つて明確な政治的自由を要求するに至らなかつた。しかし地租改正に對する反抗はやがて貧農小作人の立場から小作料の引下げ運動に轉化し、地主及び高利貸に對する鬪争となり、後に自由民權のブルヂョア民主々義運動の一翼となつた。

2　不平士族の叛亂

士族階級の沒落　版籍奉還の際に大名は領主の身分を失つて華族となり、藩士は複雜な門閥家格を廢して一樣に士族となり、且つその祿高もいちじるしく削減された。もとより官吏その他の知識階級は殆んど士族によつて占められ、かれらの一部は依然として支配層の地位にあつたが、その大部分は時勢の急轉により、生活に窮して農工商にとなり、家祿の代償として與えられた公債證書もなれぬ士族の商法によつて失われ、さらに社會の下層に沒落して産業資本の要求する勞働者となる者もあつた。

政府は獨裁的强權によつて地租改正その他廣汎な社會制度の近代化を遂行した。それはまた士族階級の分解を促進したので、かれらの反感は政府の專斷に集中して反政府的行動に追いこまれた。征韓論はかゝる不平士族の動きを政治的に逆用して國内の改造をはかるものであつたが、その意圖がやぶれるとかれらの反動はますます激化していつた。

新政府への反抗と西南戰爭　征韓論によつて下野した一派は直ちに民選議院設立の建白によつて言論的反抗をはじめたが、勿論これは政府のいれるところではなかつた。すると同派の江藤新平は鄕里佐賀に歸つて反亂をおこした。佐賀の亂が鎭壓されてのちも、臺灣問題がもつれて遂に出兵するなど政府の立場も困難を極めたので、大阪會議を開いて立憲制度採用の公約を行つた。これは一面輿論に對する政府の讓歩であつたが、國内不安の情勢は容易に安定せず、一八七六年(明治九年)には熊本神風連(じんぷうれん)の亂・秋月の亂・萩の亂等が相ついでおこり、翌年(明治十年)には遂に西南戰爭が勃發するに至つた。先に政府内での對立にやぶれて下野した西鄕隆盛は、舊薩摩藩士に擁せられて桐野利秋等とともに兵を擧げ、北上して熊本鎭臺を包圍攻擊したのである。舊薩藩は遠く西南の地にあつて幕末以來雄藩の第一位を占め、進歩的な反面に極端な保守性を殘して中央の威力も遂にこれを完全に統制しえなかつた。西南戰爭はこの保守勢力の爆發であつたが、その擴大は全國的動搖を來たす恐れがあつたので、政府は全力をあげて鎭壓につとめ、辛うじて平定し得た。この内亂において徴兵令による政府の新兵力が功を奏し、その結果保守的反亂は一應終りを告げた。かくて政府の威信は確立したが、やがて自由民權運動という新しい反抗がもり上り、朝野の相剋は局面を轉換するのである。

第四節　近代國家への成長と大陸政策

1　自由民權運動

自由民權運動の發端　一八七四年（明治七年）頃から八〇年代にかけて日本の政治および思想の歴史をいろどるものに自由民權運動がある。この運動の成長は日本の政治における近代化の推進を意味し、その敗北は日本における正しい民主々義の發達の芽がつみとられてしまつたことを意味するものであつた。

この運動の發端となつたのは、一八七四年板垣退助・後藤象二郎・江藤新平・副島種臣ら下野した舊參議を中心として提出された「民選議院設立建白書」であつた。建白書の中には、國政は公論によつて行うべきであり、そのためには民選議院を設立しなければならないことや、政府に對して租税を納めるものは政府の施策の可否を論ずる權利を有することなどが論ぜられている。以上の人々はその目的を達成するため愛國社を設立したが、當時はまだ機が熟さず自然消滅してしまった。またこの建白書を提出した人々も、眞に民主々義の立場に立つたものだけではなく、單なる政府の反對派ともいうべきものもあつた。しかし自由民權運動に最初に點火した彼等の功績は大きく評價さるべきであろう。

板垣の郷里土佐においては、一八七四年立志社が生れ反政府・民權運動の一中心となつた。翌年板垣は大阪に愛國社を設立して全國的勢力の糾合をはかり、これに對する一般の關心も次第にかたまつていつた。これらの動きは政府にとつて一つの政治的危機であつた。よつて政府は一八七五年詔勅によつて漸次立憲政體を整えることを約束するとともに、新聞紙條令の改正・讒謗律の制定等を行つて反政府的民權的運動の抑壓をはかつたのである。

右のような自由民權運動の發展は、自由主義的な思想の發達と表裏をなしている。とくに福澤諭吉・加藤弘之・中村正直・中江兆民・大井憲太郎等の著述・飜譯・言說は大きな影響を與えた。

國會成期同盟の成立　政府の言論取締にもかかわらず自由民權運動は盛となり、土佐の立志社の動きも活潑で、一八七八年（明治一一年）には板垣が中絶していた大阪愛國社を復活し全國的な運動の展開をはかるに至つた。翌年にはこれを國會期成同盟と改稱し、國會開設という具體的目標を提げて運動を展開した。天皇に提出した請願書の文面も當時としては非常に思い切つたことを記している。これに對して政府は警戒を怠らず、一八八〇年（明治一三年）集會條令を制定し、また警視廳・憲兵隊等を設置して取締を强化した。

運動の新展開、自由改進兩黨の設立　一八八一年北海道官有事業拂下事件が起つて朝野を驚かせた。薩長藩閥政府に對する攻擊は忽ち火ぶたをきり、自由民權運動も大いに拍車をかけられた。この年板垣退助は、中島信行・後藤象二郎・中江兆民・田口卯吉らとともに自由黨を結成し、「自由ヲ擴充シ、權利ヲ保全シ幸福ヲ增進シ社會ノ改良ヲハカルコト」および「善美ナル立憲政體ヲ確立スルコト」を叫んだ。一方拂下事件で政府部內の薩長勢力と衝突して免官となつた大隈重信も、犬養毅・尾崎行雄・島田三郎らと共に立憲改進黨を創設した。但し此の黨は自由黨に比べると保守的で、漸進主義を唱えるものであつた。

このような形勢に應じて、政府は一八八一年さきの拂下を中止するとともに、一八九〇年（明治二三年）を以て國會を開設する旨の詔勅を出し、他方政治運動の取締を强化したのである。また自由・改進の兩黨に對する御用政黨として、福地源一郎らによる立憲帝政黨が成立した。これには當時の政府部內者および超保守主義者が參加している。

自由民權運動の敗北　かくて自由民權運動は一世を風靡し、「自由民權」という言葉は「文明開化」という言葉とともに流行語となつた。料理屋の自由亭、藥の自由丸、菓子の自由糖などというものが出現したのもこの頃である。しかしこのような運動の前途も、一八八二年（明治一五年）板垣自由黨總理の遭難が暗示したように、前途は決して明るいものではなかつた。すなわち「自由民權運動の前途おそるべし」と察知した政府は、自由・改進の兩黨、とくにこの指導者に對して、彈壓・懷柔・誘惑など、あらゆる手段をつくし、相互の反目を助長しようとつとめた。これとともに、明治十年代（一八七七—一八八六）における經濟界の不況も、運動を苦しいものとした。

かくて自由民權運動とくに自由黨の運動は窮地に追いこまれた。官憲の挑發もあつて、自由黨の急進派は言論による運動を斷念し、直接行動をとるに至つた。一八八二年の福島事件、一八八三年の高田事件、一八八四年の群馬事件および加波山事件はそれである。しかしこれらは孤立的な實力行使となり、結局彈壓の好餌となり、運動をいよいよ多難なものとするばかりであつた。板垣はついに結黨後わずか三年で自由黨を解黨し（一八八四年）、自ら郷里土佐に引退した。しかし自由黨の殘黨はなおも抵抗を止めなかつた。解黨の年の秩父事件・飯田事件など政府に對する反抗は執拗につゞけられた。一方改進黨も彈壓と不況の打擊によつて氣勢振わず、一八八四年（明治一七年）總理大隈以下解黨派の手によつて實質的に壞滅し、御用政黨たる帝政黨も存在意義を失つて、その前年解體してしまつた。

このようにしてさしも華やかな動きを展開した自由民權運動もあえなく敗北し、これからの政黨的自由主義運動は官憲との妥協に終つた。これがため日本における民主々義の發達は非常に歪められたものとなつたのである。

自由民權運動の地盤とその思想　一時はあれほどの活潑さをみせ、日本の民主々義史上大きな歴史的役割を果した自由民權運動の地盤は複雑であつて簡單には斷定できない。眞に民權を主張するよりも、單に政府に不滿をいだく士族も大きな構成分子であつた。自由黨は不平士族や貧農によびかけたが、その主體は地主・自作農等の農民、それに地方的な資本家・商人も加わつていた。改進黨は都會の實業家や地方の地主に働きかけたが、その主體は比較的上層の資本家および文化人であつた。西洋の先進的民主々義國、たとえばイギリスにおいては、産業革命後非常な勢で成長した産業資本家が、勤勞者階級をひきいて封建制度の打破、民主々義の建設のためにたたかつたが、當時の日本ではこのように革命的な産業資本の力が弱く、市民階級と稱すべきものも封建的勢力や官憲と容易に妥協するようなものであつた。ここに自由民權運動の限度があつたのである。

その思想を見ると、急進的な自由黨はフランス革命の影響を強く受け、漸進的な改進黨はイギリスの立憲主義に依存しようとしていたが、ともに自由主義を强調する反面、國家主義的色彩の强いことが特徴である。これは日本が開國後近代化を行わなければならないと同時に、世界は列國爭覇の時代であり、獨立を確保しつゝその中に參加して行かなければならなかつたことを反映しているものといえよう。

2　憲法の制定と明治國家の完成

自由民權運動の再燃　自由黨・改進黨を中心とした自由民權運動は、前述のように一應敗北を喫した。しかし、藩閥政府に對抗し、自由主義的な政治制度を要求する運動はその後も再燃した。その一つは條約改正をめぐる政府の極端な歐化政策に對する反撥である。かれらも、西洋流の文物制度の輸入そのものには、もとより反對ではなかつたが、政府の態度にあらわれた貴族主義と對外的な卑屈さ、それに世論を無視した高壓的な藩閥政治のやり方を排撃したのである。外交の改革、地租の輕減、言論集會の自由がその標榜するところであり、盛に建白書が提出された。これらの運動の指導者は、舊自由黨の幹部たる後藤象二郎であつた。かれは自由・改進兩黨の殘黨によびかけ、民權派の大同團結を提唱したのである。

政府の對策　右のような民權運動の再燃は政府にとつて大きな脅威であつた。政府は外交の責任者たる外務大臣井上馨（かおる）を辭職させ、さらに内閣の補強を策したが、民衆の運動は弱まらなかつた。そこで政府は一八八七年（明治二〇年）末突然保安條令を制定し、自由民權・反政府の人々五七〇名を、内亂を陰謀し治安を妨害するものとして皇居外三里の地に追放した。しかし自由民權の運動はかえつて後藤象二郎を中心として活氣を呈したのである。この間に政府がねつた根本對策は、國の最高基本法たる憲法を、人民の手によらず天下り的に、しかも一擧に制定することであつて、政府は極秘裡に着々と準備を進めていたのである。

明治憲法の發布　今次敗戰に至るまで約六十年間、「日本帝國」の基本法であつた明治憲法は一八八九年（明治二二年）二月十一日發布された。

この憲法の特色は「欽定憲法」として、一般國民の討議によらず祕密のうちに起草され、天下り的に制定されたこと、その內容も近代的民主々義國のそれに比較するといわゆる絕對主義的色彩が強いことである。その制定の方法も內容も、ともに民主々義の原則からは遙かに遠いものであつた。

これよりさき政府は、條約改正準備のためもあつて、西洋的な政治制度を輸入することとし、一八八五年（明治一八年）太政官制を廢して內閣制度を設け、諸法の制定に着手した。とくに憲法の起草は、政府の上層および宮中においてしばしば問題となつていた。

一八八一年（明治一四年）右大臣岩倉具視は憲法制定に關する意見書を提出した。かれはその中で憲法はイギリス風であつてはならず、絕對主義的なプロシアのものに倣うべきであることを述べている。憲法起草の責任者には伊藤博文が選ばれた。かれは天皇の命により一八八二年から翌年に

憲法會議

かけて渡歐し、とくにプロシア憲法について學んだ。そして歸朝後井上毅（つよし）の補佐によつて極祕のうちに起草を開始したのである、政府の態度は伊藤博文の「憲法發布の前或は後において、敢て憲法の親裁に異議する者あらば、斷じて言論集會および請願の自由の範圍の外に出るものとして處分すべし」という言の中に端的に表わされている。

かくて草案は一八八八年（明治二一年）完成した。伊藤は初代首相の地位を辭し、自らその年さし當り憲法案審議のため設けられた樞密院の初代議長となつた。樞密院においては天皇臨席の下に、ここでも極祕の審議ののち修正可決し、憲法は翌年二月十一日宮中において發布されたのである。

憲法の制定は、すくなくとも外面的には近代國家としての日本の體制を一應完成させたものであつた。その制定の方法・内容は前述のように民主的とは言えないが、徳川封建時代に比べれば大きな進歩であり、わが國民主々義史上劃期的な意味をもつことと、ともかくもこれを制定させたのは、民衆による自由民權運動の壓力であることを忘れてはならない。なお翌一八九〇年出されたい

わゆる「教育勅語」は忠孝という儒教的道德を多分に含み、明治憲法の裏づけとして長く教育の指導原理とされたのである

3 條約改正

不平等條約 安政の開港によつて諸外國と結んだ條約は、當時のわが國力の弱少と外交知識の無知から治外法權を認め關稅自主權を缺く不平等條約であつた。これは列强の壓迫に對抗して國家的獨立と發展とを企圖する明治日本にとつては忍ぶべからざる惡條件であつた。政府はこの缺陷を早くから自覺し、一八七二年(明治五年)を以て條約上その改正をなしうることとなつていたので、岩倉具視を派遣してまずアメリカから改正のための準備的交涉を開始させた。しかしなお時機は熟さなかつた。歐米に渡つた一行は西洋文明の優秀さに驚嘆して歸り、內政改革と產業の開發に全力をそそいだ。條約改正は對外問題ではあつたが、その達成のためには是非とも國內の政治・文化を先進諸國と對等の水準にまで引上げる必要があつたから、同時にまた重要な內政の問題でもあつた。そのために幾度か政變がおこり、また諸改革もこの問題の達成を目標として企圖された。

條約改正の交涉 征韓論の分裂後、寺島外務卿がまず稅權の回復をめざしてアメリカと交涉を開始し、その失敗の後をうけて井上外務卿は法・稅兩權の一部回復を根本方針として交涉をすす

めた。その傍ら政府は法典の編纂を急ぎ、また極端な歐化政策まで行つたが、いよいよその完成を見んとする頃に至つて、はからずも猛烈な反對論が朝野の兩方面からおこつて中止のやむなきに至つた。條約案の中に多數の外國人をわが裁判所の法官に任用する規定をふくむことがその反對の原因であり、問題は政府の讓歩に止らずやがて政治問題と化した。一時鳴りをひそめていた在野の民權派は、これを機會に猛然と立ち上つて政府にせまり、大同團結して盛んな反政府運動をおこした。政府は改正問題の行きずまりと強烈な民間の反撃に狼狽し、保安條例を布いて彈壓を加えた。これから外交問題は野黨側の政府攻撃の種となり、外交の刷新を以て政府に迫り、また歐化政策に反對して國粹主義・國權主義が急激に擡頭してきた。

井上外相の次に登場した外相大隈重信の改正案も、やはり外國人を大審院にかぎつて判事に任用する規定を掲げていた。かゝる讓歩は當時としてやむをえないものであつたが、輿論の自尊心をきずつけ、また新たに公布された憲法の條文に抵觸するという致命的な非難をあびた。よつて政府はその合理化に苦心を重ねてとくに外國人歸化法を設ける苦肉の策を講じたが、かかる姑息な措置は反つて輿論の非難をたかめる結果となり、大隈外相の遭難事件をひきおこし、時の黑田內閣も總辭職して改正問題は再び頓坐するに至つた。

陸奧外交の成功　やがて外相に就任した陸奥宗光は、從來の如き不徹底な改正方針を一變して相互對等の條約締結の原則を立て、國別の談判を開始した。まず最も難關とされたイギリスから交渉をはじめ、遂に一八九四年（明治二七年）七月、調印に成功したのである。他の獨・米・露・佛の諸國とはこれに準じて順次に調印が行われ、多年の懸案はここに解決された。新條約によれば、領事裁判權は完全に撤廢され、關稅の方はなお問題をのこしたが、これも一九一一年（明治四四年）には完全な回復を見た。陸奥外相は從來の失敗の原因が外國側よりも寧ろ國内にありとし、輿論を抑えることに苦心し、議會に對しては解散を以て臨み遂に所期の目的を達したのであつた。

4　日清戰爭と日露戰爭

大陸政策の展開　排外的攘夷論は幕末からすでに近代的大陸政策に轉化する傾向を示していた。その對象は隣邦朝鮮であつた。これを引ついで新政府は國交の再開を交渉したが、鎖國主義をとつていた朝鮮は容易に應ぜず、交渉は停頓した。かくてわが國論は硬化して征韓論となつた。しかも征韓派の敗退は保守的な大陸政策論に最後的な打擊を與え、かえつて近代的大陸政策の軌道へ向かわせたのである。これよりのち朝鮮に對しては開國の要求に重點がおかれ、一八七六年（明治九年）の條約によつて、釜山・元山・仁川の三港が開港され、日本は大陸の一角に新しい市場を獲得した。

清國に對しても國交の再開をはかつて修好通商條約が締結された。しかしその批准が漸く終つた頃、琉球問題に端を發した臺灣事件が勃發し、日清兩國の關係は再び惡化した。かくて兩國は對立のまゝ葛籐をつゞけつつ遂に日清戰爭に至つた。

日本の興隆はやがて國外への發展となり、老大國清國との對立に直面するに至つた。しかもその中間に朝鮮が介在していた。すでに朝鮮を開國させ、そこに足場を作つた日本は、清國の朝鮮屬國視を打破ずることが絶對に必要であつた。ことに清國の資本が朝鮮に進出するに従つて、政治的對立は急激に尖銳となり、さらに朝鮮の內部にも事大黨（親清派）と獨立黨（親日派）との反目は漸く激しく、內亂にまで進展していつた。朝鮮をはさむ日清の對立はこのように複雜となつたので、政治的協定の必要を感じた兩國政府は、一八八五年（明治一八年）天津條約をむすび、朝鮮問題から生ずる紛議を未然に防止する協定をした。

日清戰爭　しかし日本には既に清國との對立を激化して、大陸政策を發展させようとする腹があつた。西南戰爭の鎭壓によつて國內が一旦治まると、直ちに軍制の改革に着手して參謀本部を設け、さらに軍備の擴張を開始していた。もとよりこれは大陸の風雲に備えるためである。また朝鮮の開國は列強の關心をそそり、イギリス艦隊の巨文島占領事件をおこしている。かくて朝鮮を中心とする國際的關係は複雜化し、清國の朝鮮干涉がますます露骨となるに従つて、戰爭の危險は刻々とせまつた。一八九四年（明治二七年）朝鮮に東學黨の亂がおこり、鎭壓のために淸國が出兵するや、事態は急轉直下、遂に日本は淸國に宣戰を布告したのである。

開戰にあたつて列强の微妙な干渉もあつたが、日本の外交は巧みにこれを切りぬけた。戰況も有利に展開され、翌一八九五年四月下關で講和條約が結ばれ、その結果淸國は朝鮮の獨立を確認し、遼東半島・臺灣・澎湖島を日本に割讓し、償金二億兩（テール）を支拂い、沙市・重慶・蘇州・杭州の四市の開放を約した。

日清戰爭後における内外の情勢

日本の勝利はむしろ列强の意外とするところであつた。そこで彼等の東洋政策上日本の進出を一應封ずる必要が痛感された。とくにロシアは南下して滿洲に進出する機會をねらつていたので、獨佛二國をさそつて下關條約による日本の遼東半島領有に反對してその還附を勸告した。これを三國干渉という。日本は國際關係を顧慮して遂にその勸告に從つたが問題はこれでおさまらず、やがて日露戰爭の導火線となつたのである。

日淸戰爭を契機として、十九世紀の幕も下りようとする頃から、歐米列强の帝國主義的侵略によるシナの分割がはじまり、淸國は半植民地化の危機にさらされた。一九〇〇年（明治三三年）に勃發した義和團の亂はこうした情勢に對する淸國民衆の一つの反抗であつた。この叛亂に脅威を感じた列强は、聯合軍を組織してこれを鎭壓したが、その結果淸國の弱體はいよいよ表面化するに至つた。とくにロシアは大々的に滿洲占領の計畫を進め、淸國とひそかに協約をむすんで滿洲をその勢力下に置いたのである。

日本は日淸戰爭と條約改正によつて國際的地位を高め、植民地の獲得と海外市場の擴張によつて貿易は飛躍的に發展した。戰爭によつて產業を飛躍させたのは日本資本主義の特質であつた。軍備擴張に必要な工業部門が著しく進み、產業革命は第一次の輕工業中心より重工業の領域へと發展した。產業の構成は一轉して產業資本の確立期に入り、やがて日露戰爭を契機として帝國主義の段階へ進んだのである。

日英同盟　ロシアの南下政策が積極化するに從つて日本はこれに應ずべき確乎たる對策が必要となつた。とくに日本の生命線たる韓國（一九〇〇年朝鮮は國號を韓と改めた）の確保のためには、すすんでロシアと協約をむすぶか、ロシアと對立するイギリスと同盟するか、二つの內何れか一つの途を選ぶべき必要に迫られた。當時イギリスも東洋政策上日本との同盟を希望したので、一九〇二年（明治三五年）日英同盟が締結されるに至つた。

日露戰爭と戰後の情勢　日英同盟によつて日本の國際的地位は高まり、その進むべき方向も一定した。その結果ロシアの南下は一時止まつたが、問題の滿洲撤兵は遂に實行に至らず、さらに朝鮮に接近したので、ついに一九〇四年（明治三七年）二月、日露兩國は戰端をひらくに至つた。强國との戰爭に日本はいよいよ開戰に至るまで愼重を期したが、十年間の戰爭準備と英米のつ背景によって戰鬪は有利に展開した。そしてアメリカ大統領ルーズベルトの調停により、ポーツマスに講和條約が結ばれたのは翌一九〇五年九月であった。その結果日本は韓國における一切の指導權を獲得し、樺太島の南半・關東州・長春以南の鐵道等の利權を讓り受けて滿洲を勢力下に置くことに成功した。

韓國の指導權を得たことは日本の大陸政策上豫期した通りの收獲であった。さらに滿洲がほぼ日露兩國に折半されたことは極東における列國の勢力關係を一變せしめ、新しい國際情勢を展開させるものであった。日本は戰後直ちに日英同盟の改訂を行って韓國に對する指導權を承認させ、その勢に乘じて、アメリカ・イギリス兩國の諒解の下に公然と保護權を設定し、さらに一九一〇年には韓國の併合を行った。かくてロシアの敗退は東洋における日本の地位を不動のものとし、日本資本主義の大陸發展を促進したが、滿洲を中心として日米の關係は漸く一轉する傾向をあらわしはじめたのである。戰後直ちにおこったハリマン事件、ついで米國務長官ノックスの滿洲鐵道中立論はこの間の事情を物語るものと言えよう。かかる情勢の推移はかつての敵國ロシアとの接近となり、一九〇七年以降四次にわたる日露協約の締結が行われた。逆に日米の間は次第に疎隔し、やがてアメリカの日本移民排斥問題等をおこして兩國の關係は冷却するばかりであった。

5　資本主義の進展

資本主義の基礎確立　明治初年とくに西南戦争頃までの日本經濟は、「富國强兵・殖産興業」の線に沿う政府の保護・育成政策によつて近代化が推しすすめられた時代、すなわち資本主義出發の時期であつた。

西南戰爭は多額の國費を必要とし、これを賄うために莫大な紙幣が發行された。これによる物價の騰貴は、當時の世界における銀價格の低落に伴う銀の流入、金の流出と相まつて、日本經濟を混亂させたが、明治十年代の日本經濟は、このような混亂狀態を整理し經濟政策の轉換を行い、來るべき産業革命の準備を行つた時期であつた。すなわち、

一、政府は一八八〇年（明治一三年）紙幣整理を行うとともに、國庫支出の大削減と增稅を斷行した。

二、この措置により、物價および金利が低落したが、とくに物價の低落と租稅增徵は多數の農民および商工業者を沒落させて工業勞働力の大きな供給源をつくり出した。結果においては資本主義發展の一つの條件をみたしたものである。

三、農村においては、自給以外の作物、いわゆる商業的農産物の耕作が盛となり、とくに生糸の

輸出が盛となつたため養蠶業と桑の栽培が普及した。一方廉價な外棉の輸入に壓倒されて棉花の栽培は全國的に衰退した。

四、財政整理と併行して、政府は從來官營の工場や鑛山を民間に拂下げ、新しい方式で產業の發達をはかることとなつた。注意すべきことは、强力な保護育成の體制そのものを廢したのではないこと、これらの工場や鑛山が船舶とともに無償ないしは非常に安い價格で拂下げられ、これを基礎として財閥が成立したことである。

五、外國貿易は漸次盛となり、一八八二年頃輸入超過より輸出超過に轉換した。主な貿易品は、輸出では生糸・茶であり、輸入では綿糸・綿織物類であつた。

六、一八八二年（明治一五年）には日本銀行が設立され、近代的金融制度が確立した。

日清・日露兩戰爭と日本經濟　明治二十年代に入つてから日本經濟の近代化は更に進んだ。一八九〇年（明治二三年）には最初の恐慌が起つたが、この頃から產業革命は急速に進展したのである。特に日清・日露の兩戰爭は日本經濟に大きな影響を與え、この二大戰爭を經て、日本の產業革命は一應の完成をみたのである。しかし注意しなければならないことは、日本の經濟は、土地制度改革の不徹底による農民の貧窮、工場勞働者の低賃銀のため、いわゆる國內市場がせまく國外に市場および資源を求め、早くもこの頃から帝國主義への道を歩み、軍國主義的傾向を强めていつたことである。次にこの期間の主要な事柄を列擧しよう。

一、日清戰争によつてえた多額の賠償金は日本の資本主義をうるおしたが、とくにこれを基礎として金本位制度が確立した。

二、紡績・製糸の二大纖維工業は、日清戰争前後から飛躍的に發展し、ことに前者において機械制生産は手工業を壓倒し、とくにこれらの製品の輸出が非常にさかんとなつた。すなわち日清戰争後纖維工業を中心として第一次産業革命が行われたわけである。

三、日清戰争の結果、日本は朝鮮を市場として獲得し、シナ市場にも進出したが、日露戰争後これをさらに擴大し、また滿洲における鐵道および炭坑の權益を獲得した。これは日本經濟の帝國主義的發展の基礎をなしたものである。

四、日清戰争後、軍備擴張を背景として重工業も重要視されるに至り、八幡・釜石等の製鐵所も設けられたが、日露戰争後重化學工業の發展は本格化した。とくに機械工業の發達が著しく、第二次産業革命が行われたわけであるが、この場合軍事的な意義の大きい官營工場が中心となつたことが特色である。

五、貿易についてみると、兩戰争によつて東洋市場における日本商品の勢力が増大し、とくに日露戰争後はシナにおける支配權をうると共に、南洋および歐米にまで貿易圏を擴張した。貿易品は從來のもののほか、輸出では織物類・雜貨、輸入では機械・工業原料の比重が增した。

六、海陸における交通の發達は資本主義の發展を促進したが、一九〇六年（明治三九年）における鐵道國有の實施は、經濟的にも劃期的な意味がある。

七、農村においては、農業の商業化と中小農の沒落が著しいが、近代的農業經營は依然として現われず、小作制度は微動だにしなかつた。

日本における産業革命の特質　以上述べたように日本の產業革命は明治二十年代から末年にかけて進行し一應の完成をみた。しかし日本における產業革命は先進國のそれに比べると非常に特色があり、これがまた日本經濟の發展の上に長く影響を與えたのである。

その第一は、日本の大工業が民間で自生的に發達したのでなく、官營事業と政府の强力な保護下に育成されたことである。官業拂下の過程においては前述のように財閥が生じたことも重要である。また以上のことは、自由民權運動の項においても述べたように、眞に封建制度を相手としてたたかう產業資本的市民層を生まず、彼らを妥協的で卑屈なものにし、日本における民主々義の發達を歪めさせたのである。

第二に、日本の產業、とくに重工業は軍備の擴張と相まつて軍事的工業を中心として發達するようになつた。このことは、纖維工業が軍隊を背景としつつ海外市場（とくに東洋）を目指すものと

鉄道の発達を示す表
注意 1906年=明治39年
鉄道国有法施行

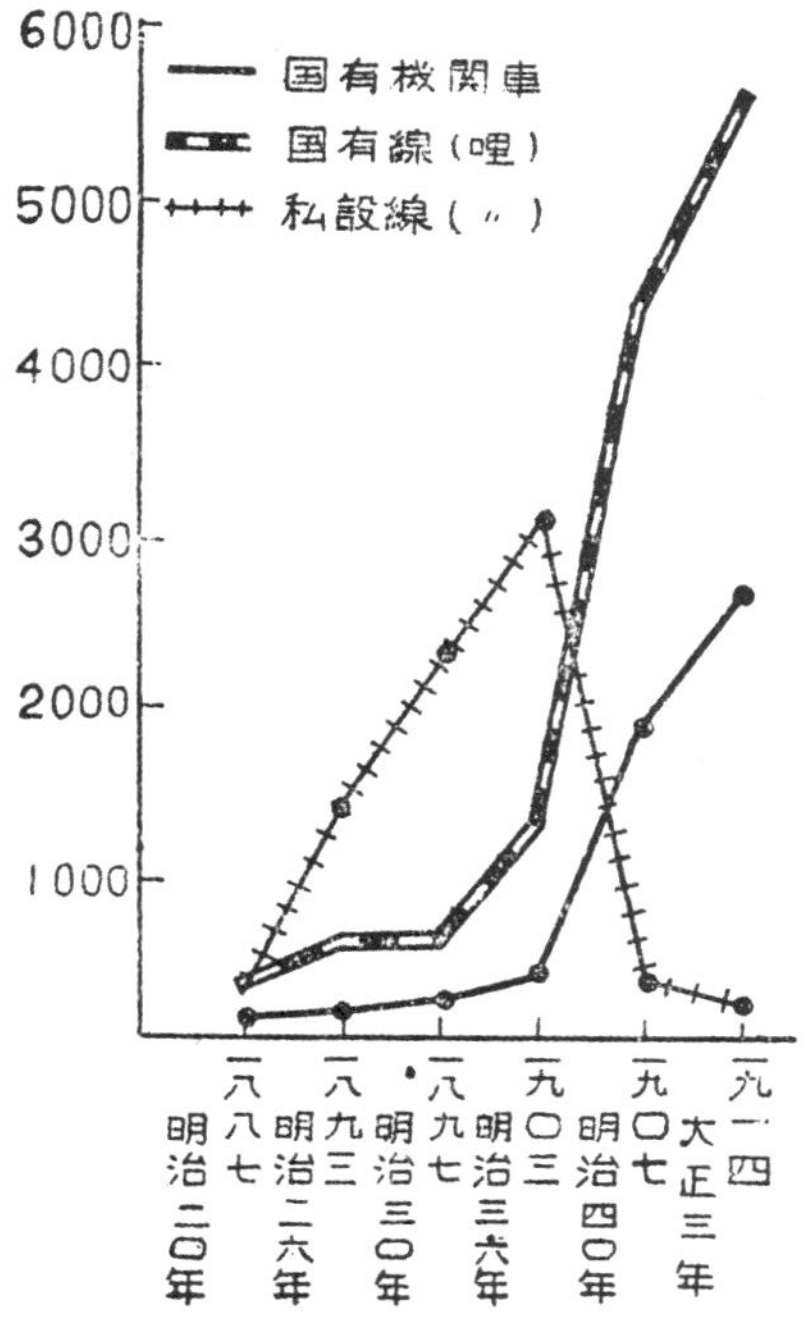

日露戦争前後に於る重工業の発達を示す表
機械工場(機械・造船・器具・鋳金)数

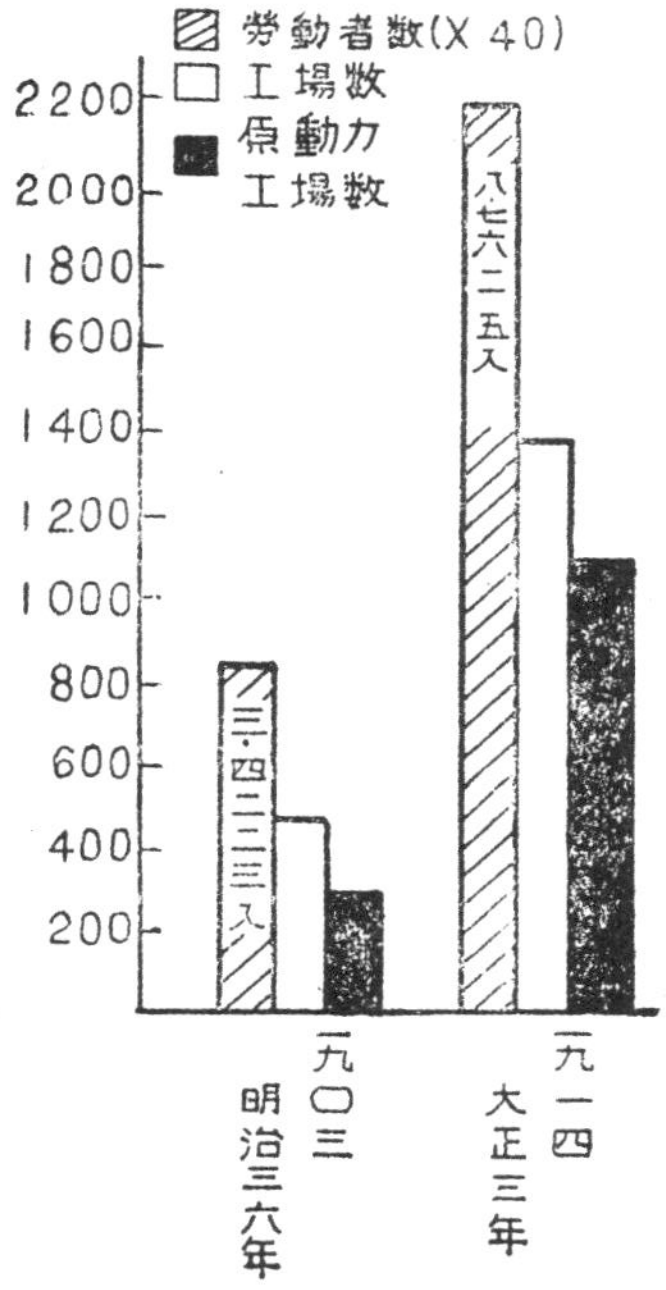

日清戦争前後における綿糸紡績業の発達を示す表

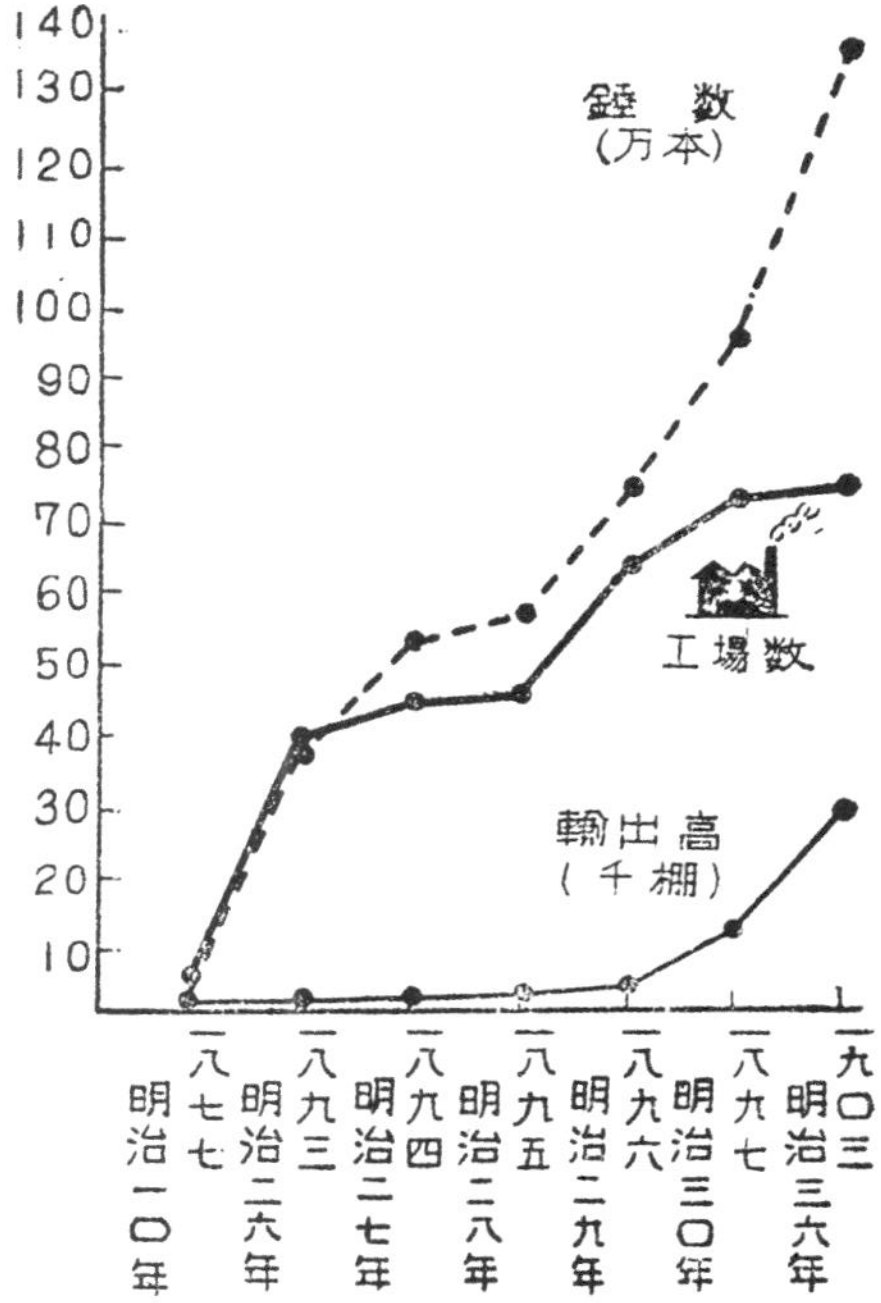

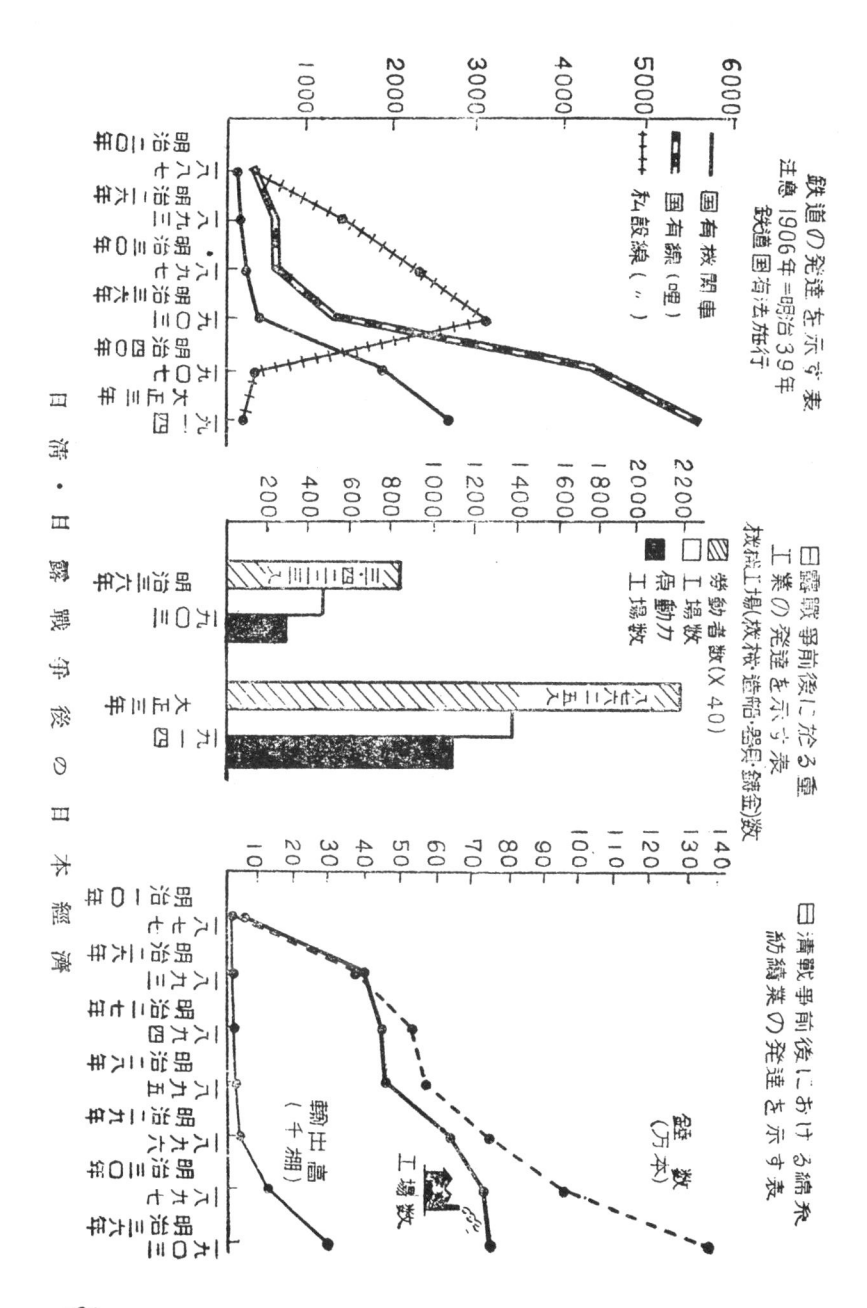

なつたことと共に、日本における軍國主義的傾向を著しく助長した。

第三に、日本における産業革命はその進行の順序が先進國のそれに比べると相當異り、また不徹底であり、不均衡であつた。一方においては先進國に比して遜色のない大工業ができ上ると共に、他方では技術も設備も悪い家内工業的な中小工業が取殘された。また繊維工業についてみても、綿糸・紡績部門においては機械制的大工業が發達したが、製糸部門はおくれ、さらに織物・染色部門においてはいつまでも小規模な手工業が中心となつていた。

第四に、こののち日本の産業は半封建的な小作制度下における農村の貧窮と關連しつつ低賃銀を基礎として發達することとなつたが、これは日本の工業生産力を高めず、國内の購賣力を低くし、海外市場への依存度を強めたのである。

第五節　近代文化の曙

1　教育の普及と新聞の發刊

教育の普及　教育の近代化は一八七二年（明治五年）の學制によつて基礎が置かれた。維新前後には復古思想に伴つて、一時國學的教育主義が主導的地位を占めていたが間もなく後退して、廢藩の後に政府は文部省を新設し、學制を制定して大規模な學校制度の近代的再編成を試み、これによつてまづ小學校を全國に設立して教育の普及に多大の努力をはらつた。學制の教育精神は自由主義を基本とし理性を尊重する實學的精神を高調して儒教的觀念論の一掃をはかるものであつた。民間においては福澤諭吉が『學問のすすめ』や『文明論の概略』を著して獨立自尊を說き、實學を奬勵したが、これも文部省の新教育政策と步調をひとしくして一世を風靡した。

教育における保守的思想の擡頭　實學の精神は西歐の近代的市民文化に近似した點で儒教的實踐道德から急角度の飛躍であり、當時の政治的動向よりは一步先んじた進步性を持つていた。かかる政治と思想のずれは間もなく保守的思想の反動的擡頭となり、儒教的思想の復活となつて現れた。政府における自由民權運動の彈壓とプロシア風の憲法制定を通じて藩閥政府の强化が促進されていつた。教育においては明治憲法制定と相提携する如く森文相の國家主義的教育の再編制が强行されて一八八六年（明治一九年）の學校令、特に帝國大學令の制定となり、一八九〇年の教育勅語の公布となつた。

新聞の發刊　新聞は幕末時代に外國人が橫濱長崎等の開港場で發行し、また江戶の開成所を中心に洋學者が發行したのにはじまる。明治以後はその發達いちじるしく各種新聞の發刊が相次ぎ、雜誌、各種出版物とともに文化の普及に貢献した。自由民權運動の勃興の時代には新聞は各派政論發表の舞臺となり、言論の力は政府に大きな驚怖を與えた。政府はこれに對して讒謗律を制定して壓迫し一時言論恐怖時代を現出したが、それは反つて民論を激化せしめ民權運動を高調せしめることとなつた。

2 新文藝運動

近代文學の萌芽 明治初期はまだ江戸文學の名殘りがあり、舊來の戲作者が依然として文壇の中心勢力を占め、假名垣魯文（かながきろぶん）、成島柳北等を代表者として、その作品は古い戲作調に新時代の文明開化の風潮を加味した新旧混交の文學であつた。ついで西洋の政治小說が少しづつ紹介されたので西洋文學が次第に文壇の中心に流れこみ、やがて新文藝運動のおこる契機をつくつた。

しかしまだ文學は敎化の道具という旧時代の文學觀念が多分に溫存されて、西洋文學も純文學的觀點よりも政治的な目的から歡迎され、自由民權運動の宣傳に利用される有樣であつた。その影響から生れた末廣鐵腸の「雪中梅」、矢野龍溪の「經國美談」などが政治小說の代表作として新しい政治思想の啓蒙に役立つた。

一八八五年（明治一八年）坪內逍遙が「小說神髓」を著したことは文學觀念の近代化に一大轉機

をもたらした。逍遙の功績は勸善懲惡という封建的道德觀念から文學を解放し、客觀的寫實主義を標榜して文學の獨立を宣言した點にある。これは西洋文學の理論から暗示されたのであつたが、新しい時代意識の動きが文學觀に革命を與えると見なければならない。それと並行して言文一致による文章の近代化がとなえられ、二葉亭四迷の清新なロシア文學の紹介はこの新文體を文學的に成功せしめたものであつた。さらに西洋文學の精細な心理描寫は傑作「浮雲」によつて示された。尾崎紅葉・幸川露伴・山田美妙等は寫實主義による新文學の展開の主導的地位を占めていたが、まだ江戸文學の殼を完全に破つてはいなかつた。紅葉が晩年ゾラを耽讀して、しかもこれを完全に理解し得なかつたのは過渡期の文學者の苦悶を語るものであろう。

浪漫主義と自然主義　わが近代文學の先驅はむしろ北村透谷を中心とする文學界一派に求められる。かれらは封建的道德からの解放を叫び、近代的感覺をもつて文學に新しい生命を吹きこんだ。西洋文學は坪内逍遙・森鷗外等によつてシエクスピア等の古典文學から最後にゾラ、モウパッサンツルゲネーフ等の近代自然主義文學が輸入され、二十世紀に入る頃から自然主義が文壇の中心勢力を占めるに至り、國木田獨步・田山花袋・島崎藤村・德田秋聲等の自然主義作家が生れた。日本の社會もすでに産業革命期に入り漸く市民的社會が都會を中心に成立して、自然主義的な人生觀照を受入れる時代となりつつあつたが、なお市民社會の未成熟は自然主義の發達を停滯させ、ゾラ、モウパッサンの亞流すら生みえず、身邊小說・暴露小說に陷つて明治末葉には行きづまりの有様となつた。この頃から文壇の傾向は一轉して夏目漱石の餘裕派や白樺派・三田派の人道主義・唯美主義が喜ばれる傾向となつた。

3　國家意識の昂揚

國家意識の形成　近代日本の國家意識は幕末の尊王攘夷論が政治的に凝結して王政復古となる過程において形成された。然るに時勢は急激に轉回して、鎖國攘夷は開國論に轉じ、尊王論は近代的中央集權主義に進んだ。かくて集權的な國家統一に進みながらも、なおその地盤には封建制の維持があり、近代社會の未成熟という條件があつたために、藩政の廢止を強行する傍ら、資本主義の育成を行いつつ國家の近代化をはかつた。藩閥政府の成立はかかる國內情勢から生れたものであるが、この國家的統一の過程を通じて國家意識は徐々に養成されてきた。

かかる國內情勢と同時にまた、國際的な事情が國家意識を高めて對外的な國權擴張、すなわち國權主義が次第に形成されて來た。征韓論の如き大陸政策が早く起つているのもその現れであり、自由民權論が人民の解放論でありながら、國權擴張論と密接に結びついているのも國際的事情から理解されなければならない。かくて國家の獨立が早く要求され、國家と人民と二つの解放が同時に要求されたのである。英米佛の自由主義と併行してドイツの國家主義思想が移植されたのもかかる情勢がもたらしたものであつた。

國家主義とその展開　明治十年代には西南戰爭も鎭壓され、内政の基礎が一應かたまると大陸問題と、條約改正問題が外からおこつた。民權論に對して政府は彈壓と同時にプロシア風の憲法制定を急いで絶對主義政權の確立をはかる。かかる過程を通じて國家主義が次第に支配的勢力を占め特に教育政策においては儒教・國學が復活し、ついで帝國大學令を中心とする國家主義教育の强行となつた。一方民間においては日本主義・國粹主義の運動が擡頭して、上からの國家主義と結びつく傾向を示した。勿論この上下の國家主義、國權主義は必ずしも同一の基礎に立つものではなかつたが、大陸問題と條約改正問題の壓迫によつて結びつき、國家意識の昂揚となつたのである。

自由民權運動は國會開設によつて解消され、民間の國權主義思想の中に溶解し、日清戰爭前後をもつて一應終末を遂げた。これは自由黨と政府との妥協をもつてその指標とすることができる。日清戰爭を契機として日本は帝國主義列强に追從し大陸發展の方向に向つた。明治初期以來の國權主義は一轉して帝國主義の傾向に展開し、國家意識は飛躍して新しい段階に入つた。明治三十年代に現われた德富蘇峯・高山樗牛等の帝國主義的日本主義はこれを代表するものである。

4　信教の自由

初期の宗教政策　維新政府の成立が復古主義を標榜した結果、神道的の粉飾を行い、神道の權威をもつて人心の統合をはかつた。五ケ條の誓文・神社制度・神祇官等は絶體王權の神格的權威づけとして强行され、ここに廢佛毀釋となつた。明治政府の宗教政策には何等近代的、合理的要素がなく、從つて西歐の宗教改革に比すべきものではない。五ケ條の誓文に「知識を世界に求むべし」と宣言したと同じ時に「切支丹邪宗門の儀今迄の通り堅く御制禁」と高札を掲げて、國民の信敎の自由を全く認めなかつた。また長崎浦上村の敎徒を多數檢擧しこれを諸藩に拘置してその改宗を迫つた。列國公使は直ちにこれに對して嚴重な抗議を申込んだので政府もその處分に困り、ついに切支丹から邪宗の文字を撤回した。またこのような保守的宗敎政策は外交上からまず支障を來した。一八七二年（明治五年）岩倉大使一行がアメリカで條約改正の豫備交渉をはじめた際にキリスト敎の禁制が問題となつたので遂に讓歩し、一八七三年さきの高札を撤回し、浦上村の敎徒をことごとく釋放し、これからキリスト敎は默認されるに至つた。

キリスト教の普及　キリスト敎は西洋文化の流行と共に次第にひろまり、政府の神道至上政策は反つてその時代錯誤によつて間もなく崩壞した。ここにおいて外人宣敎師は續々來朝し布敎につとめ、また學校の教師として招かれ、布教のかたわら文學・科學各方面の知識を教えたので、キリスト教は西洋の新文化そのものの如く歡迎され、宗教を越えた文化的勢力を持つに至つた。社會主義・婦人問題の如きもキリスト教の外人宣教師を通して紹介されている。後にキリスト教徒から初期の社會主義者を多く出したのもキリスト教の影響の大きかつたことを示している。

信仰の自由と神社神道　初期の廢佛政策は神道至上主義の破綻から自然解消となり、佛教はまた、はげしい迫害に抵抗するために自ら改革して新時代向に更生した。逆に神道は益々時流に後れて單なる神社制度として殘るにすぎなくなつた。

かくて國民の信仰に對する制限は次第に解消され、ついに一八八九年憲法の制定により「安寧秩序ヲ妨ゲズ」、「臣民タルノ義務ニ背カザル限ニ於テ」という條件づきで信仰の自由が法規上公認され、信仰自由の原則が國法上確定した。しかし神社神道は國家的宗教の地位を與えられ、神社は國家の公の營造物となり、天皇はその最高の祭主たる地位にあつた。かくて國家が特殊の宗教と密接な關係のあつたことは、後に超國家主義思想を呼びおこす原因となつたのである。

資本主義の發展は、眞の世界史を成立させた。明治以後の日本史は、世界史の渦の中に成長し、そして世界史の舞臺へと大きくのし上つてゆく歷史である。

世界の動き

維新の改革が着々と實行されていつた明治の初年、イギリスはヴィクトリア女王治世の下、世界の貿易に王座をほこり、ドイツにはビスマルクが出現して統一への道を進んでいた。ドイツがフランスと戰つてナポレオン三世を降し、遂に帝國を樹立したのは一八七一年、日本では廢藩置縣の行われた年であつた。同時にイタリアも統一を完成した。これよりヨーロッパの外交界はビスマルクの快腕によつて左右される觀を呈した。中國にあつてもこの頃は中興とよばれる少康の時代であつた。

しかし東アジアの一時の平和も日本の急激な勃興によつて破られた。同時にヨーロッパもまた新しい段階に入りつつあつたのである。それは帝國主義時代の到來であつた。先ずイギリスが植民地に對して積極的な攻勢を開始し、世界の資本主義列强はこれにつづいて未開のアフリカ大陸に、あるいはアジア大陸に進軍をはじめる。ことに日本で明治憲法が發布され、帝國議會が開設された一八九〇年代以降、列國主義は遂に國際的な植民地爭奪戰となつて現れるのである。

十九世紀最後の十年間、世界の各地は列强によつてくまなく分割されるの觀を呈した。そして二十世紀を迎えるや、世界再分割につき進んだ列强の對立はいよいよ激しく遂に世界大戰を招くに至る。この五十年、世界は二つのいまわしい大戰爭を經驗しなければならなかつた。

第六章　帝國主義下の世界と日本

概観

明治末期において日本は一應産業革命の過程を終えたが、大正から昭和にかけての日本は、帝國主義的發展とその崩壞の歷史を歩んだ。

二十世紀の世界は帝國主義爛熟のうちに明けたが、一九一四年（大正三年）遂に諸國間の對立は爆發して未曾有の世界的大戰爭となつた。日本も日英同盟の故を以てこれに加わつたが、列强の激闘をよそにひとり漁夫の利を占め、戰爭景氣に浸つた。さらにこの戰爭を契機として重・化學工業を發展させるとともに、いわゆる金融資本を確立せしめ、また勢に乘じて中國における權益の擴張を强行した。大戰による繁榮、世界的なデモクラシーの昂揚等を背景として、日本にもデモクラシーの思想と文化の花が開いた。政治の面においては、一九一八年（大正七年）最初の本格的政黨内閣が生れた。多年懸案の普通選擧もついに實現した。大戰後、恐慌を契機として種々の社會問題がおこり、世界的な勞働運動の昂揚、社會科學の新しい展開とも關連して、日本においても社會運動が擡頭してきた。

第一次世界大戰後、全世界には平和への欲求がたかまつた。日本も植民地をもつ帝國主義國であり、アジア大陸には重大な關心をもつていたが、國内におけるデモクラシーの進展にも影響されて、しばらくは國際協調的外交政策をとつた。ワシントン軍縮會議への參加もそのあらわれであつた。

しかしこの間、戰後の恐慌を經た世界の資本主義は、その危機が一般化し、かつ深刻化した。日本もその例外ではなく、一九二七年（昭和二年）には金融恐慌がおこり、一九二九年（昭和四年）の世界恐慌の大波にいち早く呑みこまれてしまつた。このような重大危機を脱せんがために日本の選んだ道は、國内的には產業合理化と人員整理、對外的にはアジアにおける市場と資源とを武力によつて獨占することであつた。かくて日本は、侵略とファシズムへの道を歩むこととなつたのである。

日本の侵略戰爭はまず滿洲において火蓋が切られ、やがて中國全土にまで及び「滿洲事變」から「日華事變」へと發展していつた。

この間極端な侵略主義と軍國主義を伴つたファシズムは急激に擡頭し、ひ弱かつた民主主義を踏みにじり、そのテロリズムは兇暴をきわめた。かくてファシズムは軍部を中心として日本の國家機構を完全に占據してしまつた。

日華事變は、全中國を一丸としての抗戰にあい、日本の軍事的・經濟的危機は深刻の度を加えた。この段階に至つても日本は平和の道をえらばず、南方の資源を求めて史上空前の暴擧に出た。すなわちそれが太平洋戰爭である。この戰爭は最初のうち豫想外の戰果はおさめたが、その劣悪な生產力と時代錯誤の國家組織・軍隊組織を以てしては、巨大な生產力を有する先進資本主義國に勝ちうるはずはなかつた。間もなく戰局は一轉して守勢となり、以後は急速に敗退の道を歩んだ。なお戰局が不利になればなる程、ファシズムの國內支配は激烈をきわめたのである。

戰局日に日に不利となりつつあつた日本は、同盟國獨・伊の崩壞後間もなく、原子爆彈の投下とソ連の參戰により連合國の軍門に降つた。ここに帝國主義國日本は解體し、連合國の占領下におかれ、國民はファシズムから解放されて、民主主義への道を歩むこととなつたのである。

第一節　第一次世界大戰と日本

1　大戰の勃發と日本の參戰

列國對立の激化　十九世紀の末から二十世紀の初頭にかけての世界は、植民地・半植民地の再分割をめぐる列國の帝國主義の對立が、激化しつつある時代であつた。とくに、全世界にまたがる大植民地をもつイギリスを先頭としフランス・ロシアを交えたグループ（三國協商）と、後進國ではあるが急激に生産力を増大せしめて積極的な帝國主義政策をとるドイツを先頭として、オーストリア及びイタリアを交えたグループ（三國同盟）との二大國家群の對立が表面化するに至り、さらにそれにスラブ系民族を中心とする民族問題が加わつて、列國の對立を深刻なものにした。かくして戰爭の危機は刻々に迫つた。

大戰の勃發　列國間の緊張した對立は、一九一四年（大正三年）六月、セルビアの一青年がオーストリアの皇太子に放つた一彈によつて果然爆發した。オーストリヤはこの事件によつてセルビアに宣戰したが、前者には同盟國のドイツが、後者にはロシア、ついでその同盟國たるイギリス・フランスが加擔して相對戰することゝなつた（ドイツ側が同盟國、イギリス側が連合國と呼ばれる）。

イタリアは三國同盟の一員でありながら、オーストリアとの利害關係の故に、この同盟から離反しつつあつたが、一九一五年（大正四年）連合國側について參戰した。

日本の參戰　日本は以上のようなヨーロッパ列强間の對立から一應無關係であつたが、日英同盟（一九〇二年・明治三五年）を理由として、開戰の年の八月連合國側に參戰した。日本は中國においてはドイツの租借地靑島を占領し、南洋においては海軍力を以てドイツ領たるマーシャル・カロリン群島を占據した。また艦隊は遠く地中海・印度洋にまで出動した。

對華二十一ケ條問題　日本は右のように大戰に參加する一方、列國の力が東洋にまで及ばなかつた虚をつき、内亂によつて統一をさまたげられた中國にその權益を擴大しようとした。シナは日本に比べると近代化がおくれていたが、一九一一年（明治四四年）孫文（スン・ウエン）のひきいる辛亥（しんがい）革命が起り、淸朝は倒され、翌年（大正元年）には中華民國として新發足した。しかし軍閥による内亂は、眞の民主的統一をさまたげていたのである。ところで日清・日露の兩戰爭を通じて、シナにおける權益を獲得してきた日本は、その後資本や商品の輸出を活潑化したが、一九一二年には英・米・獨佛・露の諸國とともに對華借款團に加わる等、ますます積極的に中國進出を行いつつあつた。そこで世界大戰勃發の機をとらえて一擧に在華權益を增大しようとした日本政府は、一九一五年（大正四年）中國に對しいわゆる二十一ケ條の要求をつきつけたのである。その内容は滿洲・モンゴル・

山東省等における日本の獨占的權益、とくに鐵道・鐵山及び炭鑛に關する權益と、政治的發言權を認めさせようとする激しい內容のもので、中國政府は最初拒否したが、遂に日本の軍事力の前に屈した。これによつて日本の中國における勢力は著しく強くなつたが、中國人の排日運動は盛んとなり、二十一ヶ條要求承認の日にちなんで五月九日を國恥記念日と呼ぶに至つた。またこの頃から歐米列國も、日本のアジアにおける侵略的意圖を、監視的な眼で見るようになつたのである。

ロシア革命とシベリア出兵

一方、連合國側の一員ロシアにおいては、長い戰爭により、腐敗した專制的帝政の矛盾が爆發し、一九一七年革命が起つた。この年三月に起つた第一次革命（三月革命、旧露曆によれば二月革命）によりケレンスキーの共和政府が樹立されたが、ついで十一月に起つた第二次革命（十一月革命、旧露曆によれば十月革命）により、レーニンの指導するボルシェヴィキ政府が樹立された。世界における最初のプロレタリア革命の成功は列國を非常に驚かせ、ロシア國內にあつた連合國チェッコスロバキア軍の救出を理由として、一九一八年（大正七年）列強はシベリアに出兵した。かかる干涉にもかかわらず革命軍の勢は強く、アメリカ・イギリスの軍隊は間もなく撤兵したが、七萬の日本軍は獨りシベリアにとどまり、四年にわたつて革命軍と戰を交えた。しかし革命軍、とくにそのゲリラ部隊の活躍により、日本軍は嚴寒の地に惡戰苦鬪し、數億圓の戰費と三千數百の死傷者を出して、一九二二年（大正一一年）全面的に撤兵せざるをえなくなつた。出兵の年は、國内にあつては米騒動とその弾壓のあつた年であり、またこの事件は極右思想が、軍部の指導の下に國策として行われた最初のものである。

大戦の終結と戦後の日本外交

大戦の終結　大戦全般の戦局は最初のうち同盟國に有利に展開したが、フランスを中心とした連合國の反撃により、戦線は膠着狀態におちいつた。同盟國側にはトルコ・ブルガリアの參戦があつたが、連合國側にも日本・イタリアが參加した。一方アメリカは局外にあつて中立を保ちつつあり、經濟界は活況を呈していた。双方ともこのアメリカを味方に引入れようとしたが、ドイツの無制限潜水艦戦はアメリカの態度を硬化させ、一九一七年(大正六年)遂にアメリカは連合國側に加わつた。ロシア革命によつて連合國の一角が破れたとはいえ、アメリカの參戦は戦局を決定的にした。トルコ・ブルガリア・オーストリアは單獨降服によつて脱落し、ついに一九一八年(大正七年)ドイツ國内にも革命が起り、同年十一月同盟國は連合國に屈服したのである。

ベルサイユ條約と日本　一九一九年(大正八年)戦勝國代表はパリに集つて講和會議を開いた。この會議は難航を續けたが、結局ドイツから一切の植民地を奪い、軍備を嚴重に制限し、莫大な償金を支拂わせるというきびしい講和條件を内容としたベルサイユ條約が成立した。日本はこれによつてもとドイツのもつていた膠州灣及び山東省における權益を繼承するとともに、ドイツ領たる南洋群島の委任統治を行うこととなつた。

大戰後、帝國主義國家としての日本の國際的地位は向上した。日本は講和會議の席上アメリカ大統領ウィルソンの提唱を契機として成立した國際連盟に加わつたが、ここにおいても常任理事國となつた。しかし日本が大戰中、漁夫の利をえんとして東洋において行つた前述のような行動は、中國はもとより、世界の列强に警戒の念をおこさせたのである。

國際協調時代と日本の外交

莫大な生命と戰費を犧牲とした第一次世界大戰の慘禍が餘りに大であつたため、その後しばらくの間、世界には平和と國際協力の空氣が濃厚であつた。日本は植民地をもつ帝國主義國であり、とくにアジアの諸地域に對して種々の野心をもつていたが、一應世界の大勢にそう外交政策をとつた。これは原料の供給をうけ市場を確保する點からいつても必要な政策であつた。とくに戰後の世界においては、平和維持の見地から軍備縮小の聲が高くなり、このため一九二一年（大正一〇年）米・英・佛・伊及び日本の代表によつてワシントン會議が開かれた。この會議においては、主として海軍軍備縮小が討議され、主力艦の比率を、英・米五に對し日本三、佛・伊一・七五と定められた。

この會議においてはまた中國問題が討議され、前記各國に中國・ベルギー・オランダ・ポルトガルを加えた九ケ國の間で、中國の領土と主權を尊重し、各國に對し機會均等の原則によつて中國の門戶を開放する九ケ國條約が結ばれた。日本の行動に對する批判の聲も强く、日本は山東半島を中國に返すこととなり日英同盟も廢棄された。

以上のような情勢は、世界における平和維持の空氣によつてもたらされたものであるが、日本國内についてみても、民主主義の發達により、政府や軍部の一部における軍備擴張の意圖を、一般國民が平和と國民負擔の輕減の立前から反對したためにもたらしえたのである。

第二節　近代文明の成熟

1　大戰による經濟的繁榮

戰爭景氣の現出　日露戰爭後の好況は、一九〇七年（明治四〇年）以降の深刻な恐慌によつてくずれ、一九一〇年（明治四十三年）頃には回復したが、一九一三年（大正二年）には再び經濟界が衰退し、翌年には恐慌狀態となつた。しかるに世界大戰の勃發は、經濟界に空前の活況をもたらした。すなわち、日本は參戰はしたが、互に激鬪した列强のそれに比すれば日本の拂つた負擔はとるに足らず、かえつてアメリカと共に主戰場をはなれて戰爭景氣を謳歌したのである。列國の注文は日本商品に集り、歐洲商品にかわる日本商品の輸出は文字通り激增した。とくに綿製品・メリヤス・雜貨がその中心であつた。一方歐米船にかわつて、日本の商船による貨物輸送が未曾有の繁昌をきわめ、世界第三位とまでなつた。このため船成金が續出し、造船業も非常ににぎわつたのである。

工・鑛業の發展　以上のような戰爭による景氣は日本の資本主義を飛躍的に發展させたが、その中心となつたのは工・鑛業である。輕工業においては、輸出の激增に刺戟されて、綿糸・紡績・製糸・織物の各部門とも生產設備の大擴張が行われ、機械化が非常に進んだ。

重工業は從來先進國に比べるとおくれた部門であつたが、大戰を通じて飛躍的な發展をとげた。特に海運界の好況による造船業の發達が著しかつたが、車輛・機械類・冶金（とくに鐵鋼）・工業藥品・染料・肥料等の部面においても、輸入の杜絕・輸出の增大にともない非常な發達がみられた。また以上の動力源としての電力業や、原料源たる鑛山業の發達も顯著であつた。後者においてはとくに採鑛の機械化が進んだ。

農村への影響　大戰は日本の農村にも大きな影響を與えた。農產物は總生產額においても、反當り收量においても增大し、その價格も暴騰した。生糸輸出の增大は養蠶業と桑作を大いに發達させ、都市人口の增加は蔬菜・果樹の栽培を刺戟し、すなわち商業的農業を發達させた。また前述の

第一次世界大戰後に於ける日本經濟の發達　（1）

織物生産價額（万円）

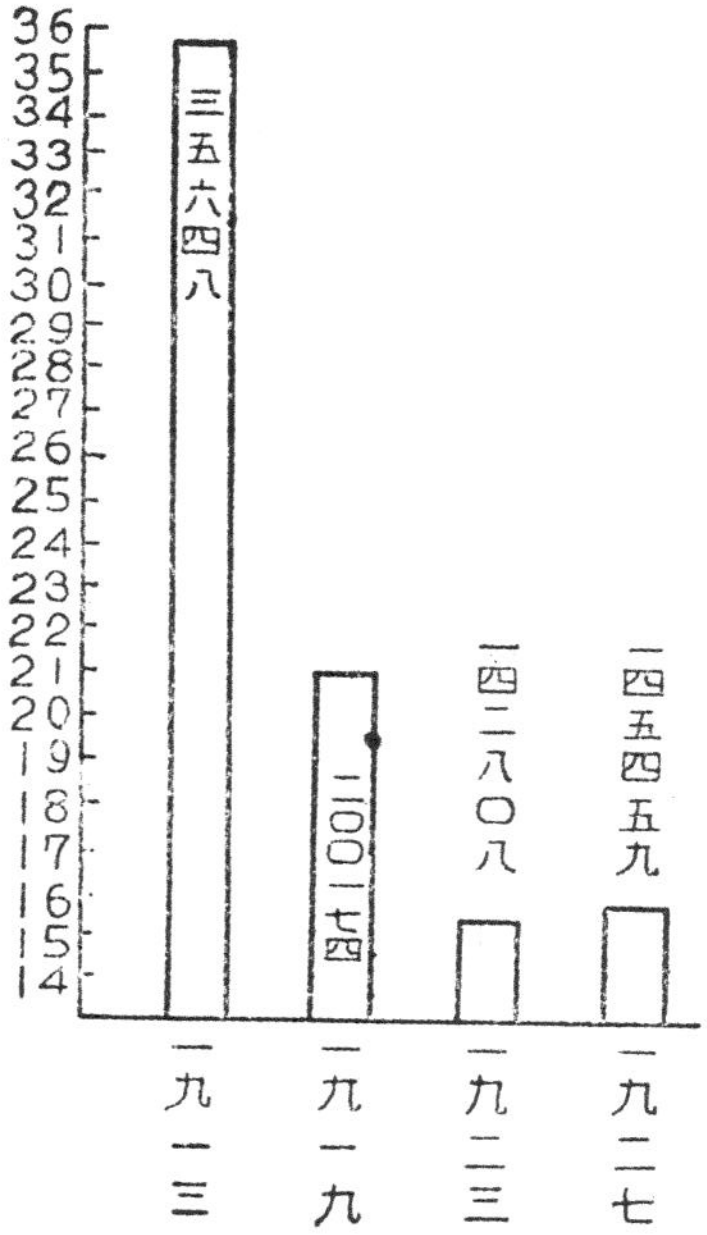

綿糸紡績業

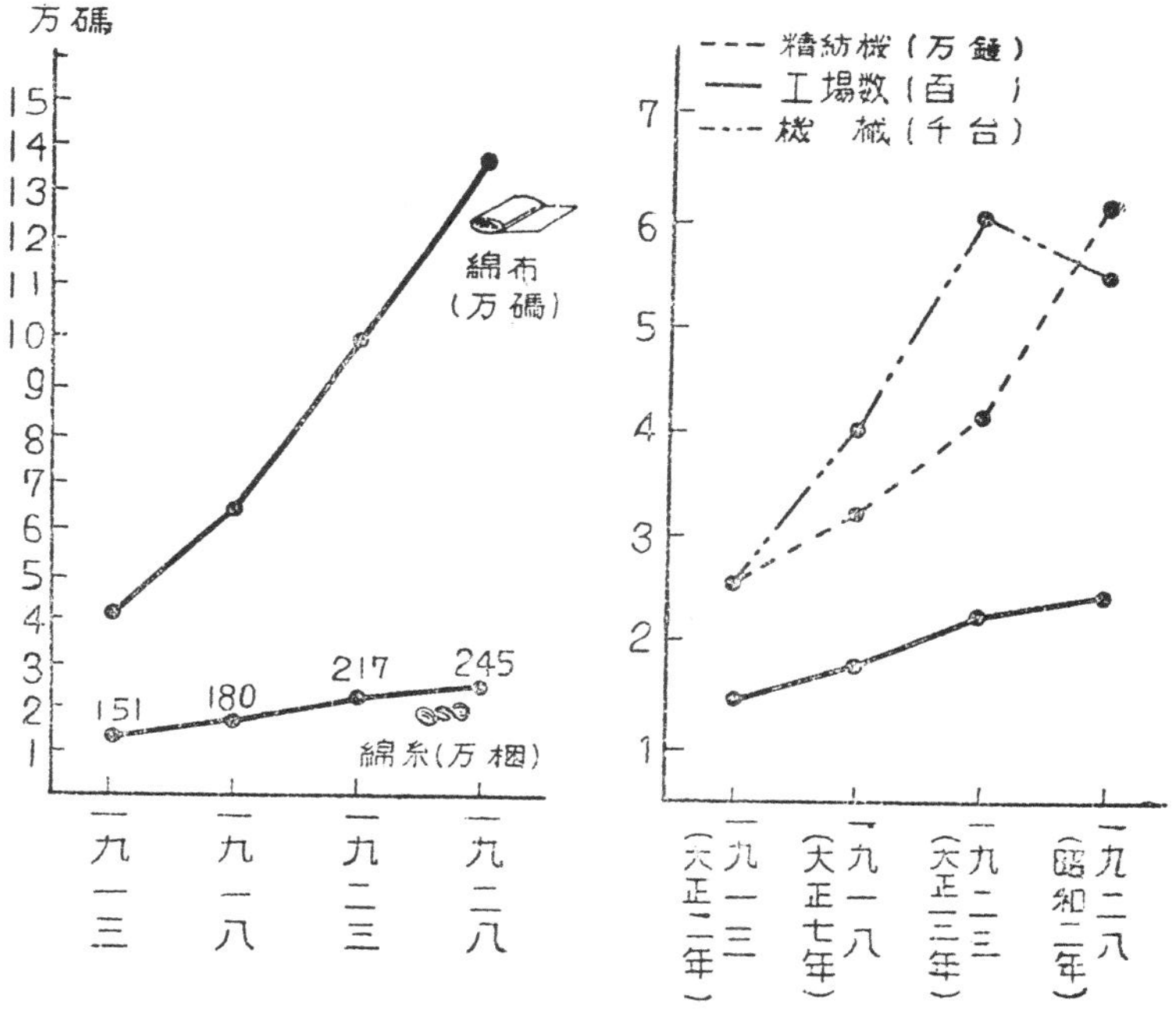

第一次世界大戦後に於ける日本の経済発達　（2）

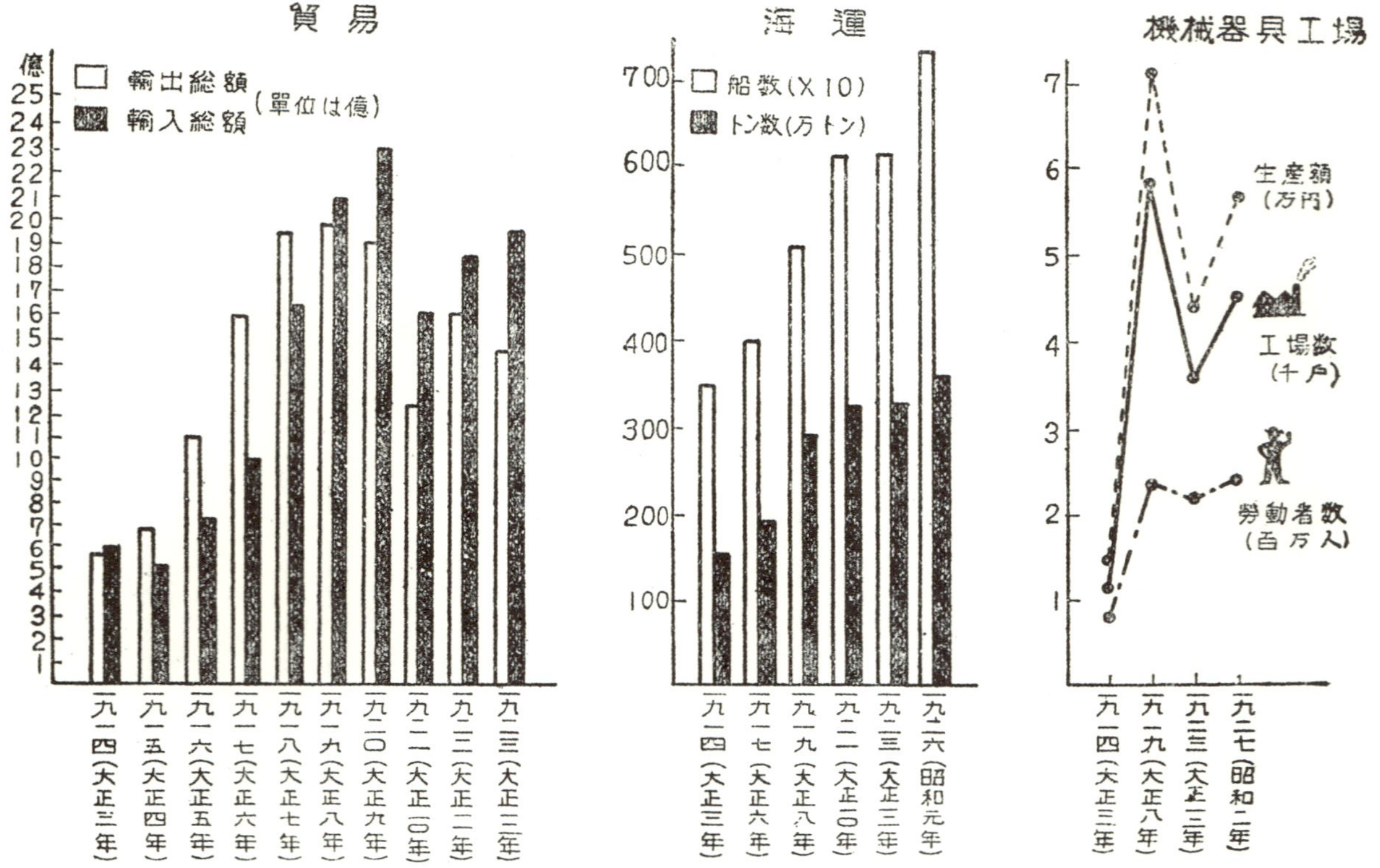

ような工・鑛業の非常な隆盛は、農村から尨大な人口を工場勞働者として都市におくり出したのである。しかしながら小作料が幾分低下の傾向をみせたとはいえ、半封建的な小作制度はその本質を變えるようなことはなかつた。

金融資本の確立　大戰による工・鑛業ならびに貿易業・交通業の發達は、日本經濟の構造そのものをも變質させていつた。一言でいえば、日本においてもこの頃獨占的金融資本が確立したのである。すなわち好況を背景として事業熱・投資熱が非常にたかまつたが、この間銀行の集中現象も著しく、しかも銀行資本の産業資本に對する支配力も決定的となつたのである。財閥もコンツェルンとして本格的な獨占支配の形態をととのえてきた。このようにして大戰を通じて日本の金融資本は確立したが、注意すべきことは、一、日本の金融資本は封建的な財閥を中心としたものであること、二、一方においては巨大な工場が林立しながら他方にはそれと併行して、あるいはその下請工場として無數の中小企業が散在すること、三、工・鑛業においては資本主義が發達し、金融資本の成立したにもかかわらず農村には依然として半封建的小作制度が維持され、農業における本格的な資本主義の發達は見られないこと、四、國家資本の比重の大なること等である。また金融資本支配下における産業が、國內市場よりもむしろ海外市場に多く依存することになつた。このことは日本の外交を制約するとともに、優秀な先進國商品に對して安い勞賃によつて作られる粗惡品を以て對抗する道を歩ませたのである。

2　民主主義の發達

憲法制定後の政治情勢　大戰後世界各國にはデモクラシーの波がたかまり、これが日本にも大きな影響を與えたが、それをみる前に明治末期以降の日本の政治の狀態を回顧してみよう。

一八九〇年（明治二三年）第一回の總選擧が行われ、帝國議會が開かれたが、議席にはかつての自由民權派の人々が多く、議會は藩閥政府に對して攻擊的で、とくに第二回議會は政府の軍備擴張案に反對したので、政府はこれを解散した。その後政府は反政府的な議會勢力の骨抜きに努力したため段々と妥協的になつたが、それでも資本主義の發達に伴う民主主義・自由思想の生長を背景として、自由主義的政治思想も發展していつた。

政黨の發展　かくて藩閥政府の意圖にもかゝわらず政黨の力が段々強くなつてきた。一八九八年（明治三一年）には、板垣退助のひきいる自由黨と、大隈重信の率いる進步黨（その前身は改進黨）が合同して憲政黨を結び、政黨內閣樹立を目指した。かくて同年憲政党党首大隈重信を首班とし、板垣退助・尾崎行雄・犬養毅を交えた政黨人による最初の內閣が成立したのである。このようにして、藩閥官僚のほか地主やさらに資本家階級の政治的發言權は增大したが、かれらは背後からすでに勞働運動に脅かされていたので、絶對主義的權力と徹底的にたたかうことなく、これと妥協したのである。このため日本においては、歐米先進國におけるような典型的な市民的民主主義は順調な發達をみなかつた。

一方、伊藤博文はその後再び分裂した憲政黨の一部を以て立憲政友會を設立したが、これは官僚的色彩が濃厚であつた。かくて明治の末期から大正にかけては山縣有朋、伊藤博文、桂太郎・西園寺公望・山本權兵衞・寺内正毅等、軍人・官僚・宮中關係者等によつて政權が授受され、憲政黨から分れた憲政本黨の勢は振わなかつた。しかしこの間一九一二年（大正元年）軍部の横暴によつて第三次桂内閣が成立したときには、政友會・國民黨（憲政本黨の後身）は新聞記者とともに憲政擁護運動を起し、成立後五十數日で内閣を倒した。このとき國民黨の犬養毅、政友會の尾崎行雄の活躍は目ざましかつた。しかし政友會はその後間もなく官僚と妥協してしまつた。

なお一九一四年（大正三年）山本内閣の時ドイツのシーメンス會社から日本海軍への贈賄が暴露し、民論と議會の攻擊によつて内閣を倒したいわゆるシーメンス事件も、一般國民の政治的發言力を大にした事件であつた。

デモクラシーの昂揚と政黨内閣の出現

第一次大戰は前述のように世界的に民主主義思想をたかまらせたが、日本においても急激に民主主義的思想がさかんになつた。東大教授吉

米　騒　動

野作造の唱えた民本主義をはじめとしてデモクラシーの思想は知識人および一般を風靡した。とくに富山縣下の一漁村の主婦たちによつて口火をきられた一九一八年（大正七年）の米騒動は、民主主義運動發達の一大契機となつた。この事件は自然發生的な事件であるが、のちに勞働者・農民・俸給生活者等の多數の參加する全國的運動となり、大戰による米價の暴騰の原因を悪德米商人の買占投機によるものとして米商人や高利貸を襲撃したもので、軍隊の出動によつてようやく鎭壓された。

この米騒動によつて寺内内閣が倒れた後、政友會黨首原敬（さとし）を首班とする内閣が成立した。この内閣は平民出身の首相の下に軍部大臣と外務大臣以外はすべて政黨人で組織された、最初の本格的政黨内閣であつた。その後も官僚内閣が成立したが、一九二四年（大正一三年）清浦奎吾（けいご）の組織した官僚内閣が第二次護憲運動によつて倒され、憲政會（後の民政黨）黨首加藤高明（たかあき）の内閣が成立して以來、昭和の初めにいたるまで、衆議院における第一党の党首が首班となり、軍部大臣を除く大臣はすべて政黨人が占める政黨內閣が習慣となり、このような方法が憲政の常道と呼ばれるようになつた。以上のように、政黨內閣が出現したことは日本の民主政治上劃期的なことであり、一般平民が政治への發言力をもつことになつたわけであるが、これらの政黨內閣も官僚や軍部には妥協的で、みずからのイデオロギーも封建的色彩が強く、また加藤高明・若槻禮次郎・濱口雄幸・田中義一等は大部分高級官僚または軍人出身であつた。ここに政黨政治の限界があつた。しかしともかくも大正時代から昭和初年にかけて日本の政治が政黨を中心とする議會政治のかたちをとつたことは、資本主義の發展、とくに金融資本の成立を反映するものであるとともに、一つの大きな進歩であつた。

普通選擧運動　デモクラシーの發達にとつて大きな意味をもつものに普通選擧（普選）運動がある。

明治憲法制定當時における衆議院議員の選擧權は二十五歳以上の男子、被選擧權は三十歳以上の男子、また選擧權・被選擧權ともに直接國稅十五圓以上を納めるものに限られていた。このような制限選擧を撤廢しようとする普選運動は、自由民權運動の流をひきつつ明治時代にも起つていた。その後納稅額三圓以上となり制限はやや緩和されたが、本質は異ることなく、一九一一年（明治四四年）には普選法案が衆議院を通過したが、貴族院で阻止された。初代の本格的政黨內閣たる原內閣すら普選法案を不穏としてしりぞけたのである。

しかしデモクラシーの波とともに普選への要求はますます強くなり、とくに勞働組合が中心となり、婦人團體・農民組合・一般市民・學者・政治家等も加わって一大國民運動となった。そこで一九二五年（大正一四年）加藤高明内閣は普選法案を議會に提出、難航の上漸く兩院を通過成立した。この間樞密院・貴族院を中心とする保守勢力の妨害は非常に激しかった。しかしこの結果、衆議院議員の選擧權は二十五歳以上の男子全部に與えられることとなり、有權者は一躍四倍に增加し、一方貴族院の改革も行われた。

このような普通選擧の實現は、デモクラシーの勝利であり輝しい成果であるが、婦人および二十五歳以下の男子には依然參政權が與えられず、華族および勅選議員を中心とする貴族院の構成はさして變らず、しかも衆議院と同等の權限を有するままであったことは餘りにも大きな限界であった。また政府は一方においてこのような普選を實現させながら、他方においては同じ年に思想と社會運動を取締る彈壓の惡法といわれた治安維持法を制定した。

3　社會運動の成長

大戰後の恐慌　デモクラシーとともに第一次大戰後における大きな問題は社會問題である。これは資本主義の發達の暗い面、貧富の問題であるが、この場合は大戰後における景氣の變動から說明しなければならない。大戰中の好況においても、戰争景氣による利潤を收めたのは資本家や一部の成金であつて一般國民はさしてうるおわなかつた。むしろ物價の騰貴に比べて俸給・賃金は上らないので勤勞者の生活は苦しくなつた位である。事情は農村においても同樣であつてこのため工場のストライキや米騷動等が起つたのである。

しかし戰後間もなく、一九二〇年（大正九年）に早くも訪れた恐慌は非常な影響を與えた。これによつて工・鑛業は萎縮したが、とりわけ輸出に依存した紡績業や製糸業は操業短縮を行うに至つた。そのほか產業界は不振に陷つたので失業者が續出した。農村においても農產物價格の暴落により中農以下の多くの農民が沒落貧窮化した。また一九二三年（大正一二年）關東地方を襲つた大震火災も日本經濟全般に大打擊を與えたのである。このような事情を背景とし、デモクラシー運動とからみ合いつつ、勞働運動や農民運動等の社會運動が發達したのである。

日清戰争前後の社會運動　社會運動においてもその歷史は明治時代までさかのぼる。一八八二年（明治一五年）自由民權運動の左派によつて結成された東洋社會黨、翌年成立の車界黨や、大井憲太郎の動きには社會運動的なものがあり、一八八八年（明治二一年）の高島炭坑坑夫虐待事件や、一八九二年（明治二五年）における東洋自由黨の結成もこの意味で注目すべき事件であつた。さらに一八九三年（明治二六年）には大阪天滿紡績においてわが國最初の近代的工場ストライキが起つたのである。

しかし日清戰爭後、產業革命の進行に伴つて社會問題が活潑となつてきた。一八九六年（明治二九年）にはすでに勞働立法が問題となつたが、一八九七年（明治三〇年）の足尾鑛毒事件も世に大きな問題を投げかけた。同年高野房太郎らは「職工義勇會」（後の勞働組合期成會）を組織したが、他方この頃農村においても小作人組合も現れるようになつた。

以上の動きにも社會主義的色彩がみられるが、明治三十年代以降は社會主義團體や社會主義を基調とする勞働組合の結成が目立つてきた。すなわち一八九八年（明治三一年）には、外國から歸えつたクリスチャンを中心として社會主義研究會が生れた。翌年には安部磯雄・片山潜・幸德秋水・木下尚江・河上淸・西川光次郎らによつて社會民主黨を結成せんとしたが禁止され、これらの人々はさらに日本平民黨の結社屆を出したがこれも禁止された。なお堺利彥・幸德秋水は一九〇三年（明治三六年）平民社を起した。

初期における日本の社會運動の特色はキリスト敎的指導者が多かつたことと、社會主義的色彩が强かつたことである。そこで政府は勞働爭議の瀕發もあつたので社會運動全般にたいして彈壓の擧に出で、一九〇〇年（明治三三年）には治安警察法を制定した。

日露戦争前後の社會運動　日露戦爭が起つたとき、平民社の人々をはじめとする社會主義者や、内村鑑三等のクリスチャンは反戰運動を行つた。また渡歐中の片山潜もアムステルダムの萬國社會黨大會にのぞみ、ロシア社會民主黨代表と握手を交した。

日露戰爭後社會運動はさらに發展し、一九〇六年（明治三九年）には前記の堺・西川らにより日本社會黨が結成され、この年堺の主筆により最初の社會主義研究雜誌「社會主義研究」が發刊された。これより數年間、社會主義的新聞・雜誌・パンフレットの刊行がさかんであつたが、この頃活躍した人々は前記の人々のほか、石川三四郎・山川均・荒畑寒村・大杉榮等がいる。一九〇八年（明治四一年）東京神田の錦旗館に有名な赤旗事件が起り、堺・山川・荒畑・大杉らが檢擧された。

大逆事件　日本社會黨設立の頃から社會主義運動は左右に分裂の傾向にあつたが、外國より歸朝した幸德はクロポトキンの無政府主義的社會主義の影響をうけ、直接行動を主張した。一方政府の社會運動に對する彈壓はいよいよ激しくなつてきたが、ここで一九一〇年（明治四三年）に起つたのがいわゆる「大逆事件」である。この事件において幸德以下二十六名が天皇暗殺を策したかどで逮捕され、幸德以下二十三名が死刑を宣告された。

この事件を契機として社會主義に對する彈壓は俄に激しくなり、「昆虫社會」という書名の本が

「社會」の文字のため發賣禁止になつたほどである。このため社會運動はしばらく窒息狀態となり、文學なども逃避的な傾向をとるようになつたのである。

第一次大戰後の社會運動　大逆事件以來鳴りをしずめていた社會運動も、戰時および戰後における社會問題の激化とデモクラシーの波、とくに勞働運動の世界的活潑化によつて復活していつた。一九二〇年(大正九年)あらゆる社會主義者の大同團結によつて日本社會主義同盟が結成されたが、これは翌年政府によつて解散させられた。一九一二年(大正元年)鈴木文治によつて設立された穩健な勞働團體友愛會も一九一九年(大正八年)には「大日本勞働總同盟」と改稱し、一九二二年さらに日本勞働總同盟と改め、翌年設立の日本農民組合とともに階級闘爭の方針を明確化した。

なおロシアにおけるボルシェヴィズム革命の成功は、日本にも大きな影響を與え、共產主義的勞働運動が活潑化してきた。一九二二年(大正一一年)にはついに日本共產黨が結成された。しかし當局の彈壓は激しく、翌年これに對する大檢擧が行われたのである。さらに翌年の關東大震災に際しては、社會主義者大杉榮とその家族が憲兵の手で殺され、多數の朝鮮人も遭難した。

またこの頃から勞働運動には左右の對立が生じ、總同盟も分裂して、左派は日本勞働組合評議會を結成した。政黨としては非合法の共產黨は別としても數個の無產政黨が分立したが、一九二八年

（昭和三年）の第一回普選には八名の議員を當選させたのである。

4　科學と藝術の發達

科學の發達　西洋科學は江戸時代の洋學を通じて受容され、醫學・天文學等の自然科學的領域から實證的研究の途が開かれ、さらに市民社會の成立によつて合理的實驗的精神が指導的地位を占めて、科學の發達すべき地盤が出來た。西洋の近代諸科學は種々の必要に應じて盛んに移植された。政府も大學を設立し、外國から專門の學者・技術家を招聘して極力その育成をはかつたので醫學をはじめ各方面の科學が急速に普及した。特に産業開發のために工學・鑛山學等の技術敎育に力がそそがれたが、また理論的部門も大學を中心に數學・物理學・生物學等の研究が熱心に行はれて現代の科學研究の基礎ができた。

しかしまだ西洋科學の紹介模倣の域を脱せず、明治末期に至つて漸く獨創的研究を見るに至つた。地震學の大森房吉・物理學の長岡半太郎・天文學の木村榮・醫學の北里柴三郎等の研究は日本科學を世界的水準に高めた。

この科學發達の經路を見るに、帝國大學が常に主導的地位を占めた。科學も産業と同樣政府の力によつて發達した結果、著しく官學的性格を附與され、一般社會と隔離する弊を生じた。さらに産業と軍事との密接な結びつきは軍事的科學の發達を促し、とくに造船學・火藥學等に獨創的研究があらはれた。また鐵道・電信・採鑛・製鐵等の施設が國防的見地から擴張せられたことは機械工業に關する研究の發達を刺戟した。

人文科學と社會科學　人文科學・社會科學の方面はまず先進資本主義國たるイギリスないしアメリカの功利主義・自由主義系統のものが支配的地位をしめていた。政治・經濟の近代化促進のためには社會科學の知識を必要とし、法律學・經濟學・社會學・統計學等が移植され、さらにその基礎原理を求めて西洋哲學その他の精神科學の研究にも見るべきものがあつた。ミル、スペンサーの思想がもてはやされ、フランス系ではルソー、モンテスキューが流行して、自由民權運動もこれらを指導理論とした。

明治十年代に至つて政府は憲法制定に着手し、ドイツ思想に傾倒したが、これを契機として英・米系にかわつてドイツ系統の理想主義・國家主義の思想が勢力をしめて思想界は大きな轉回をとげた。哲學におけるカント、ヘーゲル、史學におけるランケ、教育學におけるヘルバルトは前代のミル、スペンサーに代つた。日本資本主義の上昇と、その帝國主義段階への傾斜はそれにふさわしい思想を要求したのである。同時に日本主義・國粹主義思想の擡頭を見ているのも、かかる移入思想の轉換と表裏していると言はなければならない。

明治三十年代における産業革命の進行は社會問題を誘發して、社會主義思想を育てた。明治初期以來發達したブルジョア社會思想に反抗する下からの思想の動きが漸く顯著となり、マルクス、クロポトキン等に對する認識が思想界に根をおろした。この新しい傾向は大正頃に至つていよいよ明確となつた。

文學　自然主義文學は明治末期から大正時代にかけて理想主義・人道主義・唯美主義的の傾向に移つた。文化の爛熟はいきおい享樂主義的文學を生むと共に、また人間觀照をますます深化し自我の探求、人間心理の纖細な描寫へと向わしめ、夏目漱石・武者小路實篤・志賀直哉・永井荷風谷崎潤一郎・芥川龍之介等の作家を次々と輩出して新しい境地が開拓された。かれらは西洋文學の深い敎養と東洋文化の傳統を生かした作品を發表し、形式内容共にわが近代文學を完成せしめた觀がある。

明治以降の文學は自由主義・個人主義を基調とし、封建文化に反抗して個人の解放を求めたが、なお市民意識が弱いため上記の傾向も狹い個人問題にかぎられ、社會性・政治性を缺き、空想的人道主義や身邊小說・心境小說の域を脫しえなかつた。

世界大戰後の社會情勢の激變は勞働者の階級意識を尖鋭ならしめ、プロレタリア文學を擡頭せしめた。それは社會性・政治性を豐富に織り込んだ新しい時代感覺を以て知識階級にも歡迎され、文學の分野を著しく擴大し、小說・演劇・詩歌の各方面にわたつて華々しい活躍を見せた。

第三節　帝國主義の進展とその崩壞

1　恐慌と日本經濟の危機

資本主義の危機增大　第一次世界大戰による日本經濟の好況も、一九二〇年（大正九年）にははやくも反動恐慌におそわれ、再び嘗ての盛況をとり戾すことはできなかつた。關東大震火災も大きな打擊であつた。これによつて、國內物資の缺乏、大量の輸入超過ならびに通貨の膨脹が起り、日本經濟は非常な難局に向つたのである。しかも日本のみでなく、資本主義經濟は世界的に行づまり、全般的な危機はひしひしとせまつていた。第一次大戰後から大正の末年さらに昭和のはじめにかけて、勞働運動や農民運動は盛となり爭議も頻發するようになつた。これもデモクラシー全體の興隆とからみ合うものとはいいながら、やはり世界經濟全般の行詰り、とくにその一環としての日本資本主義危機の深刻化が、失業・低賃銀・農產物價格の下落等のかたちで、都市や農村における勤勞者の生活を脅かすに至つた結果にほかならない。

金融恐慌　右のような日本資本主義經濟の深刻化は一九二七年（昭和二年）の金融恐慌とな

つてあらわれた。これは第一次大戰後の恐慌から關東大震災を經ての日本經濟の矛盾が集中的に發現したものである。その契機となつたのは、震災の後始末のひとつたる震災手形善後處理法案という法律案の審議中、大藏大臣が議會で行つた失言問題であつた。これによつて諸銀行の内容不良が暴露されて銀行の取付騷ぎが起り、ついに擴大して金融界の一大恐慌とまでなつたのである。とくに問題となつた台灣銀行等の政府救濟案は樞密院の反對にあつて、第一次若槻内閣を倒壞せしめた。これにかわつた田中内閣は成立後直に全國的支拂猶豫令を出して恐慌を切拔けようとした。この間、財界整理の過程において中小銀行の幾つかは沒落し、五大銀行の地位が强化された。

金解禁と世界恐慌　その後日本經濟の危機はますます深刻化していつたが、とくに對外支拂超過が重大な問題となり、一九二九年（昭和四年）濱口内閣の下において金輸出解禁が行われた。この措置は日本經濟を資本主義的に建直し、あらためて世界經濟の一員となろうとする點で劃期的な意味をもつものであつた。しかし内外の條件を見誤つて結局失敗に歸し、物價、賃銀の暴落・企業の不振・失業の增大をもたらし、不景氣はいよいよ激しくなつたのである。

しかも一九二九年（昭和四年）秋ニューヨークに起つた株式の大暴落は全アメリカの恐慌となり、さらに未曾有の世界的大恐慌にまで發展し、日本經濟もこれに呑込まれてしまつた。このときの恐慌は日本の經濟界全般にわたつたが、農村に與えた打擊はとくに大であつた。もともと長い間資本主義發展の犠牲となつていた日本の農民は、この農村恐慌によつて徹底的に苦しめられたが、とりわけ米をはじめとする農産物價格の下落がひどかつた。

前の金融恐慌の時にしても、この大恐慌の際においても、日本における切拔對策には特色があつた。アメリカにおいてはルーズヴェルト大統領指導の下においてニューディール政策が行われ、勞働者の地位の向上、購買力の增大化等によつて經濟界の繁榮をはかろうとしていた。これに對して日本の場合は、時局匡救事業として若干の土木工事をしたほかは、いわゆる產業合理化方策と稱して、中小企業の整理、勞働の强化、人員の整理等が强行されたのである。かくて一方においては金融資本の支配下大資本の獨占が一層進展するとともに、他方、中小企業の沒落、失業者の激增、農村の貧窮化がもたらされ、不況はその極に達した。このため勞働爭議、小作爭議は文字通り頻發せざるをえなかつたのである。しかもこれら勞働者・農民運動には一九二八年（昭和三年）の治安維持法强化、ならびにこれに基く數次の大檢擧によつて對抗した。

2　滿洲事變とファシズムの進展

中國に對する侵略行動の開始　日本の經濟界が金融恐慌に見舞れた頃、中國大陸に向つての侵略政策が用意されつつあつた。これは當時の日本の指導層が經濟的危機と社會不安のはけ口を海外に求めると共に、中國における革命の發展をおそれたからである。すなわち田中政友會内閣のとき、一九二八年（昭和三年）中國の内戰に乘じ、革命軍彈壓のため、居留民保護の名の下に數次にわたり山東省への出兵が行われ、濟南事變が勃發した。さらに同年、當時滿洲の支配者であつた張作霖の鐵道爆死事件が起つた。これは必ずしも日本政府の思う通りになつていなかつた張作霖を除くため、日本の政府および軍部が企てた陰謀といわれている。民政黨を中心とする野黨も議會においてこれを暴露しようとし、いわゆる滿洲某重大事件の發表を迫り、ついに陸軍大將田中義一のひきいる政友會内閣を總辭職せしめた。

外交政策の修正とロンドン條約　これにつづく濱口民政黨内閣は對外政策を若干變え、とくに一九三〇年（昭和五年）ロンドンで開かれた海軍軍縮會議に若槻禮次郎以下の全權をおくり、軍統帥部や樞密院の反對を押切つて條約を締結したことは、外交政策の修正であるとともにわが民主主義史上の一大成果であつた。これを可能にしたのはデモクラシーの發展に基く世論の力だつたのである。

侵略政策の勝利と滿洲事變　しかし對外政策は再轉し、結局侵略政策の勝利となつた。すなわち濱口首相は軍縮政策の故を以て右翼分子の兇彈に斃れ、一九三一年（昭和六年）九月十八日若槻内閣のとき、軍部は關東軍の暴擧たる柳條溝事件を契機として滿洲における侵略的一大軍事行動を起すに至つた。いわゆる満洲事變である。

陸軍の壓力によつて日本政府は満洲における軍事占領が一段落するや清朝の廢帝傅儀を元首とする「滿洲國」を成立せしめたが、滿洲におけるこれらの日本の行動は中國はもとより、列國のごうごうたる非難を蒙つた。國際連盟より派遣されたリットン調査團も一九三二年（昭和七年）報告を發表し、日本の行動を侵略的とし、滿洲國を傀儡（かいらい）政權と斷じたのである。日本は全く反省の色なく、「滿洲國」を承認するとともに、一九三三年（昭和八年）ついに國際連盟に對し脱退を通告した。これは日本國内における侵略政策の勝利であつたとともに、世界の平和的民主國すべてを敵に廻して、軍國主義的侵略政策を强行する出發點となつた。

軍國主義およびファシズムの生成と發展　右のように侵略的政策が行われる間、軍國主義およびファシズムが非常な勢を以て擡頭し、侵略政策の原動力となつた。いわゆる右翼思想は侵略主義と結びつきつつ超國家主義（國家至上主義）のかたちで明治時代以來存續してきた。それが第一次大戰後社會運動が激しくなると、反共ないし反社會運動の傾向を强め、さらにデモクラシーや自由主義そのものをも攻撃目標とするようになつたのである。昭和初頭の恐慌以來は軍國主義・侵略主義の色彩も强くなり、とくに暗殺的暴力を振うに至つた。一九三〇年（昭和五年）における濱口首相狙撃、一九三二年の元大藏大臣井上準之助ならびに三井合名理事長團琢磨射殺事件はこれであつた。

この間、ファシズムは軍部、とくに青年將校層に侵透し、彼等を集團的テロリズムの實行に走らせた。陸軍軍人がクーデターを企圖した一九三一年（昭和六年）の三月事件は失敗したが、翌年犬養首相を陸海軍青年將校等が首相官邸において暗殺した五・一五事件の勃發は、ファシズムの運動を果然表面化させた。この事件を踏臺として軍部は政治的支配權を確立しようとし、憲政の常道による政黨內閣は終りを告げ、以後は大體豫備役將官を首班とする擧國一致內閣のみが可能となつたのである。

朝日新聞
第二
號外
帝都に大不穩事突發
七名に亂射されて
犬養首相危篤に陷る
二發の彈丸頭部に命中す
官邸日本間で襲撃さる
襲撃者は十八名自首
直ちに麴町憲兵分隊に
牧野內府邸襲撃
警官一名が負傷

五・一五事件

第一次大戰後活潑となつたデモクラシーの思想と運動は、日本インテリゲンツィアの間に自由主義の思想と文化の花を咲かせ、さらに勞働者・農民運動とからみ合いつつ社會主義をも大に發展させた。社會主義的な理論や思想の研究も盛となつたが、一般論壇はもとより文學や演劇においても社會主義的イデオロギーに基くものが成長した。しかしファシズムの發展はこれらのものを強く壓迫しはじめたのである。國體明徵運動もそのあらわれであるが、一九三三年（昭和八年）の京都大學瀧川事件、一九三五年（昭和一〇年）の美濃部達吉博士の天皇機關說問題等は、政府や大政黨がファシズムの影響によつて自由主義思想を彈壓しはじめた著しい例である。

しかし一九三六年（昭和一一年）に起つた二・二六事件は、その後の日本の政治および思想の針路を決定的なものとした。これによつて軍部の政治的發言權は絕對となり、思想の方向はファシズムへと釘づけにされたと共に、中國に對する全面的戰爭の開始をも不可避ならしめた。この頃から、共產主義・社會主義はもちろん、自由主義にさえ異常な彈壓が加えられるようになつたのである。日本におけるこのようなファシズムの擡頭は、イタリーにおけるファシズム、ドイツにおけるナチズムと呼應するものであつた。嚴密な意味におけるファッシズムとは資本主義の全般的な危機が深刻化したとき、とくに勞働運動が資本主義を脅かすようなときにおける獨裁的な國家形態であり日本の場合もまたそうであつたが、これを思想的にみると次のような特徵が認められる。すなわち日本ファシズムは本格的なるファシズムというよりも、絕對主義的イデオロギーの色彩が強く、農本主義的であつた。さらにテロリズムとくに個人的暗殺の傾向が強く、侵略主義・軍國主義の色彩が濃厚であつた。ヨーロッパのファシズム、ナチズムはともかくも一旦民主主義を經驗した社會において發生したものであつた。とくにドイツでは社會民主主義の政府をもつたことがあるので、これらの獨裁思想も一應近代的なよそおいをこらしている。しかし日本の場合はきわめて非近代的・非科學的・神懸り的であり、とくに大衆的な組織をもたないものであつた。かくてファシズム的極右團體はその後續々結成されるとともに、國家機構の内部とくに軍部および官僚の中に侵透していつたのである。

二・二六事件　ファシズム的體制の確立の契機となつたのが、一九三六年（昭和一一年）二月二十六日早曉降りしきる雪の東京に起つたいわゆる二・二六事件である。この日、極右的陸軍青年將校は近衞連隊等の兵千數百名を動員して、岡田首相（人違いによつて九死に一生をえた）、齋藤内大臣（卽死）・鈴木侍從長（重傷）・高橋藏相（卽死）・渡邊陸軍教育總監（卽死）ならびに元老西園寺公・牧野元内大臣（この二人は東京外に在り事前に避難して難を免れた）等使略主義や獨裁主義に對し消極的とみられた政界・宮中・陸軍内部の穩健分子ならびに、右翼方面からは自由主義的であるといわれていた東京朝日新聞社を襲擊した。武裝蜂起そのものはやがて鎭壓されたが、この事件を契機として軍部とくに陸軍の政治支配は決定的となつた。この後も議會においては、濱田國松・齋藤隆夫等の論客が軍部の行動を責める演說を行つたりしたが、議會は結局軍部の壓力に屈服していつたのである。

一方、一九二八年（昭和三年）第一回普通選擧施行以來、社會主義的無產政黨も少數ながら代議士を當選させていたが、一九三六年（昭和一一年）、一九三七年（昭和一二年）の總選擧においてはその當選者が飛躍的に增大した。これは一般國民大衆の間における軍部ファシズムならびに、國民生活を犧牲にしての軍備擴張および侵略行動への反感があらわれたものとみるべきであろう。しかし勞働者・農民運動や社會主義運動への彈壓は自由主義的思想への壓迫とともに一層きびしくなつていつたのである。

なお二・二六事件を契機とする軍部の支配權確立を通じて注目すべきことは、ヨーロッパにおける獨裁政權の獲得が、一應大衆組織を利用しつつ議會を制壓し、これと併行してクーデターを行い、新しい國家秩序をつくることによつて達せられたのに對し、日本においては、ファシズムの樹立が現存の國家機構そのものの內部に喰入り、とくに軍部支配のかたちで行われたことである。

3 日華事變

事變の勃發とその擴大 二・二六事件とその後における軍部とくに陸軍の政治的支配權確立は、いよいよ陸軍の意圖する對中國全面的戰爭の日のせまりつつあることを感じさせた。一九三六年（昭和一一年）日獨防共協定が調印され、歐洲のファシズム國家との提携が成立したが、これはソ連を包圍しようとする意圖のあらわれであつた。そして一九三七年（昭和一二年）の初め、宇垣一成（かずしげ）は陸軍の反對によつて組閣を阻止され、そのあとをついだ林内閣も間もなく倒れ、六月には近衞内閣が成立した。この間軍部と政府は準戰時體制と稱して政治的・經濟的統制を强化し、軍備の擴充を進めた。この年の七月七日、ついに北京郊外蘆溝橋において日華兩軍が衝突したが、これを契機として日本軍は華北における中國軍に對する全面的攻擊を開始したのである。一方、八月には上海に大山事件が起り、軍はこれをも口實として上海に大軍を上陸せしめ大攻擊を開始した。かくて蘆溝橋事件勃發以來月餘を出ずして戰火は華中へも波及し、たがいに宣戰の布告はしなかつたけれども事實上の全面的日華戰爭がはじまつたのである。

抗日態勢の強化と事變の長期化　日本はこの事變の當初卽戰卽決とか、不擴大方針とか稱していたが、戰爭は長びいた。これは日本が中國を見くびつていたのに反し、日華兩國の間に全面的戰爭が起るや、中國においては國民政府と共產黨が內戰を止め、抗日共同戰線をはつたためである。かくて日本軍は事變第一年の末までには、北京・天津から南京をも攻略したが、中國はもちろん屈服の色なく、長期戰に入つていつたのである。

戰時體制の強化　日華事變が勃發するや軍および政府は準戰時體制から戰時體制への切替えを策した。經濟の面についてみても、最初のうちは應急措置を出なかつたが、その後統制は急激に嚴しくなるとともに、勞働運動などに對する彈壓はいよいよ激しくなつたのである。一九三七年(昭和一二年)から翌年にかけて山川均・向坂逸郎らの勞農派や、大内兵衞・有澤廣巳らの「教授グループ」が檢擧された。勞働運動の側もその多くは軍の前に屈してしまつた。かくて政府は一九三八年(昭和一三年)國家總動員法を制定し、本格的な統制政策をはじめたのである。

戰爭の行詰り 中國の長期抗戰によつて日本は思わざる羽目に陷つてしまつた。一九三八年漢口が陷落しても戰爭の終る見透しはなく、かえつて戰火が華南から海南島にまで擴大するとともに、ますます戰局の拾收がつかなくなつていつた。一方、指導部は國家總動員法を全面的に發動し、軍需生產力の擴充をはかつたが、經濟力は漸次涸渇しはじめ、日本經濟の矛盾は擴大するばかりであつた。國際收支の狀況も惡化し、物價の騰貴と重要物資の輸入難を招いた。かくて一方においては軍需生產の弱體性を暴露し、他方においては惡性インフレーションを發生せしめたのである。とくにこれらの狀態は、一九三九年(昭和一四年)の日米通商航海條約廢棄通告、および第二次歐洲大戰勃發によつてさらに惡化したのである。

なお日本は北方ソ連國境をもうかがい、一九三八年(昭和一三年)七月には張鼓峰において日ソ兩軍の間に張鼓峰事件が起つた。さらに一九三九年夏にはノモンハン事件が起つた。ノモンハンにおける日ソ兩軍の戰鬪は結局局地的な衝突に止つたが、日本軍は機械化されたソ連軍によつて慘憺たる敗北を喫し、近代的軍隊としての弱體性を暴露してしまつた。

ファッショ的體制の完成　その後中國における戰線は膠着し、一九四〇年（昭和一五年）初め、中國政府より脱出した汪兆銘をして、南京に僞政府を成立せしめたりしたが、戰爭解決の道は見出しえなかつた。國内における狀態も、物資の缺乏・惡性インフレーションの昻進・軍需生産の停滯というかたちでますます惡化していつた。また前述のように、アメリカが日本に對する通商關係を絶たんとしたことや、歐洲における大戰爭の勃發は、日本をして軍需資材の獲得をいよいよ困難にした。

そこで軍部を中心とする支配層は、平和的手段によらず、南方の資源を目指してさらに大きな戰爭を準備すると共に、それを裏づけるためにファッショ的體制を一層強化しようとした。これらは戰爭が長びくにつれて一般大衆の間に種々の不滿がたかまつてくるのを抑え、目を外に轉ぜしめようとするものでもあつた。

日華事變がはじまつてから、内閣は近衞（第一次）・平沼・阿部・米内と相次いで交替したが、比較的穩健な政策をとろうとした米内内閣は一九四〇年陸軍の壓力により倒れ、代つて陸軍の支持する第二次近衞内閣が成立した。

近衞内閣は高度國防國家建設と新體制の確立の方針を明かにしたが、前者は來るべき大戰爭への準備であり、後者はファッショ體制の强化である。一九四〇年大政翼賛會が生まれ、主な政黨はことごとく解散し、また同年勞働組合を解散して大日本產業報國會が天下り的に結成された。これらはいずれもナチスをまねて、國內獨裁制を布とうとしたものである。經濟の面における統制もいよいよ嚴しくなり、國民生活をいちじるしく壓迫するようになつた。この間、思想・文化・勞働運動等に對する彈壓はいよいよ激化し、議會も全く自主的な機能を失つてしまつた。ファッショ的體制の最後の仕上げとなつたのは、一九四一年（昭和一六年）秋の東條內閣の成立であつた。かくて陸軍大將東條英機は陸軍大臣を兼ねて現役のまま內閣を組織したのである。

4　第二次世界大戰と日本

ドイツ・イタリアの侵略行動　第一次大戰後世界は平和を求めて國際協調時代を現出したことは前述の通りである。しかし事態は樂觀を許さなかつた。とくにドイツはパリ平和會議で決められたヴェルサイユ體制にいちじるしく不滿で、とかく義務を履行しなかつたが、とくにヒトラーのひきいるナチスが政權をとつてから露骨にヴェルサイユ體制を否定した。すなわちドイツは一九三五年（昭和一〇年）ヴェルサイユ條約の軍事條項廢棄を、翌年には再軍備を宣言し、獨裁體制の强化と軍備の擴張をはかつた。

ヨーロッパの平和が破る契機となつたのは、やはりヴェルサイユ體制に不滿をもつ、ムッソリーニ獨裁下のファシスト國家イタリアが一九三五年エチオピアへの侵略を開始したときである。その後イタリアはついに國際連盟を脱退した。

この頃からヨーロッパは多事となり、一九三六年（昭和一一年）スペインに内亂が起り、結局右翼派が勝つてフランコが統領となつた。なおドイツは盛に軍備を擴張しつつ植民地を要求しつづけたものである

日獨伊樞軸の形成

かくてヨーロッパにおいてはドイツ・イタリア、アジアにおいては日本が軍國主義的獨裁體制を布きつつ侵略行動をとるに至つた。これに對してアメリカ・イギリス・フランス・ソヴェートの諸國は侵略主義反對の立場から上記三國の行動を非難した。世界はおのずから二大陣營に分れて對立するようになつたのである。ここで日獨伊三國の間には提携の氣運が起り、まず一九三六年日獨防共協定が成立し、翌年にはイタリアがこれに參加した。この協定は直接にはソヴェートを對象としたものであるが、東西の侵略國が提携し集團的に行動することとなつたことは極めて重要である。このようにして日獨伊三國樞軸が形成されたのである。

對立の激化と大戰の勃發

その後ナチス・ドイツはきわめて積極的態度をとり、一九三八年（昭和一三年）にはオ武力をもつてオーストリアを併合し、さらにチェッコスロヴァキア領内の

ズデーテン地方をも自國領に編入しようとした。ここで英・佛・獨・伊の首領がミュンヘンにおいて會談し、英佛側の讓歩により一應危機を免れた。しかしドイツの侵略はとどまることなく、一九三九年（昭和一四年）にはチェコアロヴァキアを解體の上事實上併呑し、またリトワニアからメーメル地方を奪い、イタリアもまたアルバニアを併合した。

ミュンヘン會談以來英佛側の獨・伊側にたいする態度はとみに硬化していたが、一九三九年九月一日ドイツがポーランドに侵入を開始するやついに英・佛兩國はドイツに宣戰を布告した。ここに第二次世界大戰が開始されたのである。

日本の態度と三國同盟　第二次世界大戰が勃發した際日本政府（阿部内閣）は「これに介入せず專ら日華事變の解決に邁進する」という聲明を發した。しかし東西兩方面の戰爭は無關係ではなかつたので事態は複雜となつてきた。これよりさき、日獨伊の樞軸關係を强化して軍事同盟を締結しようとする空氣は日本國内においても陸軍を中心として强まつていた。しかしこの三國同盟は英米との直接的對立をも招く恐れがあるので、一部自重派によつて辛じて阻止されていた。ところで獨伊の間には一九三九年軍事同盟が成立したが、同年夏突如獨ソ不可侵條約が發表されたので一時日獨間の關係は冷却した。しかし第二次大戰が起り、さらにイタリアがこれに參戰し、國内においても米内内閣が倒れて第二次近衛内閣が成立するやこの問題が再燃し、ついに一九四〇年日獨伊軍事同盟が成立した。このような外交政策は國內におけるファッショ的體制の强化と相呼應するものであつた。一九四一年（昭和一六年）春松岡外相は獨伊兩國訪問のため渡歐したが、歸途モスクワにおいて日ソ中立條約に調印した。この條約をあえて日本が結んだ意圖は、眞に平和を望んだのではなく、南方への軍事行動のため北方の負擔を輕くしておくためであつた。

5　太平洋戰爭

太平洋戰爭の勃發　日獨伊三國同盟の締結、東條內閣の成立は南方侵略戰爭必至を思わせた。また三國同盟と前後して行われた佛領インドシナへの進駐は南方への進擊意圖を露骨に示すものであつた。日本政府は一方において平和交涉を行うように裝いながら、他方においては戰鬪開始の準備を進め、御前會議において宣戰布告を決定したのである。

果然、日本は一九四一年十二月八日ハワイ眞珠灣に對する奇襲を以て米英兩國に對する戰端を開いた。ここに太平洋戰爭が開始されたのである。この戰爭は日本が對中國戰爭の收拾に失敗し、經濟的にもこれを繼續する能力がなくなり、直接には南方の資源をねらい、日本のアジア侵略にとつて邪魔となつていた米英兩國を除かんとして仕掛けた侵略戰爭であつた。

戰局の推移　戰爭の當初、戰局は日本に有利に展開した。しかし緒戰の勝利も結局は日本國內を一時的に湧かしたに過ぎなかつた。彼我の生産力を比較しても、そのへだたりは餘りにも明白であつた。要するに日本の國力、なかんずく低い生産力を以てしては强大な米英兩國を相手に長大な戰線を維持しつつ大規模な戰爭をつづけることは不可能であつた。

一九四二年（昭和一七年）六月、日本海軍のミッドウェイ敗戰は戰局轉換の第一歩であつた。ソロモン方面における戰鬪も漸次不利となり、一九四三年初め、惡戰苦鬪の後日本軍はガダルカナル島より退却した。これからの戰局は、連合國軍の反擊、日本軍の敗退の記錄である。翌四四年（昭和一九年）七月のサイパン島失陷は日本にとつて致命的であつた。日本は南方占領地からの軍需諸原料の補給によつて辛うじて近代的軍備を保持していたが、サイパン島失陷によつてこの途は事實上絕たれるに至つたのである。

日本軍は何故に敗退をつづけなければならなかつたか。それは彼我生産力の量的、質的なへだたり、社會經濟政治機構の相違に根本的原因を求めるべきである。そして直接契機となつた點としては、軍備とくに航空兵力の劣勢であつたこと、また日本は軍需諸原料を長大な海上輸送に依存していたが、これが潛水艦を主力とする連合國軍の海上封鎖の成功により混亂せしめられ、補給の途が絕たれたこと、これと關連して船舶が不足であり、さらにはこれを全く喪失するに至つたことを擧げることができよう。

國内の壓政　東條内閣は組閣當初から強壓政治を行つたが、太平洋戰爭がはじまると、壓政はさらにその度を加えた。軍および勞働への動員、經濟統制の強化はもとより、政治活動および言論の彈壓は猛烈をきわめた。一九四二年行われた「翼賛選擧」もファッショ的政治のひとつのあらわれである。一切の自由主義的言論行動、および軍や政府に對する批判的言動は禁壓され、多くの者が投獄された。戰局の惡化は戰爭指導者をあせらせたが、彼らはまたこれを口實として專制と統制を強化しようとした。一九四四年夏發表された決戰非常措置要綱はそのあらわれであり、これによつて國民の動員は一層擴大されたのである。

しかしサイパン島の失陷は政治的にも大きな影響をあたえ、強力を誇つた東條内閣も八月にはついに總辭職し小磯内閣の成立となつたのである。

ヨーロッパにおける戰局　ヨーロッパ戰線においては、最初優勢であつたドイツも、連合軍側の態勢整備と共に振わなくなつた。一九四〇年にドイツの攻擊によつて開始された獨ソ戰爭も、ソ連軍の猛烈な抵抗によつて、戰線は膠着狀態に入つた。既にイタリアは一九四一年連合軍の本土上陸によつて無條件降服を行つていた。一九四六年初めドイツ軍はスターリングラードにおいて大敗北を喫し、以後は自國の領内に向つて敗退をつづけたのである。

この間、連合國間における外交の動きもすこぶる活潑であつた。各國首腦はしばしば相會して對樞軸國攻勢を議した。中でも大西洋憲章に關するルーズヴェルト・チャーチル會談（一九四一）・カサブランカ會談（一九四三）・ケベック會談（一九四三）・カイロ會談（一九四三、カイロ宣言發表）・テヘラン會談（一九四三、テヘラン宣言發表）・ヤルタ會談（一九四五）・サンフランシスコ會議（一九四五・國際連合憲章決定）等は有名である。

テヘラン會談の結果に基きいわゆる歐洲における第二戰線として、米英軍は一九四四年夏フランスに上陸した。その後、西方から米英軍、東方からソ連軍がドイツに向つて進撃し、一九四五年（昭和二〇年）六月ソ連軍はベルリンに突入、ドイツもついに連合軍に無條件降服し、ヨーロッパにおける戰爭は完全に終結したのである。

日本の降服　小磯內閣成立以來、指導者は最後的な國內總動員をはかり、最高戰爭指導會議を設けて「本土決戰」にそなえようとした。しかし戰局はますます惡化するばかりであつた。すなわち一九四四年（昭和一九年）末フィリッピン沖に日本艦隊を破つた米軍は、フィリッピンに上陸翌年にはマニラを奪回した。その後硫黃島・沖繩へと米軍は進擊をつづけた。この間米空軍は一九四五年（昭和二十年）三月より日本本土大空襲を開始し、日本內地を混亂とまひの狀態に陷れた。生產はとまり、外地との連絡は杜絕狀態となつた。

同年四月鈴木內閣が成立した頃、日本は最後的な段階に追込まれた。ソ連を通じての和平も失敗

降服文書調印式

し、八月六日・九日と廣島・長崎に原子爆彈が投下され、九日にはソ連が對日宣戰を行つた。かくて上層部もついに意を決し、七月二十六日に發表された「ポツダム宣言」の受諾を決定した。八月十五日天皇は降服の詔書を放送し、ついに日本は無條件降伏を行つたのである。同月米軍は日本本土に進駐し、九月二日東京灣上の米國軍艦ミズーリ號上で降服文書調印式が行われた。

かくて滿洲事變以來約十年間「東洋平和」「東亞新秩序」「大東亞共榮圏」等の美名の下に行つてきた日本の侵略戰爭は、民主主義的な連合國の協力の前にさんたんたる敗北を喫して終止符を打たれ日本帝國主義は完全に崩壊したのである。

6　戰後における日本の再建

ポツダム宣言　日本はポツダム宣言を受諾して無條件降服を行つた。ポツダム宣言は、一九四五年七月二十二日、米・英・華三國代表が、ベルリン郊外ポツダムに會して決定した日本に對する無條件降服要求宣言である。なおヤルタ會談の際行われた米英ソ間の秘密協定に基き、ソ連は對日宣戰を行うとともにこの宣言に參加した。ポツダム宣言中日本に對する條件の要旨は次の通りである。

一、侵略戰爭指導者の權力および勢力を永久に除去すること。

二、本宣言目的達成のため、連合國が日本本土を占領すること。

三、カイロ宣言（一九四三年米英華代表によつて決定發表されたもので、その內容はこれら三國は對日戰爭によつて何らの利得を欲するものではなく、一九一四年＝大正三年以降日本が取得ないし占領した領土を奪い、日本が淸國から奪取した領土を中國に返還せしめ、朝鮮を獨立せしめようとするのが目的であることを明かにしたもの）の履行と日本の主權を本州・北海道・九州・四國ならびに諸小島に限定すること。

四、日本軍隊を完全に武装解除すること。

五、a 戰爭犯罪人を嚴罰に處すること。

b 民主々義への一切の障害を除去し、言論・宗教および思想の自由ならびに基本的人權を確立すること。

六、a 日本を自立し、賠償をなすことに必要な産業の維持とそのための原料の輸入は許されること。但し軍事産業は許されない。

b 將來國際貿易への復歸は許されること。

七、前記各項目が達成され、責任ある政府が樹立されたならば、連合國の占領軍は速かに撤收すること。

連合國軍の占領開始　同年八月三十日には司令官マッカーサー元帥をはじめ連合軍主力部隊が海空兩方面より進駐を開始し、十月二日には東京に連合國軍最高司令部が設けられた。この間本土各地への進駐も順調に完了した。かくてポツダム宣言に基く軍事占領の體制が完成したのである。

なお連合國による日本管理のため極東委員會（Far Eastern Commission）と對日理事會（Allied Council for Japan）が設けられた。前者はワシントンにあり、對日戰爭に參加した十一ヵ國代表によつて構成されるもので、對日管理に關する基本政策を決定し、在日連合軍最高司令官にその實施をなさしめる機關であり、後者は東京に設けられ、米英ソ華四國代表を以て組織される連合軍最高司令官の諮問機關である。

舊日本の解體　連合國軍は日本占領を開始するや、幾多の指令を發して着々ポツダム宣言の履行を要求した。陸海軍は一九四九年完全に武装解除を終つたが、これと併行しつつ主要戰爭犯罪容疑者の逮捕、右翼政治結社の禁止、政治犯の釋放、政治思想警察制度の廢止、言論・結社・信教の自由確認、勞働組合の組織、教育からの軍國主義ならびに超國家主義の除去、經濟機構の民主化等が、相次ぐ指令によつて行われていつた。さらに一九四六年（昭和二一年）一月にはいわゆる公職追放に關する指令が發表され、戰爭指導者・軍國主義者・超國家主義者が官界・財界・言論界の公職から排除されることとなつた。

かくて日本は十數年ぶりに軍國主義體制から解放されるとともに、封建制度の打破および民主化が行われていつたのである。政黨・勞働組合も續々復活して戰前以上の自由な活動をし、言論も活潑となつた。さらに一九四六年四月十日、日本最初の男女平等による總選擧が行われ、三十九名の婦人代議士が當選した。

日本民主　連合國軍は占領直後應急的に軍國主義的體制の除去を行つていつたが、さらに日本

化の推進　政府を督勵して日本の社會構造の根本にふれる改革に着手した。日本社會に頑強に殘存する封建的要素を除去せずしては、日本の民主化はありえず、軍國主義・侵略主義の根は絶やしえないからである。

その第一は農地改革である。小作制度を基軸とする半封建的な日本の農村機構は、日本社會の民主化を根本的に妨げ、かつ軍國主義や侵略主義の溫床となつていた。かくて農地改革に關する法律案は議會において難航したが、連合國軍最高司令官の覺書もあつたので、一九四五年末議會を通過成立した。これによつて在村地主の小保有地若干を除く大部分の小作地が耕作農民に解放され、小作料も金納となつた。さらに翌年には覺書に基いて第二次農地改革に關する法律が成立した。これらを通じての農地改革はいまだ不徹底であるという批判もあるが、日本の農村を根本からゆり動かす歷史的な土地制度の大改革であることは何人も否定しえないところである。

第二は財閥の解體である。多分に封建的な内部機構をもち、軍國主義の發展と表裏をなしつつ成長してきた日本の財閥は、戰後内外から批判の對象となつたが、連合國軍も「日本の商業および産業の大部分に支配力を有した産業および金融に關する大なる企業連合の解體の計畫を助成すべきである」という基本方針に基き、「大會社の戰爭による不當な利潤を政府に返還せしめることと、全體主義的經濟形態を解體し、かれらの經濟力と將來の軍國主義再建力を破碎する」ための措置をとらしめたのである。かくて財閥解體は一九四五年秋より開始された。これによつて財閥の中樞機關は解體し、旧財閥およびその指導者の經濟界に對する支配力をなくすような措置がとられることとなつた。

新憲法の制定　明治憲法がその制定の經緯およびその內容において民主的でないことはすでに述べた通りである。敗戰後日本の民主化の線に沿つてその改廢が問題となつたのも當然であつた。とくに神格化された天皇を中心とする明治憲法の絕對主義的構成とその精神は、近代的民主主義とは餘りにかけはなれたものだつたのである。

敗戰直後、政府も憲法改正問題を取上げたが、一九四五年十一月に發せられたマッカーサー元帥の憲法改正案作製に關する聲明は改正の方向を明かにし、政府は草案作製に着手した。一方天皇は一九四六年の年頭に勅語によつて自らの神格性を否定したのである。政府の改正案ははじめ微溫的なものであつたが、連合國軍當局の指導により一九四六年三月に至り、最後的草案要綱を勅語と共に發表した。その後活潑な憲法論議がたたかわされたが、同年六月の臨時議會において政府提出の憲法改正案が成立した。かくて新憲法は十一月三日公布、翌一九四七年五月三日施行されたのである。

新憲法は明治憲法に比べるとき、形式內容ともに面目を一新した。とくに重要なことは主權が國民にあることを明かにしたこと、國會の權限を大にしたこと、戰爭を拋棄し軍備を一切廢したこと、ならびに基本的人權を明確に保障したことである。これより日本はこの新憲法を基本とし、一切の制度・機構をこの憲法の線にあわせて再編成することとなつた。國會も再出發したが、行政組織・司法・敎育・地方の諸制度等も根本的に改編され、民法その他の主要法律も一新されたのである。

戰後の新日本は新憲法の制定を出發點とし、平和・文化・民主の國として再發足することを世界に向かつて宣言した。日本國民はまたこの公約を果す使命をもつているわけである。

年　　表（4）

	章	節	日本史重要事項	節	鮮	中國	インド	世界史重要事項	西洋
1800–		近代國家への動き	近代産業の萌芽 【國學】 1825　外國船打拂いの令 【洋學】 1836　天保の大飢饉 1837　大鹽平八郎の亂 【頽廢的文學】 天保の改革	反封建的思想の萌芽	李	清	ムガル帝國	1804 ナポレオン 1815 1823　モンロー宣言 1830　七月革命 1832　イギリス選擧法改正 1840～42　アヘン戰爭 1848　二月革命	大ブリテン王國
1850–	明治維新と近代國家の形成	開國と江戸幕府の滅亡	1853　ペリー來航、和親條約 1858　日米修好通商條約、安政の大獄 【公武合體運動】 【尊王攘夷運動】 1864　長州征伐 1866　打ちこわしの激發 1867　王政復古		氏 朝	同治中興	858–	ヴィクトリア女王 1837～1901 1861～65　アメリカ南北戰爭	–52 ナポレオン3世
		維新政府の成立	明治政府の成立 1868　五箇條の誓文 1869　反維新政府軍の鎭壓 版籍奉還、秩祿處分 1871　廢藩置縣、新貨條令 1872　徵兵令、義務教育制 1873　地租改正 【征韓論】	新政府への反抗	鮮 （韓）			1870～71　獨佛戰爭	-70 -71 ドイツ帝國 –72
1900–		近代國家への成長と大陸政策	1874　民選議院設立建白書 1876　不平士族の反抗、農民の騷擾 1877　西南戰爭 1878　國會期成同盟 【自由民權運動】 1881　國會開設の詔勅 1885　内閣制度の設定 1889　明治憲法發布 1890　帝國議會開設 1894　條約改正 1894～5　日清戰爭 產業革命 1902　日英同盟 1904～5　日露戰爭	近代文化の曙	–10–	–1912–		1882　三國同盟 1891　佛露同盟 1898　戊戌の政變 1900　義和團の亂 1907　三國協商 1914～18　第一次世界大戰	第三共和政 大英帝國
			帝國主義下の世界と日本						

復刻版 日本史概観

2019（令和元）年8月1日 印刷
2019（令和元）年8月5日 発行

著作者 公益財団法人 史学会

発行者 株式会社 山川出版社 代表者 野澤伸平
東京都千代田区内神田 1-13-13

印刷者 株式会社 加藤文明社 代表者 加藤文男
東京都千代田区神田三崎町 2-15-6

製本所 株式会社 ブロケード

発行所 株式会社 山川出版社
〒 101-0047 東京都千代田区内神田 1-13-13
電話 03（3293）8131（代） 振替口座 00120-9-43993

ISBN978-4-634-59303-9

昭和二十五年二月十五日　印刷
昭和二十五年二月二十日　發行

日本史概觀

定價　二二〇圓

編者　東京大學文學部内　財團法人史學會

發行者　東京都千代田區神田鎌倉町五番地　野澤繁二

印刷者　東京都中央區築地一丁目十四番地　一乘道明

發行所　東京都千代田區神田鎌倉町五番地　株式會社山川出版社
電話神田(25)二八〇五番
振替東京四三九九三番

印刷　日本交通印刷株式會社

索　　引

【あ行】

【か行】

索　　引

【さ行】

【た行】

【な行】

【は行】

【ま行】

【や行】

【ら行】

【わ行】

年　表 (1)

年	章	節	日本史重要事項	鮮滿	中國	世界史重要事項	西洋
	原始時代と國土統一	原始社會	【繩文式文化】		前漢		-149-
				-108 樂浪郡	新	キリスト 4BC〜C.30A.D.	(27)
0			【彌生式文化】 小國家の成立		-8		
100			56 倭奴國、漢に遣使	高句麗	-22- -25-	-45- クシャーナ朝 カニシカ王	ローマ帝國
200			239 倭女王卑彌呼、漢に遣使	三韓	-220- 魏		
300		大和朝廷	國土の統一		265- 晉 五胡		
400			391 朝鮮出兵(好太王碑) 朝鮮半島との交渉	三	-420 宋	ゲルマンの移動	-395- 西ローマ
			【古墳文化】 478 倭王武、宋に遣使		-479		
500	古代國家の成立と發展	大化改新	552 佛教の傳來	國	南北朝		476- 東ローマ帝國
			562 任那を放棄			529 ユスチニアヌス法典	フランク王國
600			593〜621 聖德太子の新政		581- 隋		
			【飛鳥文化】 645 大化改新			608 隋の大運河	
			672 壬申の亂		-618-	622 ヘジラ / 貞觀の治 627〜649	
700		律令國家の成熟	701 大寶律令の制定 710 平城遷都	-677 新羅 -700 渤海	唐	イスラム世界の發展	
			【天平文化】				
		律令制の衰退と攝關政治	743 墾田永代私有の法 莊園の發生			755 唐の內亂	
800			794 平安遷都 攝關體制の成立			843 フランク三分	-800- フランク帝國
			860 藤原藥子の亂				
			866 藤原良房、攝政となる				
900			貴族文化の開花				

年　　表 (2)

年	章	節	日本史重要事項	節	鮮	滿	中國	世界史重要事項	西洋
900	古代國家の成立と發展	古代國家の崩壞	武士の勃興		918 高麗	渤海	-907- 五代		
			935～40 承平、天慶の亂			契丹（遼）	-960- 北宋	962 神聖ローマ帝國成立	東ローマ帝國
1000			1028 平忠常の亂						
			1051 前九年の役起る						
			1069 後三條天皇莊園を整理						
			1085 後三年の役起る						
			1086 白河法皇院政をはじむ			124			-096 十字軍
1100							-127 南宋		
			1156 保元の亂			金			
			1159 平治の亂						
			1167 平淸盛、太政大臣となる						
	中世封建體制の成長	初期の封建制度	【淨土宗】	新佛教の興隆と中世文化					
			1180 源氏の擧兵						
			鎌倉幕府の創立						
			【一向宗】						
			1185 守護・地頭の設置						
			1192 源頼朝征夷大將軍となる					1206 チンギズ即位	
1200			北條氏の擡頭　【禪宗】					1215 マグナ・カルタ	
			1221 承久の變	大陸との交渉					
			1232 貞永式目の制定			-234-			
			1247 執權政治の確立					蒙古軍の西征	
			1253 日宋貿易を制限					1271 蒙古、元と稱す	-272
			【日蓮宗】						
			1274 文永の役				-279	フビライ 1260～1294	
			1281 弘安の役						
			1296 德政令發布						
1300		南北朝の爭亂				元			
			1331 元弘の變		高麗				
			1333 北條氏滅亡						
			1334 建武の中興						
			1336 南北朝の分裂					1339～1453 百年戰爭	
			1338 室町幕府の成立						ルネサンス
						- 1369 -		-1369- チムール	
			1392 南北朝の合一		1392	明			
1400			1396 大内氏の亂						

年　表 (3)

年	章	節	日本史重要事項	節	鮮	中國	印度	世界史重要事項	西洋
1400	中世封建體制の成長	守護大名の成長と社會の變貌	守護勢力の增大 1428　近江の馬借一揆 1438　足利持氏の亂 1441　赤松氏の亂 1457～67　應仁の亂 群雄割據 【東山文化】 【倭寇】 1485　山城の國一揆 農民一揆さかん	中世末期の對外關係 文化の地方普及と庶民文化	李氏朝鮮	明	チムール帝國 -1526-	1492　新大陸發見	東ローマ帝國 -153 ルネサンス
1500			1543　ポルトガル人來航 1549　キリスト教傳來					1517　ルターの宗教改革	
	近世封建制の完成	國內の統一と對外關係	1569　織田信長入京 1573　室町幕府滅亡 1590　豐臣秀吉全國統一 1592～97　朝鮮出兵				ムガール帝國	1581　オランダ獨立 エリザベス女王　1558～1603	
1600			1600　關ケ原の戰 統一政權樹立（江戶幕府） 1603　德川家康征夷大將軍となる 1615　豐臣氏滅亡 1637　島原の亂 1639　鎖國令發布	都市の繁榮と町人文化				アクバル大帝　1556～1605 1600　イギリス東インド會社 三十年戰爭　1618～48	
		封建社會の動揺	【元祿の文化】 新井白石の施政 享保の改革			-1662-		イギリス共和政　1649～60 1638　名譽革命 康煕帝　1662～1722	-707
1700			1721　株仲間の公認 1722　上米の制 1733　西國の大飢饉 田沼時代 1783　天明の大飢饉 1787　江戶、大阪の大暴動 寬政の改革 【文化文政時代】			清		乾隆帝　1736～95 1766　アメリカ合衆國獨立 1789　フランス革命	大ブリテン王國
1800									